伊藤浩志

なぜ社会は分断するのか

情動の脳科学から見たコミュニケーション不全

専修大学出版局

はじめに

本書で取り上げる新型コロナウイルス感染症（COVID-19）と福島原発事故。一見、両者には、何の関係もないように見える。前者で健康リスクの元凶とされるのは、SARS-CoV-2という変異ウイルスであり、後者は低線量被ばくをもたらす放射性物質だ。

なるほど、モノに焦点を当てれば、悪性の風邪症状の原因、さらには死に至る免疫系の暴走、サイトカインストームの引き金となるウイルスと、がんの原因となる放射性物質との関連は見えてこない。しかし、ウイルスや放射性物質というモノが、物質として目の前に存在するだけでは、社会に病気がこれほど強烈に蔓延したりはしない。病気の原因は物質であったとしても、病気の蔓延というデキゴトは、本書で順を追って明らかにするように、歴史的・社会的・経済的文脈の中で発生する。新型コロナの感染リスクが高いのは社会経済弱者であり、重篤化因子として知られる生活習慣病になりやすいのも、社会経済弱者である。社会経済弱者は、放射線被ばくに対して強い不安を抱いていることも、調査で分かっている。社会経済格差に健康格差という社会の病がともなうことは、近年の社会疫学の進展で明らかになったところだ。

問題の所在は、病気の原因としての物質と、社会の病としての病気のあり方の間《あいだ》にある。本当の健康リスクは分野と分野の間にあるのだが、認識できないリスクは、リスクとは呼ばない。その存在すら認識できないからだ。まさに、これこそリスクなのだ。

「存在」という言葉には、二通りの意味がある。物質としてあるという意味と、あり方という意味だ。これまで、物質としての「存在」は理系（自然科学）が扱ってきた。あり方としての「存在」は、文系（価値／倫理）の領域とされてきた。筆者は、本書で二つの「存在」の関係にこだわっていくつもりだ。なぜなら、大切な人の命が、二つの存在の間からポロポロとこぼれ落ちてしまうのに、だれも気づこうとしないから人々はコミュニケーション不全に陥り、社会は分断し、健康リスクの社会的決定要因は一層のこと増大していく、と考えているからだ。

新型コロナでも、原発事故後の復興課題でも、みんな精いっぱい頑張って努力を続けているのに事態は思うように改善せず、社会が分断してしまう根本原因は、二つの「存在」の間にある狭くて深い溝にある。二つの存在の関係は、理系と文系の関係であると同時に、科学（事実）と政治（価値理念）の関係でもある。命と経済の関係でもある。命を守るためには、感染症の流行制御や放射線防護のために社会経済活動を抑制する必要があるが、その一方で、社会秩序を安定させたり、原発事故からの復興推進のためには経済を回さなければならない。また、安全（客観）と安心（主観）の関係でもあるから、専門家と素人の関係でもある。なぜ、こうなってしまうかというと、これら二項対立の大前提となっているのが、西欧の近代思想／近代科学の父とされるデカルトの心身二元論だからだ。心身二元論という思考のアプリケーションソフトを脳にインストールすると、自動的にこれらが二項対立化してしまう。

デカルトは心身二元論にもとづき、人間の身体（生命）を死せる機械と見なし、機械としての身体を、人間は理性の力で道具のように取り扱うことができるとする理性中心主義を一七世紀に唱え、西欧近代社会が成立した。だから、日本を含めて西欧化した社会では、人々の思考スタイルはいまでも理性中心主義的で、二一世紀の脳科学では否定されているのだが、感情と理性を二項対立化させ、「感情的になると理性は働かなくなる」と考える。安全安心二元論を前提とするリスク論も同じだ。心身二元論を大前提にしているから、安全性は物質に還元して科学的に客観的に評価することになり、安心感は主観的な心の問題としてリスクコミュニケーションやカウンセリングの対象にされる。そして、物質に還元できない人と人との間《あいだ》にある社会の病は、現実の問題として心臓病など身体の病の原因になるにもかかわらず、心の問題としてリスク評価の対象外となってしまう。

本書では、筆者の専門、情動の脳科学の立場から、このような理性を優位、感情を劣位に置く二項対立によってこぼれ落ちてしまい、その存在さえ見えなくなってしまう社会の病をあぶり出し、コミュニケーション不全の原因を明らかにする。それが、本書のテーマである。

なぜ、このような試みに情動の脳科学が有効かというと、情動の脳科学自体、理性中心主義的な脳科学研究の中で、劣位に置かれていたからだ。情動を司る脳部位である大脳辺縁系は、一昔前まで爬《は》虫類脳と呼ばれていた。論文の多くは、理性を司るとされる大脳新皮質に関するものだった。サルでも分かるという言い方があるか、サルどころか、ヘビでも分かると蔑まれていた情動の脳科学の立場から、しかし、あくまで理性中心主義的な科学思考に依拠し、その内的論理に徹底的に忠実に従うことで、何が理性的な科学思考から排除されてしまうのかを、ヘビでも分かる情動の脳科学だからこそ陰画としてあぶり出すことが可能となる。理性的な思考を極限まで積極的に推し進めることで、内部から理性中心主義を粉砕する。フランスの哲学者、ジャック・デリダが考案した脱構築（déconstruction: ディコンストラクション）という手法だ。

　この試みが成功すれば、現在のリスク論では十分に捉えることができないリスクを、鮮明に認識できるようになるはずだ。リスクの所在が明らかになれば、努力が報われるような効果的な対策が進み、人々の暮らしは、人間本来の穏やかな生活世界を取り戻すことができるだろう。コロナ禍／コロナ後のリスク論は、現在（現前）のリスク論を〈脱構築〉し、実践的な社会哲学にならねばならない。

目次

第1章 新型コロナウイルス感染症と「社会の病」
――絶対的貧困から相対的貧困の時代へ

食糧不足など絶対的な貧困を克服した先進国では、病気の原因に占める物質的な要因は急速に低下した。代わって大きくなってきた病気のリスク要因は、心理社会的要因だ。衣食足りて礼節を知るというが、飢えから解放されて人心地がつくようになると、なにかと周りの人たちとの関係が気になってくる。幸せの青い鳥はどこにもいないと分かっていても、隣の芝生は青く見えるものだ。人並みの暮らしができない不平、不満、憤り、自尊心の喪失に起因する慢性ストレスは、心身を蝕んでいく。

絶対的貧困から相対的な貧困へ――この健康リスクの決定要因の変化は、「疫学転換」と呼ばれている（リチャード・G・ウィルキンソン、二〇〇九）。経済発展によって物質的貧困が解消された結果、ストレスによる急性炎症反応（感染症）による死亡率は減少し、代わって、ストレスによる慢性炎症が原因で起きる心臓病や糖尿病、がんなどの生活習慣病、うつ病などの精神疾患が増加したということだ。

心理社会的要因が生活習慣病の原因になると聞いて、読者の中には、「えっ」と驚かれる方もいらっしゃるかもしれない。「何を言っているの、生活習慣病の原因は、偏った食生活や運動不足に喫煙、お酒でしょ」。反論が聞こえてきそうだ。ごもっともです。しかし、この章のすぐあとで説明するが、最近、社会問題になっている人並みの暮らしができない相対的貧困、児童虐待、ドメスティック・バイオレンス（DV）、そして、コロナ禍で話題となった差別、偏見、いわれのない誹謗中傷、これらは、少し前の福島原発事故でも問題となったが、このような心理社会的ストレスはすべて、生活習慣病のリスクを高める。

一言で言えば「社会的排除」ということになるのだが、社会から排除されることで、人は心臓病になる。心を痛めつけられれば、実際に心臓にダメージを受けるのだ。社会的に排除されている人ほど死亡率が高いことが報告されている（House JS et al., 1988）。不公平な社会ほど人と人との信頼関係が失われ、社会的結束力が弱く、健康水準が低い（Pickett KE & Wilkinson RG, 2015）。孤立でなく排除である。孤立という言葉は、その人が置かれた状態を指す。それに対して排除は、排除する側と排除される側があることを意味する。つまり、社会的排除とは、病気の原因が社会の側にあることを示す概念なのだ。

逆に言えば、ソーシャル・キャピタル、いわゆる人と人との関わりの豊かさを社会が求めれば、そのこと自体病気の予防になり得るということでもある。人間関係を豊かにすることで死亡率を低下させる効果は、喫煙者が禁煙することによる死亡率低下と同じくらい効果があることが示されている（Holt-Lunstad J et al., 2010）。過度な飲酒、肥満、運動不足を解消するより効果があるという。

コロナ禍で、ソーシャル・ディスタンスが合言葉になった。しかし、感染予防に必要なのは、フィジカル・ディスタンシング（物理的な距離を取ること）であって、助け合いが必要な困難な状況下では、ソーシャル・ディスタンス（心理社会的な距離）はむしろ、なくすべきだろう。人との絆を深めることは免疫力を高め（後述）、病気を遠ざける。コロナ禍におけるこの言葉の使い方一つとっても、人々の発想が疫学転換後の社会にうまく適応できていないことを物語っている。

そもそも、生活習慣病という言い方自体、病気の原因は病気になったその人の生活習慣にある、つまり、自業自得とまでは言わないまでも、責任は病気になったその人自身にあるというニュアンスを含んでいる。なにも、生活習慣の改善に予防効果はないと言っているわけではない。それ以上に、貧困や不公平など、長年にわたって弱者を排除してきた構造的な「社会の病」が、生活習慣病に深く関係していることが分かってきたのだ。病気の原因を取り違えれば、対策は後手後手に回ってしまう。現状をなんとか改善したいのであれば、病気の心理社会的要因について理解する必要がある。

本書で、「心理社会的」、もしくは「社会の病」という言葉を使うのは、次のことをはっきりさせたいからだ。健康に影響を与えるストレスの程度は、その人の個人的な心の弱さや偶然によって決まるのではない。ストレスを感じる程度は、歴史的・社会的に構造化されているので、病気になったその人に責任を負わせることはできない。

それでは、心理社会的要因がいかに人々の健康を害しているか、そして社会の病を改善するためには何が必要なのか、新型コロナウイルス感染症を例に検証していきましょう。これが、この章のテーマです。

新型コロナウイルス感染症と生活習慣病

新型コロナウイルス感染症は、不思議な感染症だ。感染しても大部分の人は無症状、もしくは、軽い上気道炎で終わる（Ing AJ et al., 2020）。厄介なことに、本人も気づかないうちにウイルスをばらまき、多くの人に感染させてしまう（Chau NVV et al., 2020; Lee S et al., 2020）。発症前に感染性のピークがあるためで、四五％の人が発症前の感染者から感染していると報告されている（Ferretti L et al., 2020）。そして、一部の人は重篤化し、死に至る。たとえ回復しても、多くの人は数ヶ月経っても疲労感や呼吸困難、関節痛など、複数の後遺症に悩まされ続け、半数近い人が生活の質の低下を感じ続けているようだ（Carfi A et al., 2020; Brodin P, 2021）。また、感染直後は無症状でも、末梢神経系から感染したウイルスが脳の中枢神経系に侵入し、後年、神経障害が起きる恐れがあるとも指摘されている（Alam SB et al., 2020; Song E et al., 2021）。なので、重篤化しにくいとされる若年層も、感染しないに越したことはない。

ただ、二〇一九年一二月に中国・武漢で最初の感染者が確認されてから一年が経ち、分かってきたこともある。それは、重篤化因子だ。ハーバード大学グループの調査によると、六五歳以上の高齢者や、冠動脈疾患、心不全、不整脈、慢性閉塞性肺疾患を患っている人、喫煙者は、感染すると死亡リスクが高くなることが分かった（Mehra MR et al., 2020）。米国での別の調査では、ＰＣＲ検査で陽性が確認された入院患者には、高血圧、糖尿病、肥満の人が多かった（Richardson S et al., 2020）。高脂血症も、死亡リスクを高めるようだ（Grasselli G et al., 2020）。日本でも、国立国際医療研究センターの調査で、高齢者、持病として心疾患、慢性肺疾患、脳血管障害、腎機能障害を患っている人は死亡する割合が高く、肥満や高脂血症の人も重症化しやすいことが分かっている。[1] 要するに、高齢者、喫煙者、生活習慣病を患っている人、および、その予備群は、感染すると重篤化しやすい[2]。

生活習慣病が重篤化因子であることは、マスコミなどでも取り上げられているので、一般にもかなり知られているはずだ。ただ、どのような人が生活習慣病になりやすいのかは、対策を進めるうえで重要なポイントになるはずなのに、少なくとも日本ではほとんど注目されていない。おそらく、社会疫学や神経免疫学の存在そのものが、あまり知られていないからだろう。

社会疫学や神経免疫学の進歩で、生活習慣病の概念は、劇的に変わった。結論から言えば、生活習慣病になりやすいのは、社会経済弱者だ。

世界に先駆けて「飢えから解放」された英国では、二〇世紀に入り最初の二〇年間で平均寿命が一二年も延びた。その一方で、心臓病が急増した。そのため、不健康な生活習慣を改める啓発活動が長年にわたって行なわれたが、心臓発作の発生率は多く見積もっても八％しか減らせなかった。そんな中、**心臓病の発症率が地域の経済格差に一致**していることに気づいたバーカー（David Barker）は一九八六年、ドーハッド説[3]を発表した（Barker DJP & Osmond C, 1986）。ドーハッド説とは、①胎児・乳幼児期にストレスにさらされると、生活習慣病や精神疾患になりやすい体質になる、②その体質に、望ましくない生活習慣やストレスが加わることで病気が発症する――という病気の二段階発症説のこ

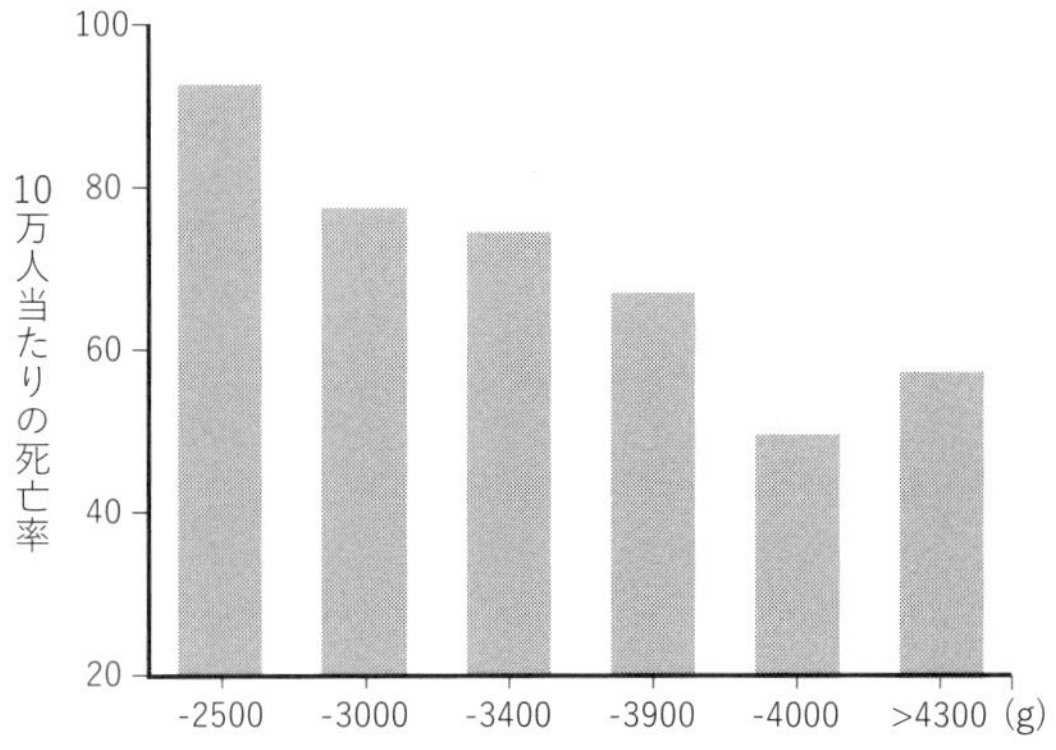

図1 出生体重と成人後の虚血性心疾患の関係

出生体重が少ないほど、虚血性心疾患の死亡率が高くなる。

Osmond C et al. (1993) を改変

とだ。生まれた時の赤ちゃんの体重は、胎児期の環境の良し悪しを反映している。出生体重が少ないほど、つまり、厳しい環境に置かれ、強いストレスにさらされた妊婦から生まれた子どもほど、虚血性心疾患（**図1**）や2型糖尿病（**図2**）の発症リスクが高まることが分かった。そして、胎児期に低栄養や社会経済的なストレスなどにさらされた低出生体重児（体重二五〇〇《グラム》未満）は、心臓病、2型糖尿病、メタボリック症候群、高血圧、脂質異常症、うつ病、統合失調症、注意欠如・多動性障害（ADHD）、心的外傷後ストレス障害（PTSD）などのリスクが高まることが確認された（Seckl JR 2004; Harris A & Seckl J 2011）（**表1**）。

格差そのものが原因で人々の健康状態が悪化するという説には、異論がないわけではない。しかし、従来から言われている生活習慣病のリスク要因だけでは、病気のなりやすさを十分説明できない。確か

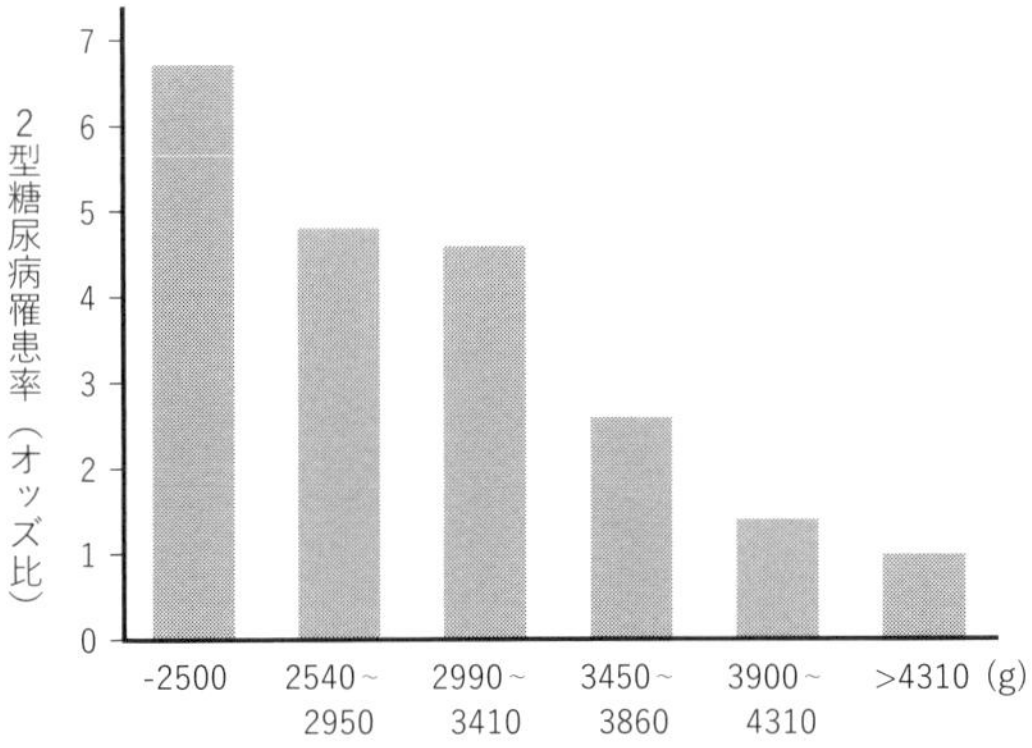

図 2 出生体重と成人後の 2 型糖尿病の関係

出生体重が少ないほど、2 型糖尿病の罹患率が高くなる。

Barker DJP (1995) を改変

表 1 出生体重の低下でなりやすくなる病気

関連が確実な病気	関連が疑われる病気／症状／現象
1）虚血性心疾患（心臓病）	1）うつ病
2）2 型糖尿病	2）統合失調症
3）メタボリック症候群	3）心的外傷後ストレス障害（PTSD ）
4）脳梗塞	4）注意欠如・多動性障害（ADHD）
5）高血圧	5）乳がん
6）脂質異常症（高脂血症）	6）早熟（初潮年齢の低下）
7）神経発達異常	7）特徴ある指紋／手相
	8）未婚

胎児期・生後初期のストレスが後年の健康に影響することは、確実視されている。

Harris A & Seckl J (2011) など

に、社会的地位の低い人たちには、地位の高い人と比べると心臓病が多く、喫煙やアルコールの過剰摂取、運動不足、肥満、高血圧など心臓病の危険因子も多い。しかし、これらの危険因子で説明できるのは、健康格差の三分の一以下に過ぎない（Lantz PM et al., 1998）。

さらに、禁煙プログラムや減塩指導には、短期的な効果があることは証明されているが、長年にわたって継続できるかについては疑問符が付けられている（Hooper L et al., 2002; Anthonisen NR et al., 2005）。社会経済弱者はなぜ、タバコを吸い、アルコールに頼りがちになるのだろうか。追い詰められ、嗜好品でストレスを解消したくなるような心理社会的要因があるのではないだろうか。格差の激しい社会はアルコール依存症患者が多いだけでなく、社会全体のアルコール消費量が多いことが確認されている（リチャード・G・ウィルキンソン、二〇〇九）。酔っ払い天国は、やけ酒天国だったのだ。将来の見通しが見えない中で、身体に良いことを実行し、悪いことを避け続ける気力が湧くものだろうか。

また、健康格差の原因は、社会経済弱者ほど医療サービスを受ける機会に恵まれないからだ、との指摘もある。しかし、英国公務員を調べたところ、最上級の職員と比べて、最下級の職員が心臓病で死亡する確率は四倍も高かった（Rose G & Marmot MG, 1981）。公務員はみな同程度の医療サービスを受けているはずだから、四倍もの健康格差の原因は別にあることになる。

健康リスクの社会的決定要因を明らかにしようとした数多くの研究によって、心理社会的要因による慢性ストレスが、生活習慣病など健康に非常に大きな影響を与えることが分かってきた。慢性ストレスの主な原因は、**①社会経済格差／差別などによる人としての尊厳の喪失、②地縁／血縁／友情の**

喪失による孤立、③胎児・乳幼児期の厳しい生活環境、の三つだ（リチャード・G・ウィルキンソン、二〇〇九）。社会疫学の調査で、現代社会において最も重要な病気の原因は、心理社会的要因であることがはっきりしてきたのだ。ストレスと聞くと、うつ病や不安障害などの精神疾患を連想しがちだが、心理社会的要因による慢性ストレスが健康に与える影響は非常に大きく、心臓病などの生活習慣病の原因にもなり得る。世界保健機関（WHO）は二〇〇八年の報告書「一世代のうちに格差をなくそう――健康の社会的決定要因に対する取り組みを通じた健康の公平性」で、世界のすべての国において、社会の格差勾配に従って人々の健康状態は悪化していると指摘している（CSDH, 2008）。

日本の生活習慣病対策も、従来の啓発活動重視から健康格差の解消へと大きく方向転換している。二〇〇〇年から始まった「健康日本21」では、健康実現を「一人ひとりが主体的に取り組む課題」だとして、運動不足の解消と食生活の改善を促す啓発活動を主軸にしていた（厚生労働省、二〇〇〇）。しかし、思うような成果が上がらなかったことから、基本方針が全面改訂されて二〇一三年から始まった「健康日本21（第二次）」では、国民の健康増進の目標として「健康格差の縮小」を前面に打ち出すようになった（厚生労働省、二〇一二）。

日本でも、社会経済格差には健康格差がともなうことが明らかになってきている。たとえば、幼少期に所得水準の低い家庭で育った子どもほど、その後に肥満になるリスクが高く、特にリーマンショック（二〇〇八年の世界金融危機）以降、過体重になるリスク格差が拡大した可能性が示されている（Ueda P et al., 2015）。別の調査では、親世代の直面する労働市場の悪化が、その時代の低体重出生児の割合を高めていて、一九九〇年代までは失業率の上昇が、二〇〇〇年以降は非正規労働者率の上昇が要因であることが明らかになった（Kohara M et al., 2019）。

一九八〇年代以降、所得格差が拡大した日本。人並みの生活ができない人の割合を示す相対的貧困率[4]は、二〇〇〇年以降も拡大傾向に歯止めはかかっていない。六人に一人は貧困状態にあり、ひとり親世帯では半数近い。経済協力開発機構（ＯＥＣＤ）によると、日本の相対的貧困率は先進三五カ国中、下から一〇番目で、国際的にかなり劣悪な水準にある（二〇一七年時点）。新型コロナウイルス感染症の大流行は、こんな社会情勢の中で発生した。新聞では、感染拡大に関連した解雇や雇い止めに歯止めがかからないことが、連日のように報じられている。「コロナ失職４万人超え」（二〇二〇年七月三一日付朝日新聞朝刊）、「コロナ解雇８万人超」（二〇二一年一月八日付福島民報朝刊）と、センセーショナルな見出しが躍る。解雇や雇い止めされた人には、非正規労働者、特に女性が多いことが総務省統計局の労働力調査で分かっている（二〇二〇年一二月二五日発表）。

以上のことから、次のことが予想される。正規雇用者より、そうでない雇用形態の人の方が循環器疾患の死亡リスクが高いことが分かっている（Fujino Y, 2007）ことなどから、コロナ禍で経済的な打撃を受けると、生活習慣病が増加すると同時に、新型コロナウイルスに対する感染リスク、および、重篤化・死亡リスクが高まる。さらに、コロナ後には、コロナ危機による戦後最悪のマイナス成長にともなう健康格差の拡大、慢性ストレスによる数十年後の生活習慣病、および、うつ病など精神疾患の増大が懸念される。

災害は弱者を襲う

健康リスクに占める心理社会的要因の重大さが顕著に現れるのは、大災害の時だ。自然災害であれ、人災であれ、大災害後の水や食糧などの絶対的な不足は当然のことながら不安の原因となるから、物理的要因と心理社会的ストレスを切り離すことはできない。大災害時の心理社会的ストレスは、免疫力を低下させ、体内の炎症物質（サイトカインなど）の発現量を増加させることで感染症、さらには、心臓病や糖尿病などの病気に罹患しやすくさせる。不安や憤りを当人の心の問題として扱ってしまうと、健康リスクの所在が見えにくくなる。災害時に最も健康リスクが高くなるのは、災害前から日常的に心理社会的ストレスにさらされていた社会経済弱者なのだ（Norris FH et al., 2002）。災害は弱者を襲う。

このことは、新型コロナウイルス感染症対策を何も行わないで感染者が激増するにまかせると、その感染者の多くは、流行前から日常的に厳しい生活環境下で慢性的なストレスにさらされ、免疫力が低下している社会経済弱者であること、しかも、重篤化し死亡する感染者の多くも、生活習慣病の罹患率や喫煙率の高い社会経済弱者であることを意味する。

では、感染拡大を防ぐために社会経済活動を制限した場合、この傾向はどうなるだろうか。やはり同じで、感染者の絶対数は少なくなったとしても、社会経済弱者の感染リスク、重篤化リスクが高いことに変わりはない。社会経済弱者に生活習慣病が多いのは、厳しい生活環境によるストレスが主な原因の一つ（根本原因）と考えられるから、ロックダウン、もしくは、日本のようなより穏やかな方法での緊急事態宣言発令、自発的な不要不急の外出自粛であったとしても、景気悪化による生活の不安定化、失業、将来の見通しのなさ、社会からの孤立、ドメスティック・バイオレンス（ＤＶ）など、追い討ちをかけるようなストレス増大は、免疫力のさらなる低下をもたらし、ウイルス感染のリスクを高める。生活習慣病との合併症による重篤化、死亡リスクも高まることになる。

どうして、社会的排除による心理社会的ストレスでこんなことが起こるのか、不思議に思われる読者もいらっしゃることだろう。メカニズムについては第8章で詳述するが、いくつか興味深いデータを紹介しておこう。

オスのマカクザルに夏風邪ウイルスのアデノウイルスをふりかけたところ、社会的地位の低いサルほど感染しやすいことが分かった（Cohen S et al., 1997）（**図3**）。血液中の生理活性物質の濃度変化から、原因は心理社会的ストレスによる免疫力の低下と推定される。人間でも、新型でない通常のコロナウイルスを鼻にふりかけたところ、日ごろからストレスを感じている人ほど感染しやすいことが確認されている（Cohen S et al., 1991）。

心理社会的ストレスで心臓病になりやすくなることも、サルの実験で確認されている（Shively CA & Clarkson TB, 1994）。実験では、格差による影響だけを調べるために、成熟した2つのグループのメスザルを、同じ敷地で生活させ、同じエサを与えることで、物質的な影響を極力抑える工夫をした。そのうえで、それぞれのグループの中で半分より上の地位にいる「勝ち組」のサルを集めて生活させた。

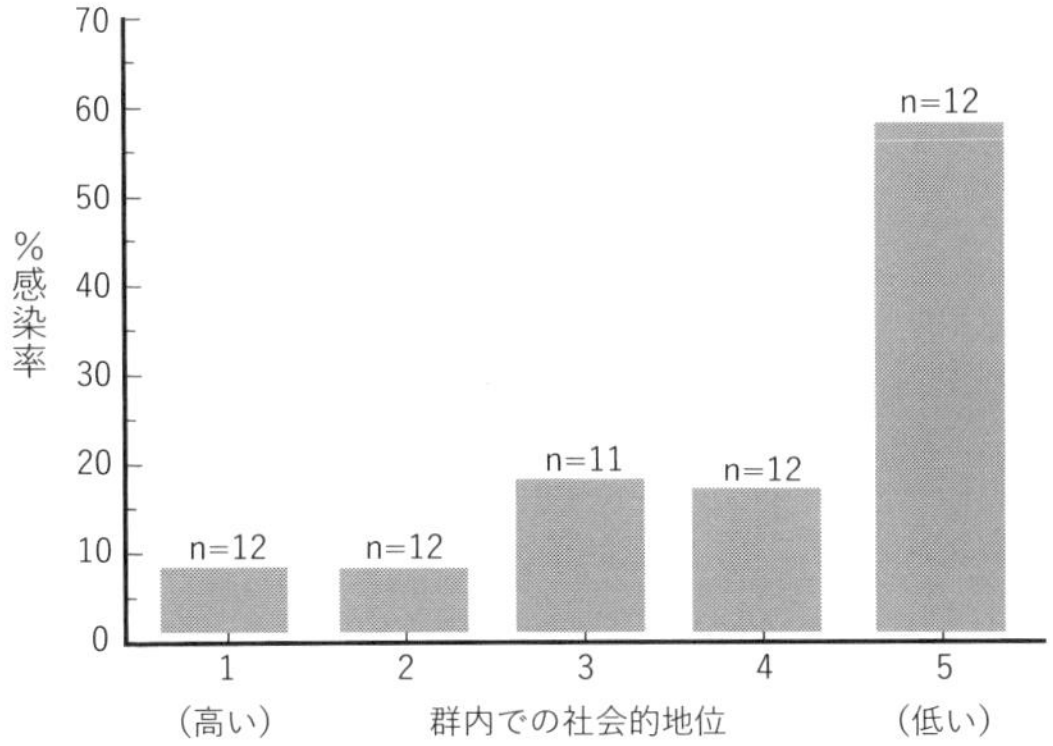

図３：社会的地位の低いサルは風邪を引きやすい。おそらく人間も……。　Cohen S et al. (1997) を改変

そうすることで、半分のサルは、もともとは勝ち組だったにもかかわらず階級闘争に敗れ、「負け組」に転落することになる。その結果、低い地位に押し下げられた下半分のサルの間では、負け組として暮らしている間にアテローム性動脈硬化症が５倍に増加していることが分かった。念のために、最初のそれぞれのグループで下半分の負け組だったサル同士を一緒に生活させる実験も行った。すると、負け組から勝ち組に昇格したサルは、ずっと負け組として暮らすことになったサルより、アテローム性動脈硬化症の程度が半分以下と少なくなった。

このように、集団で暮らす動物は、除け者にされることを本能的に嫌い、生理的に強いストレス反応が起きる。心の病と身体の病は、どちらも血流に乗って全身を駆け巡る炎症物質、サイトカインの過剰放出が関係しているので、片方が痛むと、もう片方も痛みやすくなる。だから、心が風邪を引くと心臓も風邪を引く

し、心臓が痛むと心も痛む。

今回の新型コロナウイルス感染症で、生活習慣病の持病がある人、タバコを吸っている人、高齢者が重篤化しやすい理由も、このメカニズムで説明がつく。生活習慣病患者の身体は慢性的な炎症状態にあるので、新型コロナウイルスが取り付く受容体ACE2の発現量が増加している。このウイルスに感染しやすいということだ。ACE2の発現量は、喫煙者でも増加している。また、炎症性サイトカインや炎症細胞は感染前から活性化しているので、ウイルス感染をきっかけに炎症が広がりやすくなっている。過剰発現したサイトカインは、血流に乗って身体中を駆け巡り、身体中の血管・臓器に炎症を起こし、最終的には多臓器不全などで命を落とすことになる。新型コロナウイルスの感染にともなう重篤化の原因は、このような免疫の暴走、サイトカインストームと考えられている（Vardhana SA & Wolchok JD, 2020; Gupta A et al., 2020; Hadjadj J et al., 2020）。加齢によっても、炎症性サイトカインの血中濃度は増加する（Arai Y et al., 2015）。だから、高齢になればなるほど、ウイルス感染によって命を落としやすくなるのだ。

典型例としての米国での流行

それでは、極端な例として、米国を見ていこう。

米国は、社会経済格差が激しい国として知られる。社会経済格差には、健康格差がともなう。米国は、一人当たりの国民所得では世界で最も裕福な国の一つなのに、平均寿命はほとんどの先進国より短い。他の先進諸国の平均寿命が、一九八〇年から一五年間で七・八年延びたのに対し、米国は四・九年の延びにとどまった（Kamal R, 2019）。米国の平均寿命は、他の先進諸国より四年も短いのだ。アーカンソー州に住む黒人男性の平均寿命は六八歳なのに対し、ミネソタ州の白人女性のそれは八三歳だ（Mariotto AB et al., 2018）。米国では、白人より黒人・ヒスパニック系の人の方が生活習慣病になりやすいことが知られているが、一九九九年から二〇一八年の二〇年間で、高血圧、糖尿病、脳卒中になる黒人が増加した（Odlum M et al., 2020）。白人との健康格差も拡大、二〇年間で白人より糖尿病、高血圧、心臓病になる黒人の割合が増加した。ヒスパニック系では、白人より高血圧、糖尿病になる人の割合が増加した。

健康格差は、白人にとっても対岸の火事ではない。社会経済格差の健康影響は、社会的弱者だけではなく、すべての人に及ぶことが確認されている。

米国の州ごとの所得水準と死亡率の関係を調べたところ、不平等な州ほど平等な州と比べ、高額所得者も含めてすべての階層で死亡率が高かった（Wilkinson RG & Pickett, KE 2008）。健康な州は、経済的に豊かな州ではなく平等な州だった。目からうろこの調査結果もある。米国五〇州における女性議員の割合、男女間の賃金格差、女性の経済的な自立度などを分析した結果、女性の地位が高い州ほど、なんと男性の死亡率が低いことが分かった（Kawachi I et al., 1999）。女性の地位が低い社会は、男性間でも不平等、つまり社会全体が不平等であることが考えられる。そのような格差社会では、社会的弱者である女性だけでなく、優位な立場にある男性の死亡率も高くなる。

格差社会は、攻撃的で差別的な社会である（Pickett KE & Wilkinson RG, 2015）。人と人との信頼関係は低下し、犯罪率は高くなる。格差の上位に位置する「勝ち組」は自分の地位を守ろうとして躍起になり、「負け組」は強い劣等感に苛まれる。慢性的な強いストレスで多くの人の免疫力が低下しているであろう、このような格差社会で感染症のアウトブレイクが起きれば、ひとたまりもない。

米国西海岸ワシントン州で、同国内初の感染例として武漢から帰国した男性の感染が確認されたのは、二〇二〇年一月二一日のことだ。その後、同国の感染者数は増加の一途をたどり、三月二六日には八万三五〇〇人を超え、あっという間に世界最多となった（BBC, 2020）。中でも感染者、死者数ともに被害が甚大だったのは。ニューヨーク市だ。同市にある五つの行政区のうち、マンハッタンは、最も裕福な行政区として知られる。一方、ブロンクスは、人種・民族的マイノリティの割合が最も高く、貧困層が最も多く、教育水準が最も低い地区とされる（Ross J et al., 2020）。停車駅周辺に住む人々の平均寿命を示す「サブウェイ・マップ」によると、マンハッタンのミッドタウンからサウスブロンクス地区まで乗車すると、平均寿命は一〇年短くなる（Berwick DM, 2020）。乗車時間一分ごとに、寿命が六ヶ月短縮する計算だ。

ニューヨークは、現代の格差社会を絵に描いたような街だ。毎日、感染者数や死者数が更新される同市保健局のホームページ[5]を見ると、社会経済格差が命の格差に直結し、しかも、大災害によって命の格差が拡大再生産されることがよく分かる（NYC Health, 2020）。

行政区ごとの新型コロナウイルス感染症による人口一〇万人当たりの死亡率（二〇二〇年一二月九

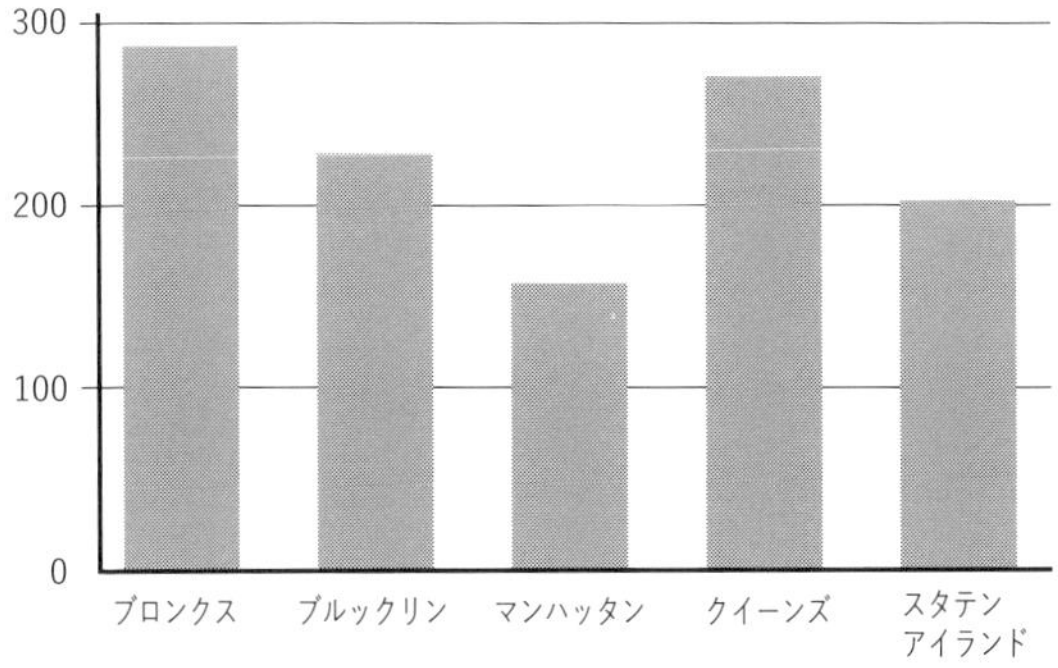

図 4：ニューヨーク市の行政区別人口 10 万人当たりの死亡率。ブロンクスの死亡率が最も高く、マンハッタンが最も低い。（2020 年 12 月 9 日現在）

日現在）は、ブロンクスが最も多く二八九人、マンハッタンが最も少なく一五八人と、倍近い開きがある（**図4**）。

死亡率の格差は、ニューヨーク市で感染爆発が起きて以来、この九ヶ月間変わっていない。人口一〇万人当たりの病床数は二〇二〇年春の時点で、ブロンクス（三三六床）とマンハッタン（五三四床）がほぼ同じで、五つの行政区の中で最も多い。しかも、人口密度が行政区の中で最も高く、人との距離を取りにくく、感染リスクが高いはずのマンハッタンの死亡率が最も低い。このことは、健康リスクの社会的決定要因が、新型コロナウイルス感染症における死亡率の格差に大きな影響を与えていることを示唆している。それを裏付けるように、ニューヨーク市全体の人口一〇万人当たりの死亡率を人種／エスニシティ別に比較すると、黒人／アフリカ系アメリカ人（二四九人）、ヒスパニック／ラテン系（二六六人）の死亡率が高く、白人（一二八人）の倍となっている(6)（**図5**）。所得別では、裕福な人が多く住む地区の死亡率が低く、貧困層の割合が高い地区ほど死亡率は上昇する（図6）。

感染率・死亡率が黒人・ヒスパニック系で高い主な原因は、以下のように分析されている（Yancy CW, 2020; Webb Hooper M et al., 2020）。所得格差にともなう健康格差の主因も、同様であろう。

①高血圧、糖尿病、病的肥満、心血管疾患、腎臓疾患などの有病率の高さ
②在宅勤務、一時休暇など、身体的距離を取ることが困難な職種への従事
③密集した住居での生活
④医療サービスの不公平な配分・医療制度への不信感
⑤インターネットへのアクセスの困難さ

①の高い有病率の主な原因が心理社会的ストレスであることは、前述した。項目の②以下は一見、心理社会的ストレスと無関係のように見える。確かに、人との接触機会の多さ、三密での生活、不公平な医療サービス、インターネットにアクセスできないことなどによる情報不足、これらはウイルスへの感染リスクを直接高める。しかし、これらの要因そのものが社会経済格差の賜物であり、白人や経済的に豊かな人たちと違って、自分たちだけが、このような状況から逃れられないことは、強烈な心理社会的ストレスの原因となる。[7] 孤立、突然の失業、経済的困窮の増大、三密を避けられない状態、情報不足、社会的混乱といった心理社会的ストレスによる不安、抑うつ、自分自身や周囲の人に対す

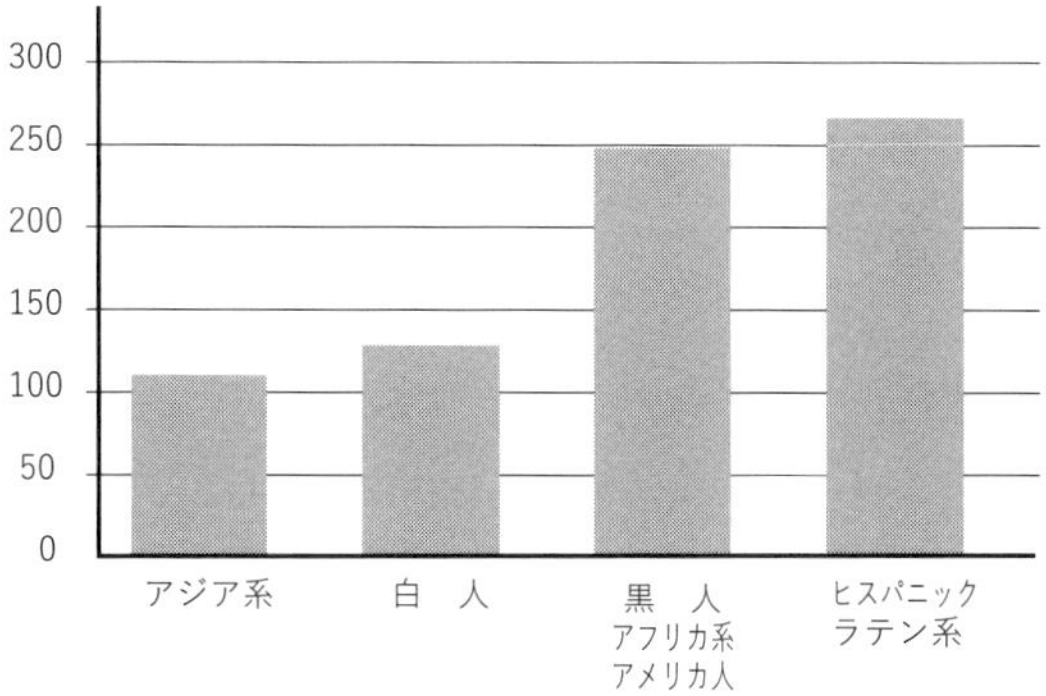

図 5：ニューヨーク市の人種・エスニシティ別人口 10 万人当たりの死亡率。(2020 年 12 月 9 日現在)

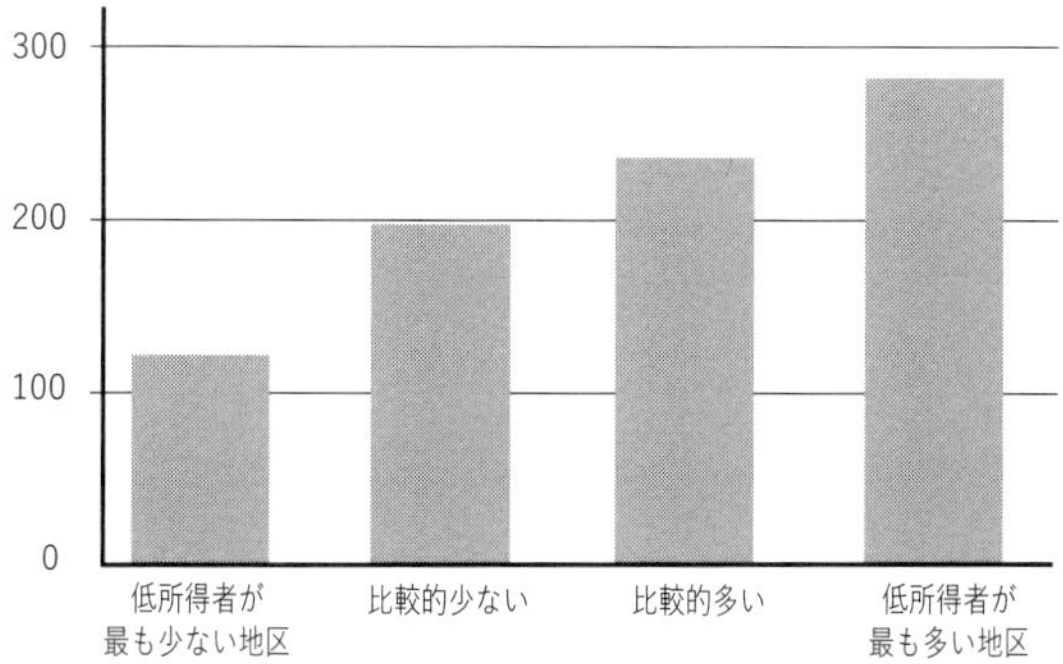

図 6：ニューヨーク市の所得別人口 10 万人当たりの死亡率。(2020 年 12 月 9 日現在)

る虐待を含む有害な行動の増加は感染リスク、および合併症のリスクを高める。

一例を挙げておこう。私たちの生活維持に欠かせない仕事をしている、エッセンシャルワーカーと呼ばれる人たちがいる。医療関係、介護福祉・保育、生活必需品を提供するスーパーなどの小売業、バスの運転、トラック運送、ゴミ収集作業などに従事している人たちだ。医師は別にして、エッセンシャルワーカーの多くは収入が少なく、社会的地位も低い。ハーバード大学が米国マサチューセッツ州の四〇〇近い病院を調べたところ、コロナ禍による病院経営の圧迫で、二〇二〇年五月二〇日から七月九日の間に、非臨床スタッフの二一%、看護師やケースマネージャーなどの二三%が一時解雇、もしくは解雇されていた。一方、解雇された医師はわずか三%に過ぎなかった（Song Z et al., 2020）。多くの同僚が解雇された病院スタッフは、「私たちはいつもの倍働いているのに、成果は半分しか上がらない。みんな燃え尽きている」と嘆いていたという。

米疾病対策センター（CDC）によると、二〇二〇年六月中に自殺を考えた米国人は一一%に上ったが、エッセンシャルワーカーでは二二%、無給の介護者で三一%と、社会経済弱者で極端に多かった[8]。黒人、ヒスパニック系も、それぞれ一五%、一九%と多かった。過去の調査では、がん患者の介護に疲れている人の血液を調べたところ、免疫力の低下を示す炎症関連物質の濃度が上昇していて、このまま介護疲れの状態が続くと、糖尿病、心臓病、がん、慢性的な感染症に罹患する可能性が高いことが分かった（Miller GE et al., 2008）。

このように、心理社会的ストレスは免疫力を低下させるため、ウイルスに感染するリスクを高める。

心臓病などの原因にもなるので、感染すれば重篤化しやすくもなる。

コロナ後に懸念される健康格差の拡大

ことは、これでは終わらない。仮に、流行を収束させることに成功したとしても、そして、数年後に流行の最終的な終息を実現できたとしても、今度は、新型コロナウイルス感染症に代わって別の健康リスクの増大に対処しなければならない。別の健康リスクとは、社会経済格差の拡大・固定化による健康格差の拡大だ。

大災害後には健康格差は一層強まる。貧困、低い社会経済的立場、社会の連帯の乏しさなどが、健康リスクの主な要因とされる（Norris FH et al., 2002）。今回も、二〇二〇年四月に米国で行われたジョンズ・ホプキンス大学の調査で、重大な精神的苦痛を感じている米国成人の割合が一三・六％と、二〇一八年の調査の三・九％から増加しており、特に顕著だったのが年収三五〇〇〇ドル未満の低所得者とヒスパニック系の米国人で、それぞれ七・九％から一九・三％、四・四％から一八・三％と大幅に増加し、健康格差が拡大していることが分かった（McGinty EE et al., 2002）。ストレス性心疾患の増加も報告されている（Jabri A et al., 2020）。恐らく、社会経済弱者の割合が高いものと推測される。格差が激しくなると、治安が悪化し、薬物中毒患者やアルコール依存症も増加することが知られている。子どもの教育水準も低下する。これらはすべて、健康リスク要因となる。分断社会は不健康社会なのだ。格差の激しい社会では、虚血性心疾患やがんの死亡率が高くなる。乳幼児死亡率、総死亡率も高くなることが確かめられている（Kawachi I et al., 1997）。

特に気になるのは、子どもの健康状態だ。日本では、公益財団法人「あすのば」など子どもの貧困対策に取り組む三団体と研究者が二〇二〇年五月一四日、「子どもの貧困に関わる新型コロナウイルス感染拡大への対策の要望」を政府・各政党に提出、子どもの貧困世帯への現金給付の上乗せを求めた。保護者の失業や大幅な減収に加え、高校生などのアルバイトの打ち切り、学校の休校による出費、給食なしによる栄養不足、オンライン教育による学力格差の拡大などを懸念してのことだ。「あすのば」など支援団体は半年後の一一月一〇日にも、「子ども・若者の貧困世帯へのコロナ禍の影響は、より深刻になっている」として、ひとり親世帯臨時特別給付金の再支給や高校生への奨学給付金の上乗せ支給、高校生・大学／専門学校生の中退防止や自殺防止などへの支援強化など、今後のコロナ禍対策と来年度予算編成に向けた要望書を国に提出した。

社会経済格差にともなう教育格差は深刻で、幼児教育から大学院まで含めると、二〇二〇年三月末までに限っても、すでに世界で一六億人の学生の学校が閉鎖されたという（Rubin R, 2020）。日本政府はオンライン教育を推進するが、スイスでの研究によると、オンライン教育は成績が良かった学生の成績は良くなる一方、成績が悪かった学生の成績は低下する（Cacault MP et al., 2019）。今回のパンデミックでも、ハーバード大学などが全米八〇万人の学生を対象に行った調査で、経済格差にともなう教育格差が拡大したことが示されている（Chetty R et al., 2020）。二〇二〇年三月に学校閉鎖される前後のオンラインプログラム「Ｚｅａｒｎ」の習得率を調べたところ、低所得者層が多く居住する地域では習得率が五〇％減少していた。中所得者層が多い地域は三〇％減、そして高所得者が多い地域では一時的に習得率が減少したものの、その後、流行前の水準まで持ち直したことが分かった。日本でも、コロナ禍で休校中、世帯収入の少ない家庭の子どもは、収入の多い家庭の子どもに比べ、オンライン教育を受ける機会が大幅に少ないことが分かった。(9) 三大都市圏（東京・愛知・大阪）かどうかや、親の学歴でもオンライン教育の機会に格差があった。

教育格差には健康格差が伴う。教育水準の低い家庭の子どもほど、風邪を引きやすいことが報告されている(Cohen S, 1999)。韓国の調査では、学歴が低い人ほど死亡率が高いことが明らかになった(Son M et al., 2002)。日本の調査でも、最終学歴が中学校卒業の人は、高校卒業以上の人より、総死亡率が一・二五倍高いことが示されている（Fujino Y et al., 2005)。貧富の格差が激しい都道府県ほど、赤ちゃんの出生体重が少なく、父親の学歴が低いほど、貧富の格差が出生体重により大きな影響を与えることも分かっている（Fujiwara T et al., 2013)。出生体重が小さいほど、心臓病や糖尿病になりやすいことは前述した。

また、子ども食堂などの子ども支援事業も実施できず、居場所を失う子どもたちは危機的状況にあるという。ドメスティック・バイオレンス（ＤＶ）の増加も懸念されている（Boserup B et al., 2020)。過去の事例では、米ニューヨークの世界貿易センタービルに航空機が突入した二〇〇一年九月一一日の同時多発テロ事件、大量銃撃事件、ハリケーン、原油流出事故など、ほとんどの大災害で、児童虐待やＤＶが増加している（Galea S et al., 2020)。社会経済的に恵まれない家庭で多いことも、知られている。日本子ども虐待防止学会は二〇二〇年五月一日、子どもの虐待防止を求める緊急要望書を国に提出した。日本での二〇一八年の子どもの相対的貧困率は、一三・五%と依然として高い水準にある。新型コロナウイルス感染症の流行で、社会経済的格差は一層拡大するものと思われる。すでに東京大学の二〇二〇年春の調査で、収入の低い家庭ほどコロナ禍で収入が減少し、しかも減少幅も大きいことが確認されている[10]。

過去の事例から、二〇二〇年三月の全国一斉休校によって始まった長期間、教育環境、生活環境、人間関係が激変した子どもたちの成人後の生活習慣病、うつ病などの精神疾患の増加が懸念される。

今回の新型コロナでも、流行による小学校閉鎖と、子どもたちの教育到達度、および平均寿命の関連を推定した米国の調査によると、流行中に学校を開校したままにしておくよりも、学校閉鎖した方が子どもの平均寿命は低下することが示された（Christakis DA et al., 2020）。日本では、国立成育医療研究センターが二〇二〇年九月から一〇月の間に、全国の高校生以下の子ども約二〇〇〇人、保護者約一万人に対して行った調査で、七〇%の子どもに何らかのストレス反応が見られることが示された。同年一一月に発表された「あしなが育英会」（東京都）の奨学生アンケートでは、大学生の四人に一人が「退学を考えた」と回答した。自由解答欄には、「農家から、破棄する野菜をもらった」「一日何も食べない日があった」などのコメントが寄せられた。非政府組織「セーブ・ザ・チルドレン」が、同月に発表した高校生がいる東京都のひとり親世帯を対象にした調査によると、三割以上の世帯が経済的な理由で高校中退を考えていると回答した。

幼少年期に強いストレスにさらされていた人は、三二歳の時点でうつ病や心臓病になっている人が多かったという（Danese A et al., 2007）。次のような調査もある。コロナ禍で連日、報じられている各国の新型コロナウイルス感染状況で、必ずと言っていいほど引用されるのが、米ジョンズ・ホプキンス大学の統計データだ。公衆衛生学に強いところをまざまざと見せつけた、その世界屈指の超名門大学医学部の卒業生を追跡調査したところ、社会経済的に恵まれない環境で生まれ育った卒業生には、五〇歳の時点で心臓病を患っている人が多いことが分かった（Kittleson MM et al., 2006）。名門医学部出身の医師として社会的地位を獲得し、金銭的にも恵まれるようになったとしても、子どものころのハンディを引きずり続けている、ということなのだろう。日本では、一五歳の時点で世帯所得の少ない家庭で育った人は、低学歴・低所得になる可能性が高く、成人後の幸福感・主観的健康度も低いことが確認されている（Oshio T et al., 2010）。若いころの苦労は買ってでもしろと言われるが、子どものころの苦労のダメージは、容易に消えないようだ。

今回のパンデミックで、世界全体では栄養不足、不十分な医療で、一〇〇万人以上の予防可能な子どもが死亡する可能性があると予想され（Roberton T et al., 2020）、数千万人の子どもが極度の貧困に直面する可能性が指摘されている（United Nations, 2020）。一過性でなく、数十年後を見越した息の長い支援が必要だ。

ここで強調しておきたいことは、格差拡大・固定化による社会の分断は、弱者だけでなく「勝ち組」も含めて社会全体の健康水準を低下させてしまうことだ。極端な例として米国の健康格差を紹介したが、事態は日本でも同様だ。社会経済生産性本部によると、「勝ち組」といえる国内すべての上場企業を対象にした調査で、六割の企業が「心の病」を抱える社員が増加傾向にあり、半数の企業が、心の病が最も多い年齢層は三〇代だと回答している。[11] また、管理職ほど、慢性疾患のリスクが高い可能性があり（Kagamimori S et al., 2009）、二〇〇〇年以降は、がん・虚血性心疾患・脳血管疾患・自殺など、多くの死因で管理職の死亡率が高まっている可能性が示されている（Wada K et al., 2012）。

社会経済格差にともなう健康格差は、社会経済弱者だけではなく、裕福な人たちも含めて、社会全体の健康水準を低下させてしまう。感染症は結果が早く出るので、このことが分かりやすい。米国だけでなく、日本社会にもはびこっている社会経済格差は、弱者を保護しないと、ウイルスが社会全体に拡散するリスクを高め、すべての人たちに壊滅的な健康被害をもたらすことを示している。感染症の大流行は、今後も周期的に発生し続けるに違いない。なぜなら、人類はアフリカで誕生して以来、結核、コレラ、天然痘、狂犬病、マラリア、インフルエンザ、ペストと、絶えず感染症に悩まされ続けてきたからだ。二〇世紀以降に限っても、スペイン風邪、エイズ、エボラ出血熱、新型インフルエンザ（H5N1）、重症急性呼吸器症候群（SARS）に中東呼吸器症候群（MERS）。新型コロナウイルス感染症が収束、そして終息したとしても、また新たな感染症が出現することだろう。喉元を過ぎても熱さを忘れないよう、反省すべきことはきちんと反省し、疫学転換後の社会に何が求められるのか、突き詰めていく必要がある。

写真 1-1 日曜日の午後にもかかわらず人通りが途絶えた JR 福島駅前通り（2020 年 4 月 5 日午後 3 時半ごろ撮影）

「命」と「経済」は両立可能か

では、何が求められるのだろうか。

世界保健機関（ＷＨＯ）が新型コロナウイルス感染症のパンデミックを宣言したのは、二〇二〇年三月一一日のことだ。日本でも三月中旬以降、感染が拡大、四月七日には七都府県で緊急事態宣言が発令された[12]。緊急事態宣言の対象地域は、同月一六日に全国に拡大された後、第一波の収束傾向が見られたことを理由に、五月二五日までに全国で解除された（**写真1-1〜3**）。この間、ことあるごとに「命か経済か」という議論が戦われた。

これは奇妙な問いだ。なぜなら、経済とは、社会的動物である人間が、お互いに助け合い、生存するための手段だからだ。事実、日本を含めどこの国でも、経済成長とともに平均寿命は上昇している（マイケル・マーモット、二〇一七）。この奇妙な問いは、政府の「Ｇｏ Ｔｏ トラベル」キャンペーン実施で、一層際立つ

写真 1-2 ゴールデンウィーク中の福島市郊外にあるホームセンター。ガーデニング・コーナーが賑わっていた。（2020 年 5 月 5 日午後 1 時ごろ撮影

写真 1-3 感染防止のために入店制限中の衣類生活雑貨小売店（2020 年 5 月 13 日午後 5 時ごろ撮影）

写真 2-1「福島県会津地方の道の駅。駐車場は満杯だった。Go To トラベル・キャンペーンの効果か、首都圏ナンバーのオートバイが多かった。（2020 年 8 月 11 日撮影）

こととなった。[13]「感染拡大が収束した後」に実施する予定だったこの経済支援策は、東京都内の新規感染者が四月の感染拡大期を上回るペースで増加し、東京から地方への感染拡大が懸念された七月中旬に、開始時期を一ヶ月近く前倒しして七月下旬に全国一斉に実施すると発表された。折しも、西日本を襲った豪雨災害で、感染拡大防止策として災害支援ボランティアを地元に限定していた被災自治体の対応とも、矛盾するものだった。支援対象となるはずの地方自治体の首長、医療界などから、「人災になる」「全国一斉スタートはいかがなものか」などと批判され、東京発着の旅行を対象外とすることで実施された（**写真2-1～4**）。同年一〇月には、東京発着の旅行も対象に加わった。観光地、ホテル業界などからは歓迎する声が聞かれた一方、「ＧｏＴｏ コロナ・トラベル」「ＧｏＴｏ トラブル」などと揶揄されもした。

写真 2-2 文化の日に福島県の JR 福島駅前の路上で開かれたイベント。（2020 年 11 月 3 日 午 前 11 時半ごろ撮影）

写真 2-3 JR 東京駅の新幹線ホーム（2020 年 11 月 6 日午後 7 時半ごろ撮影）

写真 2-4「市内で忘年会クラスター発生、県内新規感染者二日連続で過去最多」のニュースが流れた直後の福島市中心部の繁華街。人通りが途絶えた。（2020 年 12 月 12 日午後 8 時ごろ撮影）

一一月以降、全国的に感染者が急増、政府の分科会は同月二〇日にトラベル事業の運用について早期見直しを提言した。ところが、菅首相と小池百合子東京都知事が、六五歳以上の高齢者や基礎疾患のある人に、東京都内発着分の利用を一時停止するよう呼びかけるのに合意したのは翌月二日と、提言から一週間以上も浪費、コミュニケーション不全が露呈した。政府と東京都、政治と科学のコミュニケーション不全は、二度目の緊急事態宣言が発出された翌年一月七日以降も続いた。

本来、世を經《おさ》め民を濟《すく》うはずの「経済」（経世済民）が、なぜ「命」と対立してしまうのだろうか。どこで、ボタンをかけ間違えてしまったのだろう。

とかく、『命』と『経済』は次元の違うもので、同じ物差しの上には乗せられない」と考えられがちだ。政治理論が専門の杉田敦・法政大学教授は朝日新聞紙上（二〇二〇年七月二六日付朝刊）で、「目下最大の課題は、感染拡大を阻止しながら社会生活をどう維持するかです。人と人との接触を活発化させれば感染リスクは高まる。接触を止めれば感染リスクは下がるが、経済活動や文化活動もできなくなる」と語ったうえで、「命と経済は次元が異なる」と指摘している。(14)

しかし、社会疫学や神経免疫学の進歩で、同じ次元で、同じ物差しの上に乗せられることが分かってきた。これまで見てきたように、命の問題も、経済の問題も、身体の中の生理現象としては同じ反応が起きることが、分子レベルで確認されている。このことは従来、質が異なることを理由に比較できなかったリスクを、同じ土俵で議論できる可能性を示している。

「命か経済か」という問いは、身体の生理的なストレス反応の問題として捉えれば、対立する概念ではなくなる。免疫系の活性化、そして、炎症物質であるサイトカインの放出量に着目すれば、質の違いを量に還元して同じ土俵で健康リスクを評価することが可能なのだ。失業、孤立、医療・福祉・行政サービスの脆弱化、不衛生な労働・居住環境、将来への見通しのなさ、差別、児童虐待などの暴力、情報不足——健康リスクを増大させるこれらすべての要因は連動しており、アウトブレイク発生とともに、ドミノ的に社会全体へと広がっていく。そして、最も健康状態が悪化するのは、災害前から心理社会的ストレスにさらされ、血管や臓器が慢性的な炎症状態にある社会経済弱者だ。

この事実を無視することは、社会の現状を所与とすることで社会経済弱者の命を軽視することになり、倫理的に問題がある。また、疫学転換が起きた社会では、格差を放置すると、富裕層をも含めて社会全体の健康水準が低下する可能性が高くなることから、公衆衛生対策上も好ましくない。これらの課題を解決するためには、新型コロナウイルス感染症のリスクを見積もる際には、アウトブレイク発生とほぼ同時に高まった社会的・経済的・心理的な健康リスクをも含めて検討していく必要があるだろう。

絶対的な物質的貧困に喘いでいた疫学転換前の時代には、病気の原因を衣食住など物質の窮乏に求め、物質的な豊かさを追求していけばよかった。しかし、疫学転換後の社会では、たとえ感染症であっても、心理社会的ストレスに目を向けるべきなのだ。にもかかわらず、ウイルスという物質のみに原因を求めていると、対策が後手後手に回ってしまう。

日本社会にはびこっている社会経済格差は、弱者を保護しないと、ウイルスが社会全体に拡散するリスクを高め、すべての人たちに壊滅的な健康被害をもたらすことを示している。健康リスクの社会的決定要因削減に対する取り組みは、健康格差に対する「集団免疫」を獲得するワクチンのようなものだ。このワクチンは、少なくともいま現在まで（二〇二一年一月二八日）に得られている知見では、ウイルスそのものに対するワクチンより効果が確実であり、しかも、やる気さえあればいますぐにでも実行できる。ウイルスに対するワクチンは、仮に重症化が防げて有効性は確認できたとしても、感染自体は防げないかもしれない。免疫がどれだけ続くのかも、現時点では分からない。ワクチンの効果を過信して、無防備に人が密集すれば、再び感染爆発が起きるかもしれない。

科学と価値の問題の両義性

以上、新型コロナウイルス感染症における、リスクの見積もりについて述べてきた．どの程度の危害が、どのくらい起こりやすいかの推定は、科学の問題だ。しかし、そのリスクをどこまでなら許容できるかは価値（政治的判断）の問題だ。社会の合意事項であって、科学には判断できない。

ところが、筆者が専門にしている脳科学の立場から見ると、未知の部分が多い新型コロナウイルス感染症のように、リスクの見積もりに不確実性が高くなると、ストレス反応の調節に関わる脳の扁桃体が興奮し、バイアス（方向性のある偏り）がかかりやすくなる（Hsu M et al., 2005)。扁桃体が活性化すると不安を感じ、感情的になりやすくなるためで、その結果、科学の問題と価値の問題の境界線が曖昧になってトランスしてくる。しかも、感覚器官からダイレクトに素早く情報が伝わる扁桃体の反応は無意識なので、本人はバイアスがかかっていることに気づきにくい（第3章で詳述）。そのため、同じ灰色でも、価値観や立場の違いによって白っぽく見える人と黒っぽく見える人がいるのに、「自分が白っぽく見えるなら、誰もが白っぽく見えているに違いない。黒っぽく見えるのは錯覚（科学知識がないから、もしくは捏造）だ」と思い込んでしまう。つまり、科学と価値の問題を混同し、科学の言葉で自分と異なる価値観を踏みにじることになる（第2章で詳述）。

合意形成をスムーズに行い社会を分断させないためには、このような状況は避けたい。そのためには、まず、科学的に見て可能性がありそうな話なのか、それとも、ありそうもない陰謀説のような荒唐無稽な話、もしくは可能性が極めて低い話なのかを区別する必要がある。可能性が極めて低い話にまで付き合っていたら、きりがない。人材とお金と時間の無駄遣いだ。問題は、この後だ。どこまでが科学の問題で、どこからが価値の問題なのかをきちんと見極める必要がある（伊藤浩志、二〇一七）。可能な限り厳密に科学的な議論を尽くしても不確実な要素を消し去ることができず灰色なのに、ある人には白っぽく安全に見え、別の人には黒っぽく危なく見える場合がある。同じ灰色が人によって白っぽく見えたり、黒っぽく見えたりするのは、価値観が異なるからだ。だから、ここから先は科学的な議論は打ち切って、どのような価値観がこれからの社会に求められるのかを話し合えばいい。このようなメリハリをつけないと、議論は平行線をたどるばかりで、いつまで経っても結論は得られなくなる。感情的なもつれから、分断は深まるばかりだ。場合によっては、対策が遅れて被害が拡大する。

こうならないためには、これまで議論してきたように科学的な問題とは何かを知ると同時に、価値の問題とは具体的にどんな問題なのかを知る必要があるだろう。両方を知らなければ比較することができず、両者の境界線は見えてこないからだ。社会学者のベックは、「危険とは専門と専門の間に横たわるものなのである」と鋭く洞察している（ウルリヒ・ベック、一九九八）。

そこで、次に、健康リスクに関わる「価値」の問題について議論していきたい。

格差社会における価値の問題

リスクとは、その人が大切にしている何らかの価値を失う可能性についての概念だ。だから、価値が異なればリスクの定義も異なってくる（バルーク・フィッシュホフ他、二〇一五）。これまで見てきたように、新型コロナウイルス感染症の健康リスクとは、疫学転換が起きた社会では、社会経済格差という「社会の病」に対するリスクでもあった。格差に対してどれだけ敏感に反応するかは、価値（政治）の問題だ。

「格差をなくすことが社会正義だ」と思う人は、**個人の尊厳（命）を重視**する社会主義（欧州では社会民主主義）を支持するか、もしくは潜在的な支持者と考えられる。いわゆる「左派」で、米国なら民主党、英国なら労働党、フランスなら社会党の支持者に多いはずだ。残念ながら、いまの日本には受け皿となる安定した政党は存在しない。新型コロナ対策としては、経済より命を重視し、なかでも社会経済弱者の命を守ることを最優先すべきだと主張するであろう。

一方、格差をなくすことを、それほど切実な政治課題とは思わない人もいるはずだ。彼らは、これまでの**伝統的な社会秩序（経済）を維持**することの方が、格差をなくすことより重要だと考える。いわゆる保守主義者で、彼らにとっては、先人の努力によって、もしくは、市場原理によって与えられた秩序を守ることが正義であり、いまある秩序を変えようとは思わない。世界を席巻してきた新自由主義がまさにそうなのだが、欧州的な意味でリベラル（自由主義的）な彼らは、社会経済格差は市場原理と本人の努力で解決できると考える。[15] 典型的なのが米国のトランプ前大統領（共和党）で、感染が拡大しても、彼流の「自由」を守る象徴としてマスク着用を拒否し続けた。民主党が知事を務めるニューヨーク州、ニュージャージー州がロックダウンを厳守したのに対し、共和党が知事を務めるフロリダ、アリゾナ、テキサスの各州は早期にロックダウンを解除した結果、感染が拡大した。

格差社会における価値の問題は、先の米国大統領選挙（二〇二〇年一一月三日）で、トランプ氏支持者とバイデン氏支持者が、それぞれ「候補者の何を重視して投票したか」を見ると分かりやすい。同国の主要メディアが行った出口調査によると、トランプ氏支持派の六二％が「経済」、一七％が「治安」と答えた。トランプ氏支持派は、伝統的な社会秩序の維持を重視する人たちだ。一方、バイデン氏支持派の三六％は「人種間の不平等」、二七％が「新型コロナウイルス対策」と回答した。バイデン氏支持派は、個の尊厳（命）重視派であることが分かる（NHK NEWS WEB、二〇二〇年一一月四日一九時一〇分）。

ファルマコンのグラフィック――二項対立を超えて

では、「個の尊厳（命）」重視派と「社会秩序の維持（経済）」重視派、どちらの正義がポストコロナ時代に求められるのだろうか。京都大学の落合恵美子教授は、フェミニズム論の立場から今回のコロナ禍について、社会全体が経済を重視する結果、膨大に膨れ上がったケアニーズを担っているケアワークの存在が見逃されてしまい、家庭、中でも女性に大きな負担がかかっていると指摘したうえで、『経済』ではなく『生活』を正面に据えた対策が主流となるよう、この危機を社会と家族を変えるチャンスにできるよう願っている」と述べている[16]（落合恵美子、二〇二〇）。落合教授は、個の尊厳重視派だ。

女性に大きな負担がかかっていることは、二〇二〇年一〇月二一日に発表された「いのち支える自殺対策推進センター」が行なった調査で示されている[17]。同年七月以降、同居人がいる女性や無職の女性の自殺が増加したことについて、同センターは「非正規雇用の多い女性の経済・生活問題、ドメスティックバイオレンス（ＤＶ）被害、育児の悩み、介護疲れなどの問題がコロナ禍で深刻化したことが、女性の自殺者数増加に影響を与えている可能性がある」と分析している。

さらに一ヶ月後の一一月一九日には、同年秋以降の流行の急拡大を受け、政府の「コロナ下の女性への影響と課題に関する研究会」は、以下の緊急提言を行った[18]。非正規雇用が多い女性の失業が深刻なうえ、ＤＶや性暴力の増加・深刻化、予期しない妊娠の増加が懸念され、同年一〇月の女性の自殺者数は前年同月と比べ八割増加するなど、流行の拡大は、女性への影響が深刻で「女性不況」の様相が確認されているとして、①相談体制の強化、②休校・休園の判断において、女性・子どもへの影響を最大限に配慮する、③医療、介護、保育に携わるエッセンシャルワーカーの処遇改善、④ひとり親家庭への支援強化――などを求めた。研究会の名称が、事態の深刻さを物語っている。

これまで見てきたように、格差が激しくなると、「勝ち組」まで含めて社会全体の健康水準が低下してしまう。だから、疫学転換が起きた社会では、「ケア（命）」と「経済」のどちらを優先すべきかを問うても意味はない。仮に、いまの日本社会が疫学転換前の絶対的な物質的貧困に喘いでいる社会であれば、経済を発展させ、モノの豊かさを獲得すれば、命は救われる。すなわち、上下水道などのインフラ整備、医療・生活・教育水準の向上により衛生・栄養状態が改善されれば、疫学転換前の主要な疾患である感染症を克服できるはずだ。変ではないか。疫学転換が起きているはずの日本で、いま喫緊の課題となっているのは、まぎれもなく新型コロナウイルス感染症という感染症なのだ。なぜ、疫学転換が起きているはずの日本をはじめとする欧米の先進国で、感染症の大流行が起きたのだろうか。

もう一度、確認しておこう。前述したように、疫学転換後の主要なリスク要因は、心理社会的要因である。そうなのだ。われわれは、リスク評価の対象となるハザード（危害の潜在的な源）を十分に把握できていなかった。病気の原因を、ウイルスという物質に限定してしまったために、疫学転換後の主要なリスク要因である心理社会的要因を見落としていたのだ。おそらく、社会全体が、物質的豊かさを追求していた疫学転換前と同じ発想で、ウイルスという**モノ**に着目して感染症に対処しようとしたため、と思われる。ストレスは免疫力を低下させ感染リスクを高めるし、ストレスによる慢性炎症は生活習慣病のリスクを高め、ウイルスに感染すれば重篤化しやすくなる。ウイルスを完全に社会から取り除くことは不可能だ。ゼロリスクを求めても意味がない。すべての人に対して同じように感染リスク削減を求めるのではなく、心理社会的ストレスという**デキゴト**（関係性）に目を向けるべきなのだ。すなわち、社会経済弱者であるケアワークを担う人たちの救済を最優先課題とすることが、結果として、社会全体の感染リスクを低下させ、流行を沈静化させることにつながる。疫学転換後の社会に適応するためには、**モノ的世界観**から**コト的世界観**への価値の転換が必要だ。

それにしてもなぜ、ケアワークの存在が見逃されてしまうのだろうか。その原因は、「ウイルス」（命を脅かす物質的要因）と「経済」を二項対立化させることで、「心理社会的要因」が第三項として議論の対象から排除され、認識しにくくなってしまうからだろう。(19)

病気の根本原因を認識しにくいから、世を經《おさ》め民を濟《すく》うはずの経済が、**物質的な豊かさに代わる疫学転換後に求められる新しい価値を創造できない**。だから、「命」と「経済」は二項対立化し続ける。ブレーキとアクセルのバランスを取って、恐る恐る命と経済の両立を目指す消極的な解決策しか見出せない。**いま求められるのは**、AかBのどちらを取るか、もしくは、AとBの両立といった**二項対立を超える思考法**であろう。いつの間にか商品に込められた価値が変わり、経済が活性化すればするほど命が救われる、A＝Bとなるような思考法だ。

フェミニズム論者に言いたい。実のところ、これこそ女性が最も得意としていた思考法ではなかったのか。「女たちは、隷属することによって圧倒的な利益を、のみならず支配権を確保することを心得ていた」と喝破したのはドイツの哲学者、ニーチェである。(20)「身を委ねる→身を委ねるふりをする

↓奪い取らせる↓わがものにする」という二項対立を超えた決定不能性にこそ、現在の閉塞状況を打開する可能性がある。ニーチェが言うように、女とは、与えることによって奪う存在なのだ[21]。男社会に反発しているうちに、「抑圧からの解放」（前提にしているのは抑圧・被抑圧の二項対立）などと、いつの間にか男化してしまった男女《おとこおんな》のロジックを振りかざすのではなく、「毒」（経済＝男社会の論理）でもあり、「薬」（ケア＝女・子どもの情感）でもある**ファルマコンのグラフィック**にこそ、社会変革の可能性があるのではなかろうか[22]（ジャック・デリダ 一九七九）。つまり、「経済」か「ケア」かではなく、「経済」であると同時に、男社会の論理に乗っかったふりをして社会的ニーズが高まっている「ケア」を提供することで市場経済の論理をズラし、どうしてもケア社会を実現せざるを得ない状況をつくっていけばいい。

奇想天外な企てのように見えるかもしれない。だが、実は成功例がある。遺伝子組み換え食品（以下、GM食品、またはGM農産物）の表示を巡る問題が、それだ。資本主義の論理を振りかざすバイオメジャーに対して、消費者側は、「いい商品だから売れてるんでしょう。だったら表示して消費者が選べるようにしたら、もっと売れるんじゃない？」と、市場経済の論理に乗っかったふりをして表示を求め、店頭でGMでない食品を選べるようにした。市場経済の論理をズラし、直接民主制の論理にすり替えたのだ。

当時の状況を振り返ってみよう。

GM農産物が日本に輸入されるようになったのは、一九九六年のことだ。翌年から、GM農産物を原料にしたスナック菓子や食用油が、市場に出回るようになった。

消費者団体などは、「健康への影響は分かっていない」などと反発、大規模なＧＭ食品いらないキャンペーンを展開した。当時の新聞記事には、「ぞくぞく日本上陸、『遺伝子組み換え食品』はホントに大丈夫か」、「議論よそに食卓へ」などのセンセーショナルな見出しが躍った。その後、「ＧＭジャガイモを食べたラットの免疫力が低下した」、「ＧＭトウモロコシを食べたチョウの幼虫の多くが死亡した」など、科学者による実験結果が公表され、反対派の主張は過熱していった。

それに対し、農林水産省は、「安全性は科学的に証明されている」として、大規模な啓発活動を全国各地で行った。多くの科学者は、「消費者が食べることに不安を感じるのは、科学知識が不足しているからだ」と口をそろえた。

たとえば、ＧＭ食品の世界的な安全基準を作る目的で設置されたＦＡＯ／ＷＨＯのコーデックス委員会「バイオテクノロジー応用食品特別部会」の議長だった吉倉廣は、「客観的な科学に（リスク評価の）基準を置くことにより、種々の判断が恣意的になるのを防ぐのは当然のことのように思える」と語っている（吉倉廣、二〇〇八）。食にまつわる政治的・経済的・社会的・文化的リスクは状況依存的であり、これらの要因をリスク評価の対象とすると、保護貿易主義の隠れ蓑に利用されてしまう可能性がある。だから、安全性は科学的に客観的に評価すべきだ、というのだ。

しかし、農業経済学の久野秀二によれば、遺伝子組み換え技術の社会的生産力としての多様な可能性は、ＧＭ農産物が商品化されるまでに社会経済的・政治的な利害関係によって幾重もの偏向を受けている（久野秀二、二〇〇五）。ＧＭ農産物を開発するバイオメジャーの特徴として久野が上げているのは、アグレッシブ・マーケティングと評される自社に有利な情報しか伝えない露骨なＰＲ戦略や、「出口」を押さえることで開発企業のＧＭ農産物以外の種子が入手困難になるような強引な種苗会社の買収だ。豊富な資金に裏打ちされた政府関係者へのロビー活動、「回転ドア」とも揶揄される政府機関との密接な人事交流も特徴という。こうしてバイオメジャーは、コーデックス委員会やＷＴＯ紛争パネルなどの多国間協議に強い影響力を持つ米国政府を味方につけた。

このような企業戦略が功を奏して、国際アグリバイオ事業団によれば、ＧＭ農産物は二〇一四年には、二八カ国で栽培されるようになり、栽培面積は実質的な商業栽培が始まった一九九六年から、わずか一八年で一億八〇〇〇万ヘクタールを超えた。日本の国土の五倍近い。

しかし、栽培されている作物は栽培地の気候風土、食文化とは無関係に、バイオメジャーの思惑からほとんどが大豆、トウモロコシ、菜種、綿花の四大作物だ。品種改良の目的は、徹底して生産性の向上を目指している。組み込んだ遺伝子の特性も、除草剤耐性と害虫抵抗性の二つに完全に偏っている。ＧＭ食品に対する消費者の不安感の背景には、こうしたバイオメジャーの企業戦略があると見て間違いないだろう。

一例を挙げる。ＧＭ食品への抵抗感が根強い英国で、かつてＧＭ食品が英国民に受け入れられていたことはあまり知られていない。ゼネカ（当時）が一九九六年に発売したＧＭトマトピュレは、ＧＭ表示を自主的に行うなど消費者とのコミュニケーションに配慮することで市場に受け入れられていた。

ところが、一九九八年にGM農産物開発企業のモンサントが欧州で展開した強引なPR戦略が消費者の反感を買い、英国でのGM食品反対運動に火をつけてしまった。その結果、ゼネカのGMトマトピュレは、市場からの撤退を余儀なくされた。

消費者は、科学知識がないから不安になったわけではなかった。GM食品の客観的な安全性を訴える科学の言葉は、バイオメジャーによる新自由主義的な経済グローバリズムを正当化する隠れ蓑として利用されていたのだ。このことに、消費者は抵抗感を感じていたと考えられる。

科学論争の背後にある、こうした社会的な文脈に即して考えると、日本では二〇〇一年四月から始まったGM食品表示制度は、バイオメジャーの論理に乗っかったふりをして、商品に表示を義務付ける（結果的には、「GMでない」と任意で表示できるようにする）ことで市場経済の論理をズラし、消費者が、商品を自分の意思で選べる直接民主制の論理にすり替えることに成功したと解釈できる。まさに、ファルマコン（毒としての新自由主義／薬としての民主主義）のグラフィック（表示）だ。

では、今回のコロナ禍を乗り越えるためには、どのような戦略が考えられるだろうか。

当初、経済活動の足かせと考えられていた地球温暖化対策は、ビジネスチャンスとして社会に受け入れられるようになった。同じような発想で、従業員の福利厚生のための支出（たとえば、バランスのとれた食事の提供、子育て支援、最低賃金の底上げなど）を、企業資産として財務評価することはできないのだろうか。ノーベル経済学賞を受賞したヘックマンによれば、人的資本投資の収益率、平たく言えば、子育てに手間をかけるとどれだけ効果があるかを分析すると、収益率が最も高いのは小学校入学前で、子どもが成長すればするほど、教育にお金をかけても経済波及効果は少なくなる（Heckman JJ & Krueger AB 2005）（**図7**）。このことを裏付けるように、子どものころ、経済的に貧しい地域から豊かな地域に引っ越した人は、貧しい地域に住み続けた人と比べ、大人になってから所得が増えることが米国の調査で分かった（Chetty R et al., 2016）。しかも、経済的に豊かな地域に引っ越す年齢が若ければ若いほど、その効果が大きいことも確認された。ヘックマンの仮説は、正しかったのだ。

さらに、最近になって驚くべきことが明らかになった。米国に住む九歳から一〇歳の子ども約一万一千人を調べたところ、経済的に貧しい地域に住む子どもほど、海馬など情動反応に関係する脳部位が萎縮していて、語彙力など認知能力も低下していることが分かった（Taylor RL et al., 2020）。この調査のユニークなところは、子ども自身の家庭環境だけでなく、学校教育の質や近所付き合いの豊かさが、子どもの脳の発達にダイレクトに影響することを明らかにした点だ。海馬は、ストレス反応を調節するうえで重要な役割を果たしている。海馬が萎縮するとストレスに対して脆弱になることが報告されているので、おそらく認知機能の低下だけでなく、うつ病などの精神疾患や生活習慣病のリスクも高まっているに違いない。前述したように、社会経済弱者は生活習慣病になりやすい。ストレスで免疫力も低下しているはずなので、感染症にもかかりやすいはずだ。社会経済格差は、将来の労働力の質の低下をもたらす可能性が高いことを、一連の研究結果は示している。

これらの事例を教訓として、世界がより良い未来をつくるための持続可能な開発目標（ＳＤＧｓ）の観点から、子育て支援に積極的な政策・企業を社会全体で評価するようになれば、経済そのもののあ

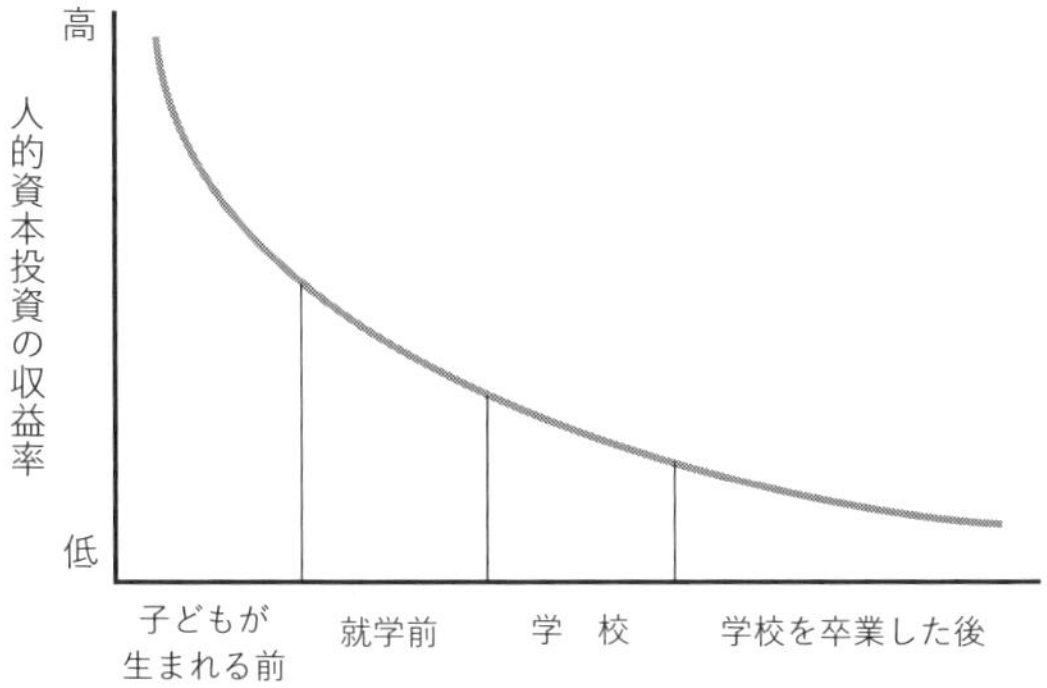

図 7：人的資本投資の年齢ごとの収益率（概念図）。「子どもが生まれる前」とは、出産前の母親の健康、栄養などに対する投資を指す。　Heckman JJ & Krueger AB (2005) を改変

り方が変わってくるはずだ[23]。**イノベーションとは**、**新たな価値の創造**にほかならない。単なる技術革新ではない。

　コロナ禍で黒人への人種差別抗議運動が活発化した米国で、日本企業のソニーとソフトバンクは、人種差別改善活動に一億ドルの資金援助を表明した。機関投資家が、人権対策に積極的な企業をリスクに強い企業として評価するようになったため、株価への好影響が期待でき、人材確保も容易になるからだという（山田雪乃、二〇二〇）。

　日本国内では、経団連が二〇二〇年一一月、一〇年後の二〇三〇年までに企業の役員に占める女性の割合を三〇％以上にする新成長戦略を発表した。政府の男女共同参画会議も同月、二〇二一年度から五年間の第五次男女共同参画基本計画を作るための「基本的な考え方」を菅義偉首相に答申、その中で、特に政治と経済の分野で女性の参画を進めるよう強く促した。日本

での男女格差は、笛ふけど踊らずで一向に解消しない。世界経済フォーラムが二〇一九年に公表した男女格差の国別ランキングでは、日本は一五三カ国中一二一位。「基本的な考え方」は、「世界的な人材獲得や投資を巡る競争の成否を通じて日本経済の成長力にも関わる」と指摘している。女性の社会経済的地位の高い社会は、男性の死亡率が低いことが分かっている（前述）。格差解消は、「勝ち組」を含めて社会全体の健康状態を改善すると同時に、経済成長をも促す。グループ内に女性の人数が多いほど、知的パフォーマンスが高まることが確認されている（Woolley AW et al., 2010）。

今後、あらゆる分野で、格差解消の動きが具体化することを期待したい。コロナ禍で業績の見通しが不透明になるからこそ、従来よりも長期的な視点から、従業員の福利厚生、雇用の安定、人権問題に配慮する企業が、感染が拡大したとしてもリスクに強く、長続きするビジネスモデルとして高く評価される社会になってほしい。

ＳＡＲＳ‐ＣｏＶ‐２（新型コロナウイルス）は、「猛毒」であると同時に、閉塞した現代社会を変革するための「劇薬」となる可能性を秘めている。中国・武漢で発生したローカルな感染症が、あっという間に地球上を駆け巡り、世界的な大惨事となったのは、ウイルスそのものの毒性以上に、ホモ・サピエンスとして不相応だった新自由主義によるグローバル化と経済効率優先策など、現代社会の致命的な欠陥に原因があるのではないだろうか。つまり、ウイルス感染が発端で発生したＣＯＶＩＤ‐19（新型コロナウイルス感染症）が世界中に蔓延した原因は、社会の側にあるのだ。

福島原発事故は、日本社会に長期にわたって巣くっていた、深く慢性的で致死的な格差という「社

写真3 JR福島駅東口駅前広場に展示された「復興の火」。東日本大震災・福島原発事故から10年目に、東京2020オリンピック聖火リレーの一環としてセレモニーが実施された。(2020年3月24日撮影)

会の病」を、誰もが見えるようなかたちで暴露した（伊藤浩志 二〇一七）。原発事故から一〇年の節目を前に、SARS-CoV-2は目前に迫っていた東京五輪を延期に追い込み、再び「社会の病」の存在を暴露し、社会再構築のヒントを我々に示してくれた（**写真3**）。あとは、我々が、そのヒントを基に実践するだけである。

経済と命を二項対立化してしまうのは、疫学転換が起きているにもかかわらず、経済的価値や疾患の原因を、疫学転換前と同じように物質（モノ）に基盤を求めているからだ。物質が絶対的に不足していた時代は、それでよかった。しかし、疫学転換が起きた社会で疾患の主要な原因となるのは、格差という社会的決定要因（デキゴト＝関係性）である。弱者の命を尊重することが多数者の命を守ることになり、社会秩序がより安定する。そんな価値をみなで共有できれば、価値を実現するための社会経済活動が活発になればなるほど、命は守られることになる。つまり、経済を考えさえすれば自動的に命を守ることになるので、あえて命を考える必要はなくなる。命を考えさえすれば自動的に経済が活性化するので、あえて経済を考えなくてもいい。命と経済という二項対立的な問いは、こんな両義的な問いへの変換が必要である。[24] 科学の問題であると同時に、価値の問題となる。このような両義的な問いは、古典的な意思決定論では説明しにくいかもしれないが、だからといって合理性がないとはいえない。ヒルベルト空間、シュレディンガー方程式に代表される量子論的数理モデルで説明可能ではないだろうか[25]（Pothos EM & Busemeyer JR 2009）（**図8**）。文系の問題であると同時に、理系の問題でもある。ファルマコンのグラフィックによる「社会の病」の脱構築[26]——その可能性に賭けましょう。

まとめ

- 生活水準が向上した先進国では、病気の原因が物質の欠乏（絶対的貧困）から心理社会的要因（相対的貧困）へと変化している。これを疫学転換と呼ぶ。急性炎症疾患である感染症による死亡が減り、慢性炎症疾患である心臓病、糖尿病、がん、うつ病などの精神疾患が増えている。
- 社会的動物である人間の健康水準は、社会経済的地位によって決まる。所得であれ、教育水準であれ、職業であれ、社会経済的階層が高い人ほど健康状態がよく、低い人ほど健康状態は悪くなる。
- 社会的動物である人間は、本能的に除け者にされることを嫌う。孤立によるストレスは免疫力を弱め、感染症にかかりやすくなる。社会的排除によるストレスで、慢性的な炎症状態にある社会経済弱者は、

$$\psi_2 = e^{-i \cdot t \cdot H_C} \cdot \frac{1}{2}\begin{bmatrix}1\\1\\1\\1\end{bmatrix} = e^{-i \cdot t \cdot H_C} \cdot \frac{1}{\sqrt{2}}\left(\frac{1}{\sqrt{2}}\begin{bmatrix}1\\1\\0\\0\end{bmatrix} + \frac{1}{\sqrt{2}}\begin{bmatrix}0\\0\\1\\1\end{bmatrix}\right)$$

$$= \frac{1}{\sqrt{2}}\left(e^{-i \cdot t \cdot H_C} \cdot \frac{1}{\sqrt{2}}\begin{bmatrix}1\\1\\0\\0\end{bmatrix} + e^{-i \cdot t \cdot H_C} \cdot \frac{1}{\sqrt{2}}\begin{bmatrix}0\\0\\1\\1\end{bmatrix}\right)$$

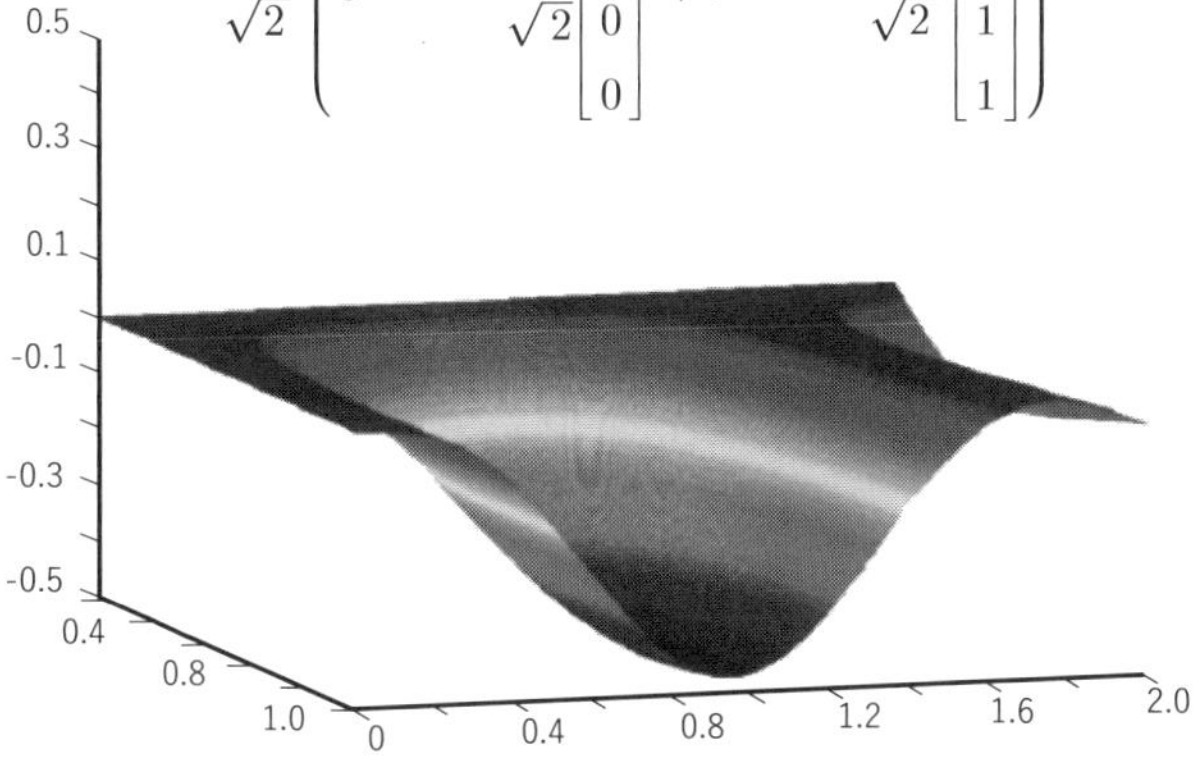

図 8：不確実性が高い状況下での意思決定、当然原理（古典的意思決定理論）では説明不能。量子論の数学的構造を認知プロセスに仮定することで、高い精度で説明可能なはず。

Pothos EM & Busemeyer JR (2009) を改変

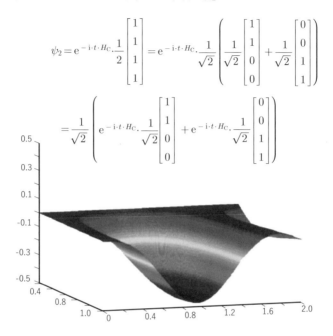

生活習慣病になりやすい。生活習慣病患者は慢性的な炎症状態にあるので、新型コロナウイルスに感染すると炎症状態が悪化し、重篤化しやすい。

●分断によるストレスは、「勝ち組」の健康状態も悪化させる。「勝ち組」も含めて社会全体の健康状態を向上させるためには、分断を解消する必要がある。そのためには、社会経済弱者の救済が必要である。

●新型コロナウイルス感染症、および、今後も周期的に出現するであろう新興／再興感染症の流行を食い止めるためには、社会経済格差の解消に取り組む必要がある。

●格差解消を日本社会全体が新たな価値として共有できれば、イノベーションが起き、経済と命は両立する。

【注】

（1）国立国際医療研究センター（二〇二〇）「メディア勉強会 COVID-19レジストリ研究解析結果」（九月三〇日発表）http://www.ncgm.go.jp/covid19/200930_handouts.pdf（二〇二〇年一〇月二三日閲覧）

（2）米国・疾病対策センター（CDC）によると、がん、臓器移植による免疫不全状態なども重篤化するリスクが高い。

（3）ドーハッド説のドーハッド（DOHaD）とは、Developmental Origins of Health and Disease. の頭文字を取ったもの。日本語では、生活習慣病胎児期発症起源説などと呼ばれている。

（4）相対的貧困率とは、おおよそは平均所得の半分に満たない世帯で暮らす人の割合のこと。

（5）NYC Health COVID-19: Data. https://www1.nyc.gov/site/doh/covid/covid-19-data-totals.page（二〇二〇年一二月一〇日閲覧）

（6）人種によって感染率や重篤化率が異なるのは、ニューヨークに限らない。米ミネソタ大学が全米一二の州を対象に、四月三〇日から六月二四日の間に行った調査でも、州人口に占める人種人口の割合より、黒人、ヒスパニック系、アメリカインディアン、アラスカ先住民の新型コロナウイルス感染症による入院患者の割合が多いことが明らかになっている（Karaca-Mandic P et al., 2020）。

（7）別の見方をすると、人との接触機会の多い職種に従事していたとしても、十分な社会経済的な支援によって彼ら、彼女らのストレスを和らげることができれば、新型コロナウイルスへの感染リスク・死亡リスクを下げることができる、ということでもある。

（8）CDC Morbidity and Mortality Weekly Report (2020) Mental Health, Substance Use, and Suicidal Ideation During the COVID-19 Pandemic: United States, June 24-30, 2020. (August 14)

（9）朝日新聞（二〇二〇）「コロナ禍 オンライン教育の機会 世帯収入で子に格差」（九月一九日付朝刊）

（10）東京大学大学院教育学研究科附属発達保育実践政策学センターの調査による。http://www.cedep.p.u-tokyo.ac.jp/projects_ongoing/covid-19study/（二〇二〇年一〇月二四日閲覧）

（11）社会経済生産性本部（二〇〇四）「産業人メンタルヘルス白書」（八月二〇日発表）

（12）東京、神奈川、埼玉、千葉、大阪、兵庫、福岡の七都府県

（13）国内旅行を対象に、旅行代金の半額相当を補助する経済支援策。二〇二〇年四月に閣議決定された。

（14）朝日新聞（二〇二〇）「コロナ対策『罰則』と『自由』と」（七月二六日付朝刊）

（15）欧州ではリベラルは保守主義から見れば「左派」、社会民主主義から見ると「右派」になる。社会民主主義よ

り左に位置するのが、社会主義と共産主義。一方、米国ではリベラルは左派（民主党）になる。
（16）落合恵美子（二〇二〇）「〈新型コロナウイルスとジェンダー〉『家にいる』のはタダじゃない―家族や身近な人々が担う『ケア』の可視化と支援」（女性と女性の活動をつなぐポータルサイト、四月一三日発表）https://wan.or.jp/article/show/8880（二〇二〇年一〇月二八日閲覧）
（17）いのち支える自殺対策推進センター（二〇二〇）「コロナ禍における自殺の動向に関する分析（緊急レポート）」（一〇月二一日発表）
（18）コロナ下の女性への影響と課題に関する研究会（二〇二〇）「緊急提言」（一一月一九日発表）
（19）「二項対立」とは、単に二項（例えば「命」と「経済」）が、主張として対立しているという意味ではない。「二項対立」は、現代言語学の基礎を築いたスイスの言語哲学者、フェルディナン・ド・ソシュールが提唱した概念である。ソシュール言語学によると、目の前に広がっている世界は混沌としていて、言語によって分節化しない限り、人間は世界を認識できない。分節化とは、混沌とした世界に切れ目を入れて、「A」と「Aでないもの」に分類（差異化）することを言う。男／女、東洋／西洋、天／地、生／死など、二項に分節化することで、初めて混沌とした世界を対象化し、認識することができるようになる、というのがソシュール学説のポイントだ。ソシュールは、次のように述べている。

人間が樹立する事物間の絆は、事物に先立って存在し、事物を決定する働きをなす。……それが正しいにせよ誤っているにせよ、まず在るのは視点だけであって、人間はこの視点によって二次的に事物を創造する。……いかなる事物も、いかなる対象も、一瞬たりとも即時的には与えられていない（ソシュール手稿9、断章番号三二九五a）。

人間の認識の仕方の、このような根源的な癖（限界）を二項対立と言う。別の見方をすると、絶えず流動的で変化していく現実世界を、二項対立化させない限り対象を認識できないとなると、二項の枠に収まらない要素は第三項として排除され、認識しにくくなることを意味する。たとえば、男／女の二項対立によって、性的少数者は第三項として排除される。

ソシュール言語学にとって、言語は認識の仕方そのものなので、言語分析は社会現象の分析に利用できる。社会人類学に応用したのが、クロード・レヴィ＝ストロースである。人類学の調査によって、多くの社会で、天／地、火／水、右／左、男／女、自己の妻を与える集団／妻を受け取る集団、というような二項対立によって社会秩序が形成されていることが明らかになった。そして、二項対立を成り立たせ、社会秩序を維持するために、特定の集団（個人）が第三項として排除されることも分かった。第三項として排除される存在が、いけにえ（スケープゴート）である。ストレスが激しい社会や**コロナ禍で、いじめ、差別が横行するのは**、誰かをスケープゴート化することで、崩壊しかけた社会秩序を安定化させようとする、**社会的動物として進化した人間としての根源的な暴力行為**と考えられる。平和とは、別の手段をもってする戦争の継続なのだ（今村仁司、一九八二）。

ソシュール言語学については、丸山圭三郎『ソシュールの思想』（岩波書店）を参照されたい。二項対立による第三項排除効果に関する論考については、今村仁司『排除の構造』（勁草書房）、ルネ・ジラール『身代わりの山羊』織田年和・富永茂樹訳（法政大学出版局）を参照のこと。

（20）フリードリッヒ・ニーチェ（一九九四）『人間的、あまりに人間的Ｉ（ニーチェ全集5）』池尾健一訳（ちくま学芸文庫）

（21）柳生新陰流の剣の極意、活人剣（かつにんけん）でもある。活人剣とは、「敵が技を出しやすいように協力して敵の働きを誘い、敵の働きを予知すると同時に、敵の心の動きを自分の心に映して、一瞬の間（陰）を掴んで先をとる刀法」だ。相手がどんな構えであっても対応できるように「無形の位」で敵と対峙したうえで、心は相手よりも常に先の気持ちでいる「先々の先」（せんせんのせん）の心構えを持ち、相手がどうしてもそうせざるを得ない状況をつくっていく「迎え」という手段によって「転」（まろばし）で勝つのが、活人剣なのだという（清水博、一九九六）。

（22）「ギリシャ語のファルマコンは、薬の意でもあり毒の意でもあるから、薬と毒という相異なる二つのものの融合、混同、同一化である」（ジャック・デリダ、一九七九）。ファルマコンのグラフィックは、女性的であると同時に、東洋的でもある。

（23）経済協力開発機構（ＯＥＣＤ）が二〇一六年に実施した調査によると、日本は、国内総生産（ＧＤＰ）に占める教育機関への公的支出の割合が、ＯＥＣＤ加盟国の中で最も低い水準にあることが分かった。一方、教育費のうち家庭が負担する割合は、加盟国の中で最も高かった。国は、すべての小中学生が一人一台のパソコンやタブレット端末を使う「ＧＩＧＡスクール構想」を進めているが、国の補助は一台あたり四・五万円、通信端末の整備費は半額、端末の更新費を補助する見通しはない（二〇二〇年一一月一日現在）。財政に余裕のある自治体しか導入できず、教育格差が拡大する懸念が指摘されている。教育にしろ、収入にしろ、性差にしろ、格差によるストレスは、精神疾患、生活習慣病の原因となり、経済成長の足かせとなる。ストレスによる免疫力低下は、感染症のリスクも高める。

（24）ジャーナリストの津田大介氏は、朝日新聞の論壇時評（二〇二〇年八月二七日付朝刊）で、各国の政府の対応におけるトリレンンマ問題について言及している。すなわち、①経済活動再開、②感染抑制、③プライバシー保護のうち、二つの条件までは満たせるが、三つ同時に満たせている国はない点だ（二〇二〇年夏までの状況）。米国やスウェーデンは①③を取った結果②が犠牲になり、欧州諸国やニュージーランドは②③を取った結果①が犠牲になった。感染者と濃厚接触者をＧＰＳなどで追跡し隔離を進めた中国や韓国、台湾などは①②

を取って③を犠牲にしたのだという。

なぜトリレンマに陥るかというと、対象を物質に還元して二項対立化して認識しようとするからだ。物質的豊かさを追求する経済活動と、ウイルスという物質から身を守ろうとする感染抑制を二項対立化すると、プライバシー保護という個の尊厳（人間という物質が人工的な契約によって成り立った集団が社会だと仮定すると、尊重すべき社会の最小単位は個人となる）が第三項として排除されてしまう。経済再開とプライバシー保護を二項対立化すると、感染抑制が第三項として排除されてしまう。感染抑制とプライバシー保護を二項対立化すると、経済再開が第三項として排除されてしまう。

モノ的世界観からコト的世界観へと価値の転換を図れば、経済再開と命の問題を両義的に捉えることができるので、三すくみの状態から抜け出すことができる。つまり、命の概念が、ウイルス（物質の病）から社会の病（関係の病）に変換されるので、プライバシー侵害は、社会の病として命の概念の中に含まれることになる。よって、コロナ時代に見合った価値さえ創出できれば、その価値の実現を目指す経済と命は両義的な関係となるので、トリレンマ問題は解消する。

(25) 第四三回日本神経科学大会（二〇二〇年七月二九日～八月一日）での山田真希子氏（量子科学技術研究開発機構 量子生命科学領域 量子認知脳機能研究グループ グループリーダー）の教育講演が示唆に富んでいた。

(26) 脱構築（déconstruction）とは、フランスの哲学者、ジャック・デリダの用語である。コロナ禍においては、「命」と「経済」という二項対立によって、第三項として思考から排除される「社会の病」をあばき出し、救出するための方策が脱構築である。ここで言う「命」の問題とは、病気の原因を物質（ウイルス）に求めることを意味する。その結果、物質に還元できない心理社会的要因である「社会の病」は、第三項として排除される。脱構築については、ジャック・デリダ『根源の彼方に――グラマトロジーについて』足立和浩訳（現代思潮社）、ジャック・デリダ『ポジシオン』高橋允昭訳（青土社）を参照されたい。

【主な参考文献】

デイヴィッド・バーカー（二〇〇五）『胎内で成人病は始まっている：母親の正しい食生活が子どもを未来の健康から守る』福岡秀興監修者・藤井留美訳、ソニー・マガジンズ
ジャック・デリダ（一九七二）『根源の彼方に――グラマトロジーについて』足立和浩訳、現代思潮社
伊藤浩志（二〇一七）『復興ストレス――失われゆく被災の言葉』彩流社
伊藤浩志、島薗進（二〇一八）『「不安」は悪いことじゃない：脳科学と人文学が教える「こころの処方箋」』イースト・プレス
マイケル・マーモット（二〇一七）『健康格差：不平等な世界への挑戦』栗林寛幸監訳・野田浩夫訳者代表、日本評論社
丸山圭三郎（一九八一）『ソシュールの思想』岩波書店
リチャード・G・ウィルキンソン（二〇〇九）『格差社会の衝撃――不健康な格差社会を健康にする法』池本幸夫・片岡洋子・末原睦美訳、書籍工房早山

第2章 原発事故と「社会の病」
——分断する福島

第1章では、新型コロナウイルス感染症の流行拡大には、健康リスクの心理社会的要因（社会的排除）が大きく関係していることを見てきた。疫学転換後の社会では、「社会の病」を是正しない限り、今後も周期的に発生するであろう新興（新型）感染症の流行を食い止めることはできないはずだ。病気の原因はウイルスという物質であったとしても、病気が重篤化し、社会に蔓延するのは、相対的貧困、不平等といった人と人との関係性に問題があるからだ。発想の転換が必要だ。

第2章では、同じ視点から、何かと放射線という物質に人々の意識が集中し、シーベルト、ベクレルといった耳慣れない専門用語が飛び交う福島原発事故後の健康課題について検討する。事故後の福島では、「分断」という社会の病が深刻化している。心が痛めば、心臓も痛む。健康リスクの重大さは、おそらく放射線被ばくの物理的影響を上回るであろう。

消えない情報不信

原発事故から一〇年。福島でいま、何が起きているのか——立場の違いを超えて、多くの人が指摘するのが「分断」だ。思いは同じはずの被災者同士がなぜ、分断してしまうのか。誰も望んでないのになぜ……。実は、これらのなぜに答えようとするのが筆者の専門分野、脳科学である。最新の研究によると、人間の意志は、脳の無意識的な活動によって方向付けられている。理性の働きは後付けに過ぎず、真の動機は自覚できない（第4章で詳述）。では、なぜ、福島は分断してしまうのか。どうすれば、事態を改善できるのか。脳科学などの最新の知見を活かして、これらの問いに答えていきたい。

原発事故のことを知りたくて本書を手に取って、この章から読み始めた方もいることだろうから、はじめに次の点を強調しておこう。前章でも触れたのだが、分断はその地域にとって命に関わる重大な健康課題なのだ。住民同士が不信感を抱いている地域では、そうでない地域と比べ、心臓病やがん、幼児死亡率、そして総死亡率も高くなることが、海外の調査で分かっている（kawachi I et al., 1997）。主な原因は心理社会的ストレスと考えられる。薬物中毒やアルコール依存症の患者も増え、犯罪率も高くなる。地域や家庭に落ち着きがなくなることから、子どもの教育水準も低下する。ドメスティック・バイオレンス（DV）、児童虐待も増加する。このことも、健康状態を悪化させる。原発事故後に高まった健康リスクの原因は、なにも放射性物質だけではない。分断社会は、不健康社会なのだ（Marmot M, 2015）。人と人との信頼関係の喪失による死亡リスクは、喫煙と同じレベルと推定されている（Holt-Lunstad J et al., 2010）。決して、無視できるレベルではない。

前置きはこれくらいにして、本題に入ろう。

問題解決のヒントは事故発生当初から、一〇年経ったいま現在まで、専門家の見解がバラバラで、何が本当で、誰の言葉を信じていいのか分からない状態が続いている点に隠されている。バラバラなのは、もちろん放射線被ばくの健康影響に対する見方だ。

あの日、断水のため子どもを連れて、何時間も給水車の前に並んだ。ガソリンの列にも親子で並んだ。そんな混乱が続いていた震災直後の二〇一一年三月一五日、放射性プルーム（放射線物質を含む雲）が、地元では中通りと呼ばれる東北新幹線が通る福島市から郡山市へと南下していたことを、後から知らされた。放射性物質は、雨や雪とともに地上に降り注いだ。福島市のモニタリングポストでは、同日午後三時ごろから放射線量を示す空気吸収線量率が上昇し始めた。そして、午後七時ごろには、平時の約六〇〇倍の毎時二四マイクログレイを記録した。

この数字の意味を理解できた人が当時、何人いただろうか。いまでも、空気吸収線量と一センチメートル周辺線量当量、そして実効線量の違いを認識している人は、ほとんどいないだろう[1]（**写真1-1〜2**）。

原発訴訟でもなんでも、放射線の異なる三つの性質が、ゴチャ混ぜに同一視されたまま、議論されている。法的には、空気吸収線量＝実効線量と定められているが、人体への損害、すなわち放射線の生物学的な影響を検討するなら、あくまで自然科学的に評価する必要がある。なぜなら、放射線のリスクは、「一つの事象の確率」（放射線被ばく量）と「重大さ」（どんな病気になるか）の積と定められ

写真 1-1 福島原発事故後、福島県内に設置されたリアルタイム線量測定システム。測定しているのは、1センチメートル周辺線量当量で、単位はシーベルト（Sv）。0.6倍したものが実効線量。実効線量も単位が同じシーベルトなので、混乱しやすい。

写真 1-2 モニタリングポスト。測定しているものは空気吸収線量で、単位はグレイ（Gy）。0.7倍したものが実効線量。

ているから、自然科学的にリスクを見積もるしかない[2]。そして、科学的には、空気吸収線量と実効線量は異なる概念なので、この二つの概念の違いを理解しなければ、人体への影響を推定することはできないはずだ。法的な議論をしたいのであれば、人体への影響を自然科学的に評価したうえで行えばいい。人体への影響評価（自然科学的な評価）をすっ飛ばした法的な議論は、はなから科学と価値を混同しており、水掛け論（茶番劇）に陥る危険を常にはらんでいる。

もし、自然科学的なリスクとは別に、法的なリスク、もしくは社会科学的なリスクがあると主張するのなら、自然科学的なリスクを理解していることを示したうえで、法的なリスク（社会科学的なリスク）を定義づけ、それぞれのリスクのどこが違うのかを説明すべきだ。

社会科学系の学者の中には、自然科学的な議論とは別に、社会通念として、被災者が放射線被ばくに対する「不安」を口にしたり、避難したりする権利がある、と主張する人がいるが、説得力に欠ける。場合によっては、被災者を窮地に陥れてしまう恐れがある。仮に、多くの人が「一＋一＝五」と信じていたとしても、それはただの誤解だ。不安の原因が誤解なら、誤解が解ければ不安は解消するのだから、誤解を解く努力をすべきだ。誤解による不安なのか、不確実性が高いために科学的には白黒付けられないから、判断に価値観が色濃く反映してしまうのか、そのどちらなのかを区別するためには、かなりの科学知識が必要だ。

ところが、「社会通念」を根拠に被災者の権利を主張したりする社会科学系の学者のほとんどは、筆者が知る限り、放射線の健康影響に関する英文の学術論文を読んでいない。「英文」とわざわざ断ったのは、信頼度の高い自然科学系の学術論文のほとんどは英文で書かれているからだ。原著論文を読んでいないため、被災者の想いが、誤解による過剰な不安なのか、それとも、合理的な根拠のある不安なのか、二つを区別することができない。誤解による不安をいくら権利があると主張しても、「知識不足による過剰な不安」で片付けられてしまう。勢い、合理的な根拠のある不安まで、十把一絡げに過剰な不安扱いされ、なかったことにされてしまう。「原発事故をなかったことにしないでください」と主張していながら、なかったことにされる原因を自分たちで作っていることになる。原子力政策を推進する国や、事故を起こした東京電力を批判しながら、裏から国や東電の立場を支えてしまう――この逆説的な関係から抜け出すためには、社会科学系の専門家が、自然科学的な合理性と社会的な合理性の境界線をきっちりと見極められるように、自然科学に精通している必要がある。専門家が、自分の専門領域に関係する原著論文を読まずに発言することは、職業倫理に反する。

福島にある国立大学の教員は、ろくすっぽ原著論文を読まずに、「正しい科学知識などない。感じ方は人それぞれ」と大学で講演していたが、論外である。原著論文を読まずして、どうして「正しい科学知識などない」と断言できるのだろうか。デマ、もしくは、極めて可能性が低いから考慮する必要がないのか、それとも可能性が高く対処が必要なのか、正しい科学知識がないから区別がつかない。混乱の原因を作っているだけだ。正しい科学知識はあります。

ともあれ、事故前の六〇〇倍の放射線量だったことは確かだ。しかし、翌日の県立高校の合格発表は予定通り行われた。受験生が高校の屋外掲示板に受験番号を確認しに行ったのも例年通りなら、会場で在校生が部活動の勧誘を行ったのも、いつも通りの光景だった。新学期の屋外活動は制限されたが、全国中学校体育大会が目前に迫っていた。「やりたい」という子どもの気持ちを優先させて、部活動を許した親もいた。

被ばくの健康影響が気になったが、テレビやラジオからは、「安全です。ただちに害はありません」という情報が繰り返し流された。しかし、インターネットでは、「危険だから逃げろ」という真逆の情報が流れていた。

その後、いろいろな噂が耳に入ってきた。テニス部の女子中学生が白血病で亡くなったそうだ。ソフトボール部の女子高校生が乳がんになったらしい。陸上部の男子高校生が白血病で入院したという。屋外で部活動をしていた生徒に病気が多いようだが、気のせいだろうか。運動中に、放射性物質を激しく吸い込んだからじゃないだろうか。「私の無知で、いらない被ばくを子どもにさせてしまった。一生、子どもががんにならないか不安を持ち続けることになる」――何年経っても自分を責め続ける母親は多い。複数の意識調査で確認されている。

一貫している国の見解

県民の多くが不安を抱え続けるこのような状況に対して、国の見解は当初から一貫している。すなわち、住民は、知識不足から放射線被ばくに対して過剰な不安を抱いており、正しい科学知識を身につければ解消できる（以下、「過剰な不安」説）、というものだ。

しばしば論争の種になってきた、国の正しい科学知識を以下に要約する。

一〇〇ミリシーベルト以下の被ばく量では、仮にがんなどへの影響があったとしても、他の要因による発がんの影響などに紛れてしまうほど小さいため、被ばくによる健康リスクの増加を科学的に証明することは難しい。

そして、国際機関の調査などで、住民の被ばく量は一〇〇ミリシーベルトよりはるかに少ないことが確認されている。

国はこの見解を前提に、正しい科学知識を身につけるためのリスクコミュニケーション活動（事実上の安全安心キャンペーン）を大々的に展開した。食品と放射性物質に関するものだけでも、福島県を中心に毎年一〇〇〇回前後実施している。

「過剰な不安」説の理論的根拠

国の「過剰な不安」説は、少なからぬ人たちにとって、非常に評判が悪い。それは、そうだろう。事故に対する加害者責任が問われるはずの国が、「被害者の知識不足が不安の原因だ」と突き放すことは、被災者にとって屈辱的であり、責任逃れ、事故隠しに映る。

しかし、「過剰な不安」説には学術的な根拠がある。一般にはあまり知られていないようなので、ここで紹介しておこう。

科学的に推定される客観的なリスクに対して、主観的なリスク（人の感じ方）は大きめに見積もられがちなことが知られている。一九八〇年代までの社会心理学の研究成果だ。

スロビックによると、①コントロールできそうにないもの、②被害の程度がよく分かってないもの、③子孫に影響が及びそうなもの、④負担が不公平なものなどに対して、人はリスクを過大に見積もってしまう（Slovic P, 1987）。また、スターによれば、感電死など受け身の状態で無理やり浴びせられたリスクは、喫煙など自発的に引き受けたリスクより、一〇〇〇倍もリスクを大きめに見積もってしまう（Starr C, 1969）。

どれも原発事故に当てはまる。旧原子力安全委員会は二〇〇二年、現在の過剰な不安説の原型となる、「一般の人は原発事故の健康リスクを、実際のリスクより大げさに見積もる傾向にある」との見解を示したが、これらの研究成果を踏まえたものだ。

このように過剰な不安説は、原発事故の何十年も前から、専門家の間で広く受け入れられていた見方なのだ。御用学者でなくとも、多くの学識経験者が国の姿勢を疑問に思わなかったとしても不思議はない。[3]「安全は科学の問題、安心（不安）は心の問題、安全性と安心感は分けて考える必要がある」と、言われる所以でもある。安全性のライン、つまり、どの程度のリスクなら、許容範囲として多くの人たちが納得して受け入れられるかを決めるためには、ある程度の客観性が求められるからだ。

効果は限定的だった国の啓発活動

ところが、国が大規模にリスクコミュニケーション活動を展開し、統一した正しい科学知識の普及を図ってきたにもかかわらず、住民の意識は、あまり変わっていない。国から避難指示が出されなかった福島県中通りの、いわゆる自主避難区域に居住し、事故当時、子どもの年齢が一、二歳と外遊びが本格化し、おそらく放射線被ばくの子どもの健康への影響が最も気になるであろう母親（約一〇〇〇人）を対象にした意識調査[4]で確認されている（**図1**）。

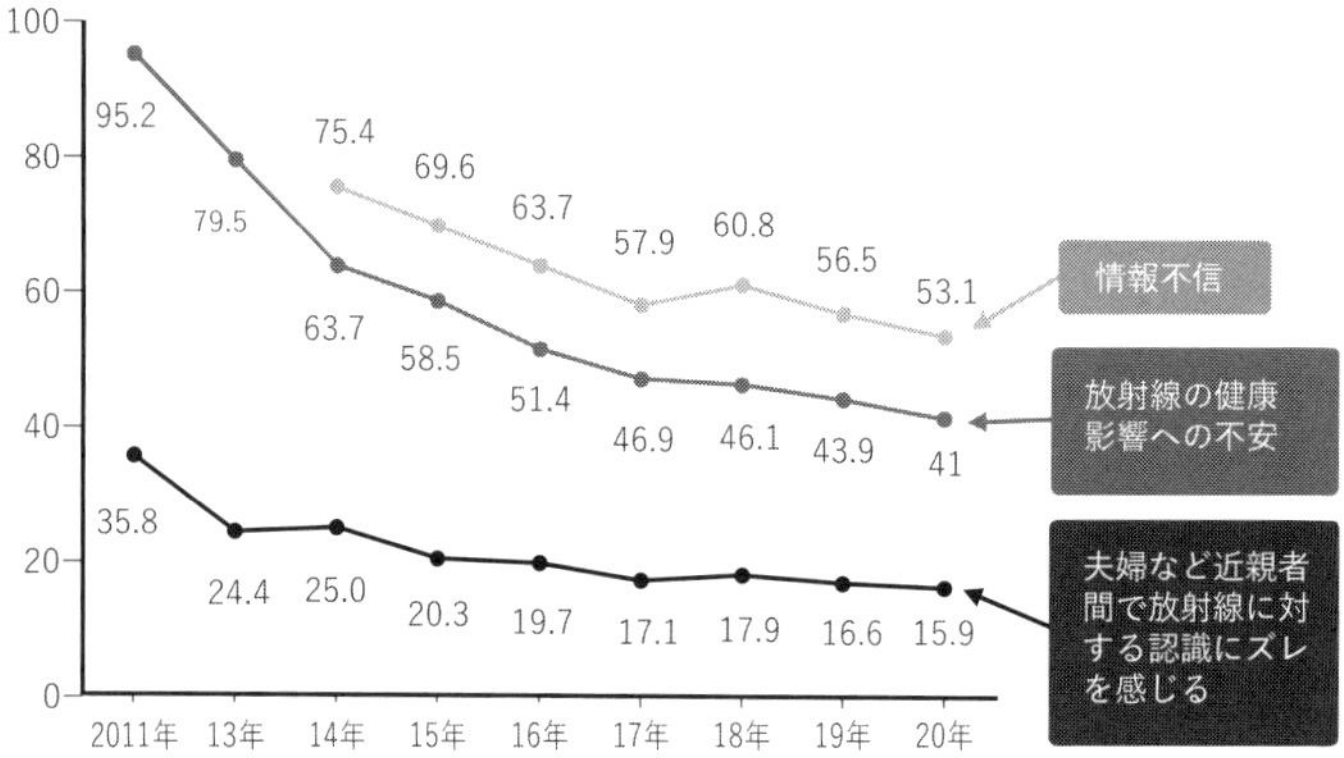

図 1：何年経ってもなくならない情報不信・健康不安・分断（「福島子ども健康プロジェクト」より）

調査では、「放射線の健康影響に不安を感じている」と回答した母親の割合は、事故直後の九五％から一〇年目の二〇二〇年には四一％と、さすがに減少した。ただし、いまだに半数近くの母親が不安を感じ続けている現状は、重く受け止める必要があるだろう。情報に対する不信感は根強く、一〇年経っても五三％の母親が不信感を抱き続けている。

深刻なのは分断だ。「夫婦や近親者間で、放射線に対する認識にズレがある」と感じている母親は、一〇年目でも一六％に上る。事故当時の三六％から減ってはいるものの、四年目あたりから下げ止まっているので、六人に一人が認識のズレを感じ続ける傾向、つまり、事故前の人間関係を回復できない状態は、このまま続く可能性がある。

安全は科学的に決められない

何年経っても、情報不信、健康不安、分断が解消しないのはなぜだろうか。

それは、先ほど紹介した、国が正しいと主張する科学知識が間違っているからではない。ましてや、国の見解とは別に、本当に正しい科学知識があるのに、国がそれを認めないからでもない（この点、微妙なので、あとで詳しく検討する）。原因は、多くの人たちが、「安全は科学的に決めることができる」と誤解していることにある。

科学は、健康リスクがどの程度あるかを推定することはできる。しかし、どんなに精確にリスクを推定できたとしても、そのリスクが受け入れ可能かどうかを科学的に決めることはできない。それは価値観の問題だ。原発事故による被ばくの発がんリスクと、医療被ばくや喫煙、飲酒、肥満、野菜不足などを比較する有識者が、あとを絶たない。しかし、性質の異なるリスク間の比較はあくまで参考に過ぎない。

第1章で紹介したが、受け身の状態に置かれた人は、ストレスで心臓病のリスクが高まることが分かっている。つまり、喫煙などの自分で受け入れたリスクと、無理矢理あびせられた原発事故の被ばくでは、リスクの社会的要因が異なる。断りもなしに、単純に両者を比較することは不適切だ。

同じ理由で、自然放射線／医療被ばくと、原発事故由来の被ばくを比較することも好ましくない。三つとも放射線であることに変わりはない。どれも同じように放射線の電離作用で体内の水分子がイオン化しラジカルが発生、ラジカルの刺激で炎症物質、サイトカインが放出されることに変わりはない。しかし、納得づくで被ばくする自然放射線や医療被ばくと違って、事故由来の被ばくの場合、無理やり被ばくさせられたストレス（社会的リスク要因）でも、サイトカインは細胞から放出される。社会的リスク要因が上乗せされる分だけ血液中のサイトカイン濃度は上昇するので、その分、身体中の血管、臓器は、過剰に炎症状態にさらされることになる（メカニズムについては、第8章で詳述する）。だから、社会的リスク要因が異なる医療被ばくなどの納得ずくの被ばくと、原発事故由来の被ばくの人体へのダメージを放射線の物理量に還元して、単純に比較することは、不適切と言わざるを得ない。

リスクがどれくらいあるかは科学の問題、それが気になるかどうかは価値観の問題だ。数あるリスク要因の中で、どれを重視するかはその人の価値観によって違ってくる。自分の大事にしている価値観が踏みにじられた人は、強いストレスを感じることだろう。ストレスで過剰に放出された炎症性サイトカインは、心身を蝕んで行く。このこと自体が、健康リスクとなる。だから、科学と価値の問題を分けて考える必要がある。なのに、「放射線被ばくの発がんリスクは、喫煙よりずっと少ない。必要以上に気にすることの方が、体に悪い」などと、当事者の価値判断にまで第三者が首をつっこむのは、余計なお世話なのだ。

放射線被ばくと喫煙、どちらも発がんのリスクを高めるが、受け身の状態に置かれて無理やりあびせられた放射線被ばくと、自分の意思で吸った喫煙では、健康リスクの社会的要因が異なる。主体性を重んじる人は、被ばくのリスクを高く感じるだろうし、気のせいではなく、実際に発がんリスクが高まるはずだ。受け身の状態に置かれることで高まった不快感の分だけ、サイトカインの血液中の濃度が高まるからだ。濃度上昇分だけ、血管や臓器の炎症反応が増悪する。

事故から一〇年経っても、質が異なるにもかかわらず、質の違いを無視して単純に物理量に還元してリスクを比較しようとする、こんな発言が続くようだと、「政治的な意図があるに違いない」と勘ぐられても仕方がない。リスクコミュニケーションと称しながら、情報不信の原因を自らバラまいているようなものだ。

別の見方をすると、放射線の健康リスクを物理的要因と社会的要因の二つに分けて、両者をきちんと別々に評価しさえすれば、同じ物理的要因として、医療被ばく／自然放射線と原発事故由来の放射線被ばくを比較できることになる。医療被ばくであれ、自然放射線であれ、事故由来の被ばくであれ、自然現象としては同じだからだ。政府が原子力政策を推進しようがしまいが、人類が地球上に存在しようがしまいが、放射線は放射線だ。物理的要因を自然現象としてきちんと評価したうえで、それとは別に、今度は、健康リスクの社会的要因として、医療被ばくのように自分の意思で放射線をあびたのか、それとも事故由来の被ばくのように無理やり被ばくさせられたのか、この違いによるリスクを評価していけばいい。

このように、筆者は、放射線のリスク評価の対象を「物理的要因」と「社会的要因」の二本立てにすることを、かねてから提唱している。物理的要因であれ社会的要因であれ、生体にとってストレスはストレスなので、炎症性サイトカインの血中濃度が上昇することに変わりはない。つまり、サイトカインに着目することで、質の異なる二つのリスク要因を量に還元し、同じテーブルでリスク評価できるようになるのだ。費用対効果を考えて、どちらの要因のリスクを下げれば、トータルなリスクを下げることができるかが推定できる。

以下に述べるように、そのうえで価値に基づき、最終的なリスク評価をすればいい。

科学は、がんの死亡確率が一万人に一人なのか、それとも一〇万人に一人なのかを推定できる。しかし、安全と見なす水準を一万人に一人とするか、それとも一〇万人に一人とするかを科学的に決めることはできない。誰も死なない水準なのではなく、どのくらいの人数だったら仮に犠牲者が出たとしても「仕方がない」と、多くの人が納得できるのか、という問題だから、価値観（倫理観）が問われるのだ。

誰も死なないに越したことはない。しかし、そのために莫大な費用、人手、歳月をかけることで失うものもある。たとえば、前章で指摘したように、景気悪化は、社会全体の健康水準を低下させる。対策のために経済活動が停滞してしまい、かえって病人が増えてしまったのでは本末転倒だ。

もちろん、原発事故には加害者と被害者がいる。汚染者負担原則（ＰＰＰ）の観点からは、リスクベネフィット論や費用便益分析はなじまない。平常時を超える被ばくを被害者が受け入れなければならない理由は、何一つない。だから、「年間二〇ミリシーベルトの放射線量を強制避難指示解除の目安にすることは不当だ」とする人たちの主張には、正当性がある。

しかし一方で、「七〇年歩んだ人生、このまま仮設住宅で息絶えるのは悔しい」と、被ばくを覚悟のうえで故郷に戻ろうとする高齢者の訴えにも正当性がある。故郷を失うことによる心理社会的ストレスは、心臓病などの原因になり得る。[5] 被ばくより、はるかに重大な健康リスクとなる人もいることだろう。

分断の原因は科学と価値の混同

リスクとは、何らかの価値を失う可能性のことだ(Fischhoff B & Kadvany J, 2011)。失いたくないものは、子どもの命であったり、地域の絆であったり、仕事に対する誇りであったり、経済的豊かさであったり、先祖伝来の田畑であったり、豊かな里山の恵みであったりする。最も失いたくないものは、人によって異なる。だから、さまざまなリスクを秤にかけて、どのくらいのリスクなら受け入れられるかは、その人の価値観によって異なってくる。

価値観が異なれば、リスクの物差しそのものが違ってくるから、その人のリスク評価も異なってくる。専門家といえども人の子だから、価値観と無縁ではない。特に、低線量被ばくの健康影響のように得られたデータが少なく、未知の部分が多い課題に対してリスクを評価しようとすると、価値観によって大きく見解が分かれることになる。このことに気づかないと、なぜ意見がバラバラになるのか分からず、相手に対する不信感につながっていく。さらに、価値観が紛れ込んでいることに気づかず、もしくは気づこうとせず、正しい科学知識を振りかざすと、自分と異なる価値観を全面否定して、相手を傷つけることになる。

国際安全規格は、安全を「許容不可能なリスクがないこと」と定義している（ISO/IEC GUIDE 51, 2014)。許容可能なリスクとは、「現在の社会の価値観に基づいて、与えられた状況下で、受け入れられるリスクのレベル」のことだ。つまり、安全とは、その時々の社会の価値観に基づいて、多くの人たちが「受け入れ可能」と納得できる暫定的な約束事なのだ。

一ミリシーベルトの意味

福島ではよく耳にする数字、年間実効線量一ミリシーベルト。平時の公衆の追加被ばくの上限だが、国際放射線防護委員会（ＩＣＲＰ）が定めたこの値も、価値観に基づく社会の約束事だ。二つの理由から、一ミリシーベルトになった[6]。

一つ目の理由は、次の通り。人が自然放射線源から受ける被ばく量は、ラドンを除くと年間一ミリから二ミリシーベルトだ。もともとこの程度の放射線を浴びているのだから、このバラツキの範囲内なら、無害とはいえなくても「社会が経験する健康損害」の範囲内に収まるので、多くの人は納得するはずだ、という考え方が一つ目の理由。

二つ目の理由は、ちょっと分かりにくいかもしれない。「これを超えれば個人に対する影響は容認不可と広く見なされるレベル」は、恐らく年間一万人に一人レベルのがん死亡確率だろうとの仮定に基づいて、一ミリシーベルトになった。毎年一ミリシーベル被ばくし続けると、七五歳時点でのがん死亡確率は、一万人当たり〇・九五人となる。二ミリシーベルトだと一・九人だ。

なぜ一万人に一人なのかというと、「人間的な尺度において無視できる確率」という考え方に基づく。これは、フランスの数学者ボレルが提唱したリスクの判断基準だ。ボレルは、無視していい判断基準として、他に「地上的尺度において無視できる確率」「宇宙的尺度において無視できる確率」「超宇宙的尺度において無視できる確率」を提案した。

彼が考えた人間的な尺度から無視できる確率とは、たとえば大都市で発生する死亡交通事故の確率だ。人口数一〇〇万人の大都市で発生する死亡交通事故は平均一日に一件、つまり、一〇〇万人に一人だ。だからといって、外出のとき、交通事故が気になって、不安になる人はいないだろう。だから、一〇〇万分の一以下のリスクなら、多くの人は気にしないはずだ。これが、ボレルのいう「人間的な尺度」だ。

ＩＣＲＰも、この考え方を踏襲している。つまり、年間一〇〇万人に一人の確率を「容認可能」なレベル、年間一万人に一人の確率を「容認できない」レベルだと見なして、社会に受け入れられる一〇〇万人に一人のレベルまで費用便益分析に基づいてできるだけ下げる、というのがＩＣＲＰの方針だ。つまり、年間一ミリシーベルトは、これ以下なら安全という値ではない。除染しなくていい基準でもない。超えることが許されない値というのが、ＩＣＲＰの見方だ。この点、解釈に注意が必要だ。

一ミリシーベルトが科学的に決めた値でないことは、分かっていただけただろうか。繰り返すが、リスクがどれくらいあるかは科学の問題だが、そのリスクを受け入れ可能かどうかは価値観の問題なのだ。暫定的な約束事なのだから、どのレベルなら安全と見なせるかを、みんなで話し合って、納得ずくで決めていく必要がある。

念のために付け加えておくと、「価値観」「暫定的な約束事」というのは、仮に故郷を失う心理社会的ストレスによる健康リスクを重視して、共同体の存続を一ミリシーベルトの健康リスクより優先することを、多くの住民が本当に望むなら、公衆被ばくの上限が年間五ミリシーベルトまで引き上げられる可能性もあり得る、という意味を含んでいる。安全とは、社会の合意事項なのだ。

しかし、残念なことに原発事故後の福島では、低線量被ばくの健康リスクをめぐる科学の言葉は、さながら水戸黄門の印籠のように、自分の価値観を相手に押し付けるための、権威づけの道具として利用され続けてきた。押し付けられた側は、その度に、自分の価値観が踏みにじられ、深い傷を負った。そして、今度は、自分にとって都合のいい科学の言葉で、相手の価値観を否定しにかかる。傷つけられた自分の価値観を守るためだ。

しかし、相手は、自分が科学の言葉で人の価値観を否定した自覚がないから、自分が一方的に傷つけられ、「抑え付けられ、不安を口にすることさえできなくなってしまった」と思い込んでしまう。この繰り返しにより分断は深まり、被災の言葉は失われていく。それでは、どのように科学と価値の問題が混同されているのか、いくつか具体例を上げて見ていこう。

白っぽい灰色

どうやら被ばくの健康影響はなさそうだ——放射線の健康リスクをめぐる科学論争に決着がついた、という空気が世の中に急速に広まったのは、二〇一四年ごろだったと記憶している。原発事故後の被害状況を調査していたUNSCEAR（アンスケア）[7]が、同年四月に福島報告書[8]を公表したことが、大きな転機となったようだ。報道機関各社は、「国際連合の専門家集団が、被ばくによる住民の健康影響は『ない』と報告書を出した」と報じた。環境省も、「国際機関が健康影響は『ない』と声明を出している。この事実を住民に分かりやすく丁寧に伝え、住民の放射線不安を解消する必要がある」として、リスクコミュニケーション事業を大規模に展開した。

確かに、国連広報センターが出した福島報告書のプレスリリースには、「UNSCEARは『がんなどの発生率に識別できるような変化はない』とする報告書をまとめた」とある。「識別できない」と聞くと、「なんだ、影響ないんだ」と早合点しそうだ。UNSCEARもこのように誤解されることを恐れたのか、報告書本文で言葉の定義付けをわざわざ行っている。それによると、「識別できない」とは次のような意味だ。

（識別できないとは）リスクがないことと同等ではないし、被ばくによる疾患の過剰発生の可能性を排除するものではないし、将来的に、被ばくにより特定の集団に特定のがんが発生することを同定するバイオマーカー（目印）が発見されることを否定するものでもない。

科学の言葉の分かりにくさが、この文章にも出ている。「同等ではない」とか、「排除するものではない」などの持って回った言い回しが科学にはつきものだが、これは統計学の発想から来ている。

科学の分かりにくさ

科学の分かりにくさとは、端的に言って、統計学の分かりにくさと言っていいだろう。本を読んだり、人の話を聞いたりしただけではなかなか理解できない。暗黙知というが、自分で実際に統計を使って論文を書き、専門雑誌に投稿し、レフェリーの厳しい審査を受けてみないと、実感できないことがある。「科学者とは専門雑誌に論文を発表する人のことだ」と言われるが、筆者はその意味が、論文を投稿してみて初めて分かったような気がする。科学に接する機会のない一般の人たちが、誤解したとしても無理はない。

ただし、マスコミ関係者は、科学論争のポイントはここにあるんだということを肝に命じてほしい。行政関係者にもお願いしたい。放射線の健康リスクに限らす、過去に社会問題化した科学論争のほとんどは、統計の理解が消化不良なために生じる行き違いが原因だと言っても過言ではない。統計の限界がどこにあるか自覚できないから、科学で分かることと、分からないことの境界線が見えないと言い換えてもいい。

「識別できない」の意味

話を元に戻そう。「識別できない」を、もう少し噛み砕いて説明すると、現在の科学技術の水準、調査方法では健康影響を発見できないだけで、本当は影響がある可能性もある、という意味を含んでいる。具体的には、調査対象者の人数を増やしたり、調査期間を長くしたり、放射線の影響を受けやすい人たちを集中的に調べたりして、これを検出力というが、統計的検出力を高めれば、被ばくの影響があることを確認できるかもしれない、ということだ。影響がないとも言えるし、あるとも言える。灰色だが、数字的（統計学的）には識別できない（有意差はない）のだから、ＵＮＳＣＥＡＲ福島報告書は、白っぽい灰色だ。ここに、価値観の混入する余地が出てくる。

国の原子力政策に批判的な危ない派の言動に対して、「政治的主張のために放射線の影響をことさら誇張して復興の足を引っ張るのはやめてほしい」と、苦々しく感じていた人たちには、「識別できない」は、危ない派への反発もあって、「やっぱり影響はないんだ」と聞こえることだろう。科学と価値の問題を混同している。

環境省はなぜ、健康影響は「ない」と断定したのだろう。しかも、環境省によると、「影響ない」ことが科学的に証明されたことになっている。(9) これまで説明してきたように、科学的に証明されてなどいない。環境省が何と言おうが、「影響ない」としたのは、あくまで環境省の政治的判断だ。住民の不安を鎮め、社会秩序の回復を図ろうとする意図があったのかもしれない。環境省も、科学と価値の問題を混同している（**図２**）。

灰色はあくまで灰色で、白でも黒でもない。当のＵＮＳＣＥＡＲ福島報告書を読み込めば、どちらとも言えないことがよく分かるはずだ。

UNSCEAR 福島報告書（2014 年 4 月に公表）

福島原発事故による放射線被ばくで，がんなどの発生率に**識別できるような変化はない**

※UNSCEAR 福島報告書（アンスケア）：原子放射線の影響に関する国連科学委員会

UNSCEAR 自身による「識別できるような変化はない」の解説（本文に明記）

- リスクがないことと同等ではない。被ばくによる疾患の過剰発生の可能性を排除するものではない。将来的に，被ばくにより特定の集団に特定のがんが発生することを同定するバイオマーカー（目印）が発見されることを否定するものではない

➡現在の科学水準／調査方法では健康影響を発見できないだけで，本当は影響がある，という意味を含んでいる

⇩

環境省の見解

国際機関（UNSCEARなど）による評価で，住民の被ばく量は少なく，今後も健康への影響が生じる可能性はないことが示された

- 「影響ない」は，政治的判断。科学的に証明されたわけではない

➡環境省は，科学と価値の問題を混同している

図 2 白っぽく見える灰色
科学と価値の問題を混同する環境省

気になる小児甲状腺がん

果たして、福島原発事故による放射線被ばくで、甲状腺がんになった子どもはいるのか、いないのか。本当のことは誰も分からない。

トロンコらの論文によると、ウクライナでの小児甲状腺がん患者の甲状腺吸収線量は、全体として福島より大量に被ばくしたような印象を受けるが、それは一〇〇〇ミリグレイ以上と極端に被ばくした子どもが一一・三％いるため、平均値が上がってしまうことも一因だ（Tronko MD et al., 1999）。実際には、患者の半数以上は一〇〇グレイ以下だ。五〇ミリグレイ以下でも約三六％、一〇ミリグレイ

以下の患者も約一六%いた。最近、発表された論文でも、一〇〇ミリグレイ以下の甲状腺吸収線量で、小児甲状腺がんが増加していることが確認されている（Lubin JH et al., 2017）。

では、福島はどうなのか。

UNSCEAR（アンスケア）福島報告書[10]は、避難指示が出ていなかった地域のうち、甲状腺の平均吸収線量が四五〜五五ミリグレイとなる地域に三万五〇〇〇人もの乳幼児が居住しており、一〇〇〇人弱の子どもの被ばく量が、一〇〇〜一五〇ミリグレイに達する可能性があると推定している。前述した論文（Lubin JH et al., 2017）の「テーブル1」の表をもとに推計すると、一〇〇〇人弱の子どものうち、三人ほどは事故由来の放射線被ばくで甲状腺がんになってもおかしくない。

ただし、UNSCEARの線量推計は、過大評価の可能性が指摘されている。事故直後の大気中の放射性物質の時間的・空間的濃度変化をシミュレーションし、当時の被災者の行動記録と突き合わせるなどして計算し直したところ、被ばく量は大幅に低くなったとの指摘もある（Ohba T et al., 2020）。

別の解釈も可能だ。県民健康調査でこれまで発見された二〇〇人超の小児甲状腺がん（二〇二〇年六月末現在）は、原発事故の被ばくによる多発ではなく、多くはスクリーニング効果で説明できる、とする専門家もいる。スクリーニング効果とは、これまでにない詳細な検査を行ったために、将来の疾患を先取りして発見してしまうため、見かけ上、疾患が多発しているように見えることを言う。

健康に影響のないがんを見つけてしまう、いわゆる過剰診断を指摘する論文もある。これまで事故後に福島で見つかった小児甲状腺がんは、地域がん登録データと比較すると数十倍も多く、東日本大震災、それに続く原発事故による社会の混乱の影響で過剰発生したのでなければ、過剰診断の可能性が高いという（Katanoda K et al., 2016）。

さまざまな解釈がなされているが、灰色はあくまで灰色だ。最大多数の最大幸福を追求することが社会正義だと思う人は、「識別できない」を白と解釈するだろう。

たとえば、「韓国では、健康診断で甲状腺を調べるようになって一〇倍も甲状腺がんが発見されるようになった。でも、死亡率は変らない。だから、ほとんどの小児甲状腺がんは、命に別状ないはずだ」と思う人は、白と解釈するだろう。ごくわずかかもしれないけど、ひょっとしたら一部の甲状腺がんは、原発事故による被ばくが原因かもしれない。でも、そのために、大多数を占めるそれ以外の子どもとその親に、見つける必要のないがんを見つけて、つらい思いをさせることはない、と考える人もいるだろう。

白と解釈する人たちの価値をまとめると、次のようになる。統計学的に「死亡率は変わらない」は、影響がないことを意味しない。数字に表れない程度の、ごく一部の人には健康影響があるかもしれない。しかし、大多数の人には影響ない。わずかな人のために莫大な費用と人手と時間をかけて被害を食い止めようとするより、大多数の人の健康状態を向上させるために社会を安定させ、復興を推進した方がいいというのが、最大多数の最大幸福という考え方だ。

一方、乳幼児という社会の中で最も弱い立場の利益が最大になることが公正としての正義だと信じる人は、「識別できない」を黒と解釈するだろう。「もうこれ以上、たった一人でも原発事故の犠牲者

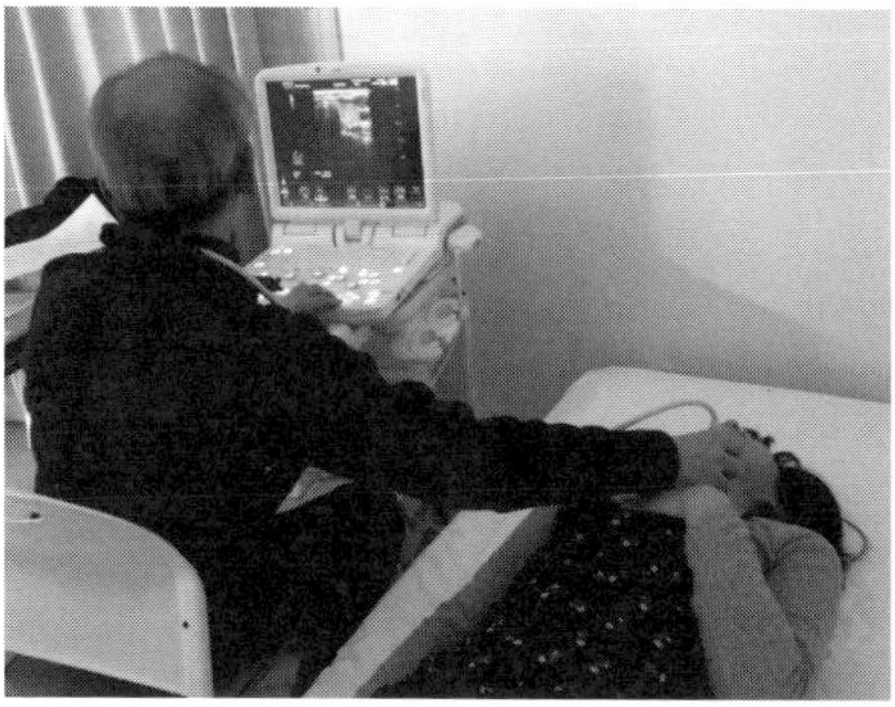

写真２ 甲状腺エコー検査を受ける福島県在住の女性

を出さないよう、できることは何でもやらなければならない」と考え、より詳細な解析を行うために、追加情報の収集と、レコードベースのコホート内症例対照研究の導入を訴える人もいるはずだ（**写真２**）。現在、福島県で行われている甲状腺検査のやり方では、甲状腺がんを見つけることはできても、発見したがんが、果たして原発事故以降に増えたのかどうか、そして、仮に増えていたとしても、その原因を科学的に推定することはできないからだ。いまの調査方法で原発事故由来の小児甲状腺がんが増えているのかどうかを議論しても、ほとんど意味がない。

どちらも間違っていない。「小児甲状腺がんは増えていない」、「放射線の影響を気にすることにより、子どもへの心身の発育への影響の方が心配だ」などと検査の縮小を求める声、「放射線被ばくにより増えている可能性がある」として徹底した検査を求める声、そのどちらの意見にも正当性がある。[11] どんな暮らしなら居心地がいいと思えるかは、人によって異なる。安全とは価値の問題なのだ。

ひょっとしたら、本当に小児甲状腺がんが増えているのかもしれない。原因は、原発事故以外にあるかもしれない。医療被ばくかもしれないし、いつの間にか室内に増えてきた耐火剤などの化学物質かもしれない。だとしたら、全国の子どもの甲状腺がんが増加している可能性も、なきにしもあらずだ。米国では、一九七三年から四〇年間に小児甲状腺がんが増加しており、この増加は、診断技術の向上だけでは説明できないという（Qian ZJ et al., 2019）。福島県で行われた前例のない小児甲状腺検査をきっかけに、全国規模の徹底した調査を行えば、多くの病気を未然に防ぐことができるかもしれない。子どもの命を守るために、小児甲状腺がんに注目する以外の選択肢もある。

日本医科大学などの調査で、原発事故後の三ヶ月以内に妊娠した女性から生まれた赤ちゃんに、低出生体重児（体重二五〇〇グラム未満）が多いと報告されている（Hayashi M et al., 2016）。赤ちゃん全体でも、事故後の六ヶ月以内に妊娠した女性から生まれた三三八一人の赤ちゃんの平均体重が、事故前より少なかった。

福島県立医大が行っている一年単位の大雑把な県民健康調査では、出生体重の変化は検出できなかった。胎児の発達に配慮した、妊娠周期ごとの丁寧な解析で、初めて赤ちゃんの異変が明らかになった。原因は、恐らく事故後の社会的混乱で、妊婦が強烈なストレスを受けたためだろう。戦争や地震などの大災害後に、赤ちゃんの体重が低下することはよく知られている。

そして、第1章で紹介したように、生まれたときの体重が少ない赤ちゃんほど、大人になってから糖尿病、心臓病、脳梗塞、がんになりやすいことが明らかになっている（Harris A & Seckl JR., 2011）。

うつ病、統合失調症などの精神疾患にもなりやすい、との指摘もある。
事故からすでに一〇年が経ち、事故後に低体重で生まれた子どもは、すでに小学校に入学してしまった。この年齢まで成長してしまったら、もはや病気になりやすくなった体質をリセットすることはできない。

わたしたちは、小児甲状腺がんに注目するあまり、もっと重大な将来の健康被害を見落としているのではないだろうか。筆者は、人数の多さ、病気の深刻さから考えて、大災害後に母子を襲ったストレスの影響や放射線被ばくを気にしての運動不足、事故後に多発した低出生体重児対策として、いま以上に豊かな子育て・教育環境を実現させることが、最も重要な子どものための放射線災害対策だと考える。

懸念されるのは、福島の子どもたちに対する差別、風評被害だ。しかし、低出生体重児の増加に着目して放射線災害対策を進めたからといって、福島県で生まれた一部の子どもが色眼鏡で見られる心配はない。なぜなら、低出生体重児は、全国で増えているからだ。一九七五年ごろは、生まれてきた赤ちゃんに占める低出生体重児の割合は五％前後だった。八五年ごろからその割合が徐々に増加し、二〇〇五年ごろからは、約一〇％で推移している。そして、主要な健康対策は生活習慣病対策であり、それは高齢者までをも含めて、日本全国で取り組まなければならない共通の課題だ。新型コロナウイルス感染症の流行にともなう学校休校、児童虐待などの影響への対処とも共通点が多い。だから、福島県の子どもが特別視される心配は、ほとんどないはずだ。

自分の体質を知ることで、本人や親が絶望することもない。生活習慣病を予防すればいいのだから、きちんと対処すれば、他の人よりむしろ健康で長生きできる可能性もある。本人に知らせなければ、その可能性を奪うことになる。自分の体質を知り、どのような人生を歩むか選択するのは本人であって、第三者が判断することではない。原発事故後に低出生体重児の増加が確認され、学術論文としても発表されたのに対策を取らないのなら、それこそ事故隠しであり、人権侵害といえるのではないだろうか。

優先順位は低くなるが、甲状腺検査も継続が必要だと筆者は考える。見つかった甲状腺がん患者の男女比が不自然だし、化学物質など、原発事故と関係ない原因で増えているかもしれない。分からないことが多い。検査を受けたい人もいる。幅広い視野で、希望者に対して甲状腺検査を続けていった方がいいと思う。

黒っぽい灰色

それでは次に、黒っぽい灰色の例を見ていこう。

国の姿勢に批判的な危ない派の、ほとんどの論者が引用する論文がある。通称、ＩＮＷＯＲＫＳ（インワークス）研究と呼ばれる論文だ。この論文では、イギリスなど三カ国の放射線作業従事者三〇万人以上の被ばく量を、平均二六年間追跡している。そして、死亡登録とリンクさせることで、低レベル放射線の発がんリスクを解析した（Leuraud K et al., 2015）。

その結果、作業員の被ばく量は非常に少なく、直腸の線量で平均、年一・一ミリグレイ、通算で平均一六ミリグレイ（中央値だと二・一ミリグレイ）に過ぎないことが分かった。そして、被ばく量が一ミリグレイ増えるにしたがって、白血病（慢性リンパ性白血病を除く）のリスクが増加していた。同グループは、白血病以外の固形がんでも、一〇〇ミリグレイ以下で死亡リスクが増加していることを、別の論文で報告している（Richardson DB et al., 2015)。

解析結果は、危ない派にとって大変都合のいいものだ。「原発事故以降、一〇〇ミリシーベルト以下ではがんは発生しない、という新たな安全神話が作られた」と政府公報や彼らが言うところの御用学者、御用マスコミを批判してきた危ない派は、ＩＮＷＯＲＫＳ研究によって、「安全神話が誤りであることが確実になった」と色めき立った。

しかし、ＩＮＷＯＲＫＳ研究には、数多くの欠陥がある。

交絡要因と呼ぶが、喫煙やアスベストなど、他の発がんリスク要因の影響を取り除いていないので、本当に低線量の放射線被ばくで発がんリスクが高まったのか、いま一つはっきりしない。

もっと重大な欠陥がある。この三カ国調査で調査対象者が最も多いのはイギリスで、全体の半数近くを占めている。英国を除いた米仏二カ国の対象者のみで解析すると、被ばくによる固形がんの増加は確認できなくなる。これは、二カ国だけではサンプルサイズが小さく、規模の大きなイギリスのデータが、調査結果に大きな影響を与えていることを物語っている。そして、イギリスの調査対象者の半数は、英国核燃料会社（ＢＮＦＬ）の作業員だ。

ＢＮＦＬ作業員の調査結果を細かくチェックすると、被ばくによるリスク増加に影響を与えているのは、外部被ばくと内部被ばくのうち、外部被ばくだけしていた作業員だ。しかも、実効線量で二〇〇ミリシーベルト以上あびた作業員のがん死亡率のみ増加している（Gillies M et al., 2014）。なぜ二〇〇ミリシーベルトを境に違いが出るのか不明で、しかも、このグループはがん以外の疾患の死亡率も上昇している。

これらのことから、ある特定のグループに所属していた作業員が、がんになっている可能性が高いと推測される。喫煙、飲酒、偏った食生活など、特定の階層の人たちには共通した特徴があり、病気になりやすさと関係していることが知られている。がん死亡率上昇の原因は、放射線被ばく以外にある可能性が高い。

ＩＮＷＯＲＫＳ研究の欠陥は、ほかにもある。

「一〇〇ミリグレイ以下の被ばくでも死亡リスクが増加することが証明された」というが、五〇ミリグレイ以下の三群、つまり、①一〇ミリグレイ以下、②一〇〜二〇ミリグレイ、③二〇〜五〇ミリグレイの線量域のデータは、統計的にがん死亡率が上昇しているとは言えない（Richardson DB et al., 2015）。この点は、広島・長崎の原爆被爆寿命調査（ＬＳＳ）での、がん死亡率の増加が統計的に確認できる放射線量（五〇ミリシーベルト、または一二五ミリシーベルト）と変わりない。危ない派が主張するように、一〇〇ミリグレイ以下で、がん死亡率が上昇する強力な証拠が得られたとは、とても言えない。従前のデータと、何ら変わりないのだ。

このように、低線量被ばくの健康影響は不確実性が高く、統計学的にはっきりとは証明されていない。危ない派は、自然放射線や医療被ばくの調査でも、低線量被ばくによる発がんリスク増加を報告する論文がたくさんある、と主張するが、どれもＩＮＷＯＲＫＳ研究と同様、多くの欠陥があり、いまだ決定打はない。

危ない派は、国や東京電力に対する怒り・責任追及、そして、国の「過剰な不安」説に対する反発から、被災者の不安は過剰でないことを証明しようと、自分たちに都合のいい論文を並べ立てて黒と主張するが、どんなに力説しても、灰色は灰色でしかない。科学と価値の問題を混同している点では、危ない派も環境省と変わりはない（**図３**）。

繰り返すが、安全とは価値の問題なのだ（**図４**）。この一〇年間、科学と価値の問題を取り違え、科学の言葉でお互いの価値観を踏みにじり続けることで、科学論争は冷静さを失い、誤解を解くことは、ほとんど不可能になってしまった。

分断する福島

灰色が黒っぽく見える人たちは、「風評被害でなく実害だ」「小児甲状腺がんは原発事故で増えている」「国が事故責任、一〇〇ミリシーベルト以下の被ばくでがんが増加することをきちんと認めさえすれば、福島の分断は解消する」と主張する。

それに対し、灰色が白っぽく見える人たちは、故郷が汚されたと感じ、「放射線の話はするな」と

INWOERS（インワークス）研究（Richardson DB et al. 2015）

- 3カ国（英／米／仏）の放射線作業従事者30万人以上を平均26年間追跡
- 平均被ばく量：累積で21mGy（作業従事期間：平均で12年間）
- 100mGy以下の低線量被ばくでも，がん死亡リスクが上昇した

※国の姿勢に批判的な人たちにとっての最重要論文（必ずと言っていいほど引用される）

INWOERS研究の欠点

- 交絡要因（喫煙やアスベスト）を十分に取り除けていない
- 解析結果に大きな影響を与えている英国のデータに疑問あり
  →200mSv以上の外部被ばくをした特定の人たちのみ，がんリスク増加
  →このグループは，がん以外の疾患での死亡率も上昇している
  →がんになったのは，放射線以外に原因がある可能性が高い
- 細かく見ると，過去に発表された広島・長崎の原爆被爆者データと大差ない

⇩

脱原発「危ない派」の見解

- 事故後に新たに作られた国の安全神話が誤りであることを示す画期的データ
- 「100mSv以下では健康影響はない」とする見解には，徹底的に反論
- 「影響あり」とする論文の不確かさについては触れない

➡危ない派も，科学と価値の問題を混同している

図3 黒っぽく見える灰色
科学と価値の問題を混同する脱原発「危ない派」

彼らの発言を押さえ込もうとする。都合のいい大義名分は、「風評被害の原因になる」「復興の妨げになる」「差別を助長する」の3つだ。

これらの言葉とともに、「あなたは神経質。気にし過ぎ」のひと言に、灰色が黒っぽく見える人たちは傷つき、「不安さえ言葉にすることができない」と憤る。自分たちの言葉が、相手の価値観を踏みにじっていることへの自覚は感じられない。

両者のやりとりを見ている人たちは、「寝た子を起こさないでほしい」「不安はなくならないけど、気にすることに疲れた」

功利主義 vs. 義務論主義

- **功利主義**（環境省，復興推進／風評被害払拭重視派の価値理念）
  - 最大多数の最大幸福
    幸福な人を足して，それが最大になるように努める
  - 帰結主義
    事前の予測（こうすれば，こうなるはずだ）に基づいて正しさを判断する
  - →政治的判断としては 100 点満点のものがない中で，日本社会全体の利益をできるだけ多くすることを考えた場合，落としどころは，「健康影響はない」となる
    ※全体の利益：経済成長／社会秩序の安定＝国民全体の健康水準の向上
- **義務論主義**（脱原発「危ない派」，放射線の健康被害重視派の価値理念）
  - それ自体で善いものと自分で意欲できる原則を，自分の義務とする
  - 動機／直観を重視
  - マキシミン原理（最小を最大化）
    社会の中で恵まれない人々の利益を最大化することが正義
    ※功利主義に批判的：多数者の利益のために少数者を犠牲にしてしまうから
  - →経済を優先しないで，これ以上，たった 1 人でも原発事故の犠牲者を出さないよう，できることは何でもやらなければならない

図 4 代表的な価値理念

「福島で暮らすと決めたんだから、せめて毎日を楽しく過ごしたい」と思う。

新たな日常も始まった。できるだけ被ばくしないよう行動に気をつける一方、「放射能汚染は生活の一部。福島で生きていくと決めた以上、前を向いて生きていく」と、割り切る人もいる。気になる子どもの健康については、「被ばくによる影響より、内面への心配の方が大きい。福島の状況をきちんと説明できる子どもに育てていきたい」と語る親もいる。

分断する福島。人前で放射線の話はしたくないし、聞きたくもない。低線量被ばくの健康影響をめぐる科学論争は平行線をたどる。論争解決の目途が立たなければ、救済・支援は後手後手に回る。水掛け論になることで、得をするのは加害者責任が問わ

れる国だ。国は、資金も人材も豊富にある。対する被災者は、資金も人材も限られているし、高齢者が多い。論争が長引けば長引くほど、そして、原発事故が風化して世の中の関心が薄らげば薄らぐほど、国に有利になる。

人々の結束力の強い地域ほど、被災後の復興が早いことが分かってきた（Aldrich DP, 2014）。住民が一致団結すれば、声が行政に届きやすい。要求がはっきりしていれば、行政も対応しやすい。阪神淡路大震災の教訓だ。冒頭で、分断社会は不健康社会だと述べたが、復興推進、被災者救済のためにも分断の解消は、とても重要なことだ。ただ、「住民が一致団結すれば……」と言ったが、復興推進のために無理に住民みんなの意見を一つにまとめる必要はない。ハーバードビジネススクールの研究者が一万七〇〇〇件の特許を分析したところ、いろんな専門分野の人たちが集まってアイデアを出し合った方が、同じ分野の人だけでアイデアを練るよりも、アイデアの質の平均値は下がるものの、画期的なアイデアが出やすいことが分かった（Fleming L, 2004）。原発事故に、度重なる自然災害、そして、コロナ禍から立ち直るためには、どこにでもある、ありきたりなアイデアなどいらない。イノベーションを起こすためには、対立を恐れず、いろんな意見をぶつけ合って発想を豊かにする必要がある。多様性こそ力なのだ。

経済再生のためにも、分断解消は喫緊の課題といえる。それなのに、なぜ、合わせ鏡のように、お互い、分断の原因を相手に押し付け合っているのに、そのことに気づかないのだろうか。なぜ、科学と価値を混同し、科学の名の下に自分の価値観を絶対視し、相手の価値観を全否定しまうのか。なぜ、科学と価値の混同に気づかないのだろうか。次章以降で、脳科学の立場から、これらの「なぜ」に答えていきたい。

まとめ

- 地域社会の分断は、生活習慣病のリスクや乳児死亡率、総死亡率を高める命に関わる重大な健康問題である。
- 「一般市民は科学知識の不足で過剰な不安を抱いている」とする国の見解は、二〇〇〇年以前の社会心理学の研究成果を根拠にしている。
- 「正しい科学知識を身につければ、一般市民の過剰な不安は解消する」との仮説に基づく国のリスクコミュニケーション活動は、限定的な効果しか上げることができていない。
- 安全とは、そのときどきの社会の価値観に基づいて、多くの人が「受け入れ可能」と納得できる暫定的な約束事である。
- 分断の原因は、科学の問題と価値の問題を混同することにある。科学的に未解明な部分が多くなると、科学と価値の問題の境界線が曖昧になり、お互いが、科学の言葉で自分の価値観を絶対視し、相手の大切にしている価値観を踏みにじってしまうことが分断の原因である。どちらが正しく、どちらが間違っている、という問題ではない。

【注】

（1）事故前からあったモニタリングポストで測定しているのは、空気吸収線量（〇・七倍したのが実効線量）。事故後に学校などに設置されたのはリアルタイム線量測定システムで、測定しているものは一センチメートル周辺線量当量（〇・六倍したのが実効線量）。放射線の異なる性質が同じ単位、シーベルトで表示されているので、注意が必要だ

（2）ICRP (1991) 1990 Recommendations of the International Commission on Radiological Protection: ICRP Publication 60. *Annals of the ICRP*, 21 (1-3)

（3）リスク研究の分野では、リスクは、放射線被ばくを含めて一般的に、「被害の起こりやすさ」と「被害の重大さ」に関わる概念と捉えられている。一般の人たちのリスクの感じ方（主観）に関する研究は、リスク認知研究と呼ばれている。以前は、科学的に推定される客観的なリスクからのズレを明らかにする研究が主流だったリスク認知研究は、一九九〇年代に急激に進歩した脳科学の成果を受け、劇的に変化した。「過剰な不安」説の根拠となった学説は、現在では修正されている。この点については、第3章と第4章で紹介する。

（4）『福島子ども健康プロジェクト』（代表：成元哲・中京大学教授）

（5）「ふるさととは何か」をテーマにした第7章で詳述する。

（6）ICRP一九九〇年勧告による。ICRP (1991) 1990 Recommendations of the International Commission on Radiological Protection: ICRP Publication 60. *Annals of the ICRP*, 21 (1-3)

（7）アンスケアの正式名称は、「原子放射線の影響に関する国連科学委員会」。

（8）ANSCEAR (2014) Scientific Annex A. Levels and effects of radiation exposure due to the nuclear accident after the 2011 great east-Japan earthquake and tsunami. In UNSCEAR (Ed.) *Sources, effects and risks of ionizing radiation. UNSCEAR 2013 Report Volume I.* United Nations. http://www.unscear.org/docs/reports/2013/14-06336_Report_2013_Annex_A_Ebook_website.pdf（二〇二〇年一二月七日閲覧）

（９）環境省（二〇一五）「平成28年度環境省概算要求　主要新規事項等の概要——放射線被ばくによる健康不安対策事業」（二〇一五年八月）http://www.env.go.jp/guide/budget/h28/h28-gaiyo.html（二〇二〇年一一月二〇日閲覧）

（10）ANSCEAR (2014) Appendix E. Health implications for the public and works. In UNSCEAR (Ed.) *Sources, effects and risks of ionizing radiation. UNSCEAR 2013 Report Volume I: Scientific Annex A.* United Nations. http://www.unscear.org/docs/reports/2013/14-06336_Report_2013_Annex_A_Ebook_website.pdf（二〇二〇年一一月二〇日閲覧）

（11）ここでは、典型的な価値理念として「功利主義」（前者）と「義務論主義」（後者）に色分けしたが、どちらも個人の自立を前提とした西欧の価値観だ。非西欧社会の価値観にまで目配りして、「伝統的な共同体の秩序維持」派と「個人の尊厳重視」派に置き換えてもいい。

【主な参考文献】.

ANSCEAR (2014) Scientific Annex A. Levels and effects of radiation exposure due to the nuclear accident after the 2011 great east-Japan earthquake and tsunami. In UNSCEAR (Ed.) *Sources, effects and risks of ionizing radiation.* UNSCEAR 2013 Report Volume I. United Nations.

エミール・ボレル（一九六七）『確率と生活』平野次郎訳、白水社

バルーク・フィッシュホフ、ジョン・カドバニー（二〇一五）『リスク——不確実性の中での意思決定』中谷内一也訳、

丸善出版
ISO/IEC GUIDE 51 (2014) *Safety aspects – Guidelines for their inclusion in standards.* Switzerland: ISO copyright office.

第3章 科学は「公正中立で客観的」という幻想
――人は心地よい解決を望むのであって、正しい解決を望むのではない

第1章では、新型コロナウイルス感染症の重篤化・流行拡大に社会の病（貧困・不平等）が深く関係しているにもかかわらず、対策として、そのことを見落としていたことを見てきた。第2章では、福島原発事故で、放射線の低線量被ばくの健康リスクをめぐる議論において、科学と価値を混同することで、分断（＝人間関係の豊かさの喪失）という社会の病が深刻化してしまったことを見てきた。このような事態が起きる根本原因は、どこにあるのだろうか。筆者は、自然科学に対する過度の期待に原因があると思っている。

自然科学の限界

科学的な見方によれば、病気は身体の中で起きる自然現象であり、自然現象は、物質に還元し、モノの量として定量化し、病気でない状態の身体と比較しさえすれば解明できることになる。しかし、新型コロナ対策では、病気の原因を物質に還元できると思い込むから、ウイルス量や感染者の数ばか

りに目が行き、社会の病が感染症の流行拡大に深く関わっていることを見落としてしまった。

原発事故では、放射線被ばくによる健康影響を放射線量に還元できると思い込んでしまうから、分断という社会の病により放射線の影響を受けやすくなることを見落としてしまった。第2章で指摘したように、社会の病による心理社会的ストレスは、身体内のストレス反応系を亢進させ、炎症性サイトカインを過剰に放出させる。放射線も、その電離作用により身体内に豊富に存在する水分子をイオン化させ、その過程で発生したフリーラジカルの刺激で、炎症性サイトカインの放出を促す。低線量であったとしても、放射線被ばくよって血液中のサイトカイン濃度は上昇しているから、分断による心理社会的ストレスが深刻化すると、サイトカインの血中濃度はさらに高まっていく。この状態が長く続くと、血流に乗って全身を駆け巡るサイトカインの炎症作用により、さまざまな部位の血管、臓器がダメージを受けることになる。老化は加速、慢性炎症疾患である心臓病、脳卒中、糖尿病になりやすくなる。同じく、慢性炎症疾患であるうつ病などの精神疾患にもかかりやすくなるはずだ。

だから、放射線被ばくの健康影響が心配なら、分断を解消することが重要になる。被ばく量が同じでも、分断による心理社会的ストレスが低下すれば、サイトカインの血中濃度は下がるから、放射線の影響を受けにくくなり、健康リスクを下げることができるはずだ。分断だけでなく、貧困や不平等による心理社会的ストレスを取り除くことも、放射線から身を守ることにつながる。除染だけが放射線対策ではない。社会の病を取り除くことも、重要な放射線対策となる。

なのに、そのことに気づきにくいのは、冒頭で触れたように、専門家だけでなく一般社会も含めて、病気の原因解明における自然科学の役割を過大評価しているからだろう。物質に還元して自然科学的に解明することができない病気の原因があること、心理社会的ストレスという物質には還元できない人と人との間（あいだ）にある関係性のあり方（不平等・分断）も、心臓病などの身体の病の原因になる。人と人との関係性のあり方は、どんな社会を住み心地がいいと感じるかという価値に関わってくるから、自然科学の対象とはなりにくい価値をめぐる考察が、命を守るうえで重要な論点となってくる。価値をめぐる考察は、これまでは人文社会科学系の分野で扱われていた課題だ。それが、絶対的な貧困を克服し、相対的貧困が課題となっている疫学転換後の社会では、直接、命に関わる健康リスクの問題として検討する必要が出てきたということだ。

安全保障をめぐる3つの価値

たとえば、「ニコニコ笑っている人には、放射能は来ませんから」と言われて、「そうなんだ」と安心する人もいれば、「笑うかどうかは自分で決める。他人にとやかく言われる筋合いはない」と不快に思う人もいることだろう。中には、「笑いたくても笑えない人がいる。そんな人たちが、笑いたいときに思いっきり笑えるような環境づくりをすることが、いまの社会に最も大切なことだ」と感じる人もいるに違いない。一番目の人は、「安全性の判断は国家がすればよくて、国民は国家の決めた基準に従えばいい」という考え方に親和性が高いだろう。二番目の人は、「国家の介入はできるだけ抑えて、判断は、個人の自由と責任に委ねるべきだ」とする考え方を支持するだろう。三番目の人は、「個人の自由を尊重するにしても、敗者に回った人を切り捨てることなく、国家がきちんと救済すべきだ」との考え方を支持するはずだ。

三つの価値のどれが最も優れているとは言えないが、一番目の価値より、二番目、三番目の価値を支持する人の方が、同じ放射線量であったとしても健康リスクを大き目に感じるはずだ。一番目の人は、国家、すなわち社会秩序の安定による多数者の幸福を優先するから、被ばくによる発がんリスクがごく一部の人に限られるとしたら、そのリスクを許容しやすいだろう。二番目の人は、被ばくによる人権侵害を重視するはずだから、一番目の人より許容範囲は狭くなり、リスクを大き目に感じるはずだ。三番目の人は、推定されるリスクの平均値から遠く離れた、放射線の影響を最も受けやすい弱者の命の尊重を最優先課題と考えるだろうから、三人の中で、被ばくの健康影響を最も重大視するに違いない。このように、その人の大切にする価値によって、リスクの感じ方は違ってくる。健康リスクの社会的決定要因におけるリスクのモノサシが、価値によって違ってくるからだ。これまでのリスク論では、放射線の物理的要因のみに焦点が当たり、社会的要因が見逃されていた。

さらに、放射線の低線量被ばくのようにデータがあまりなく、どの程度被ばくすれば、どのくらい健康に影響するのかよく分かってない場合、自分の大切にしている価値を守ろうと、同じ灰色なのに、一番目の人はより白っぽく見ようとする。三番目の人は、ほぼ真っ黒に見えることだろう。このように、健康リスクの不確実性が高くなると、科学の領域に価値が混入しやすくなる。低線量被ばくだけでなく、新型コロナにおける命（感染抑制）と経済（社会秩序の維持）の両立をめぐる議論も同様だ。

ところが、「科学は公正中立だ。客観的に健康リスクを評価できるはずで、価値観に左右されたりしない。真実は一つ」と思い込んでしまうと、あるいは自分を正当化するために、そう思い込もうとすると、科学と価値の混同に気づかず、「自分が正しく、相手が間違っている。分断の原因は相手側にある」と、お互いが科学の言葉で相手の価値観を踏みにじり、分断は深刻化していく。だから、分断解消には、科学の限界を知る必要がある。「科学は客観的で公正中立である」とする通念の大前提となっている**理性の限界**を知る必要がある、と言葉を置き換えることもできる。限界を自覚できれば、科学と価値の混同にも気付きやすくなるはずだ。相手の言葉に耳を傾けるゆとりも出てくるに違いない。

そこで、第3章では、科学はどこまで公正中立で客観的でいられるのか、原発事故を事例に検証する。

繰り返される放射線被ばくをめぐる論争

放射線の健康影響は、果たしてどれくらいあるのだろうか。原発事故直後に始まった、かまびすしい科学論争は、事故から一〇年経っても延々と続けられている。

「そんなことはない。一部の不安をあおる人たちが騒いでいるだけだ」と、反論する読者もいらっしゃるかもしれない。

しかし、放射線の健康影響に「不安」を感じている人は、少なくない。朝日新聞などが事故から約九年後の二〇二〇年二月下旬に福島県民対象に行った世論調査によると、放射性物質の影響について、五六％の人が「不安を感じている」と回答している。前年同時期の調査と比べ、不安を感じている人の割合は四ポイント減少しているものの、依然として半数を超えている。平穏な日常が戻ったかのように見えても、きっかけさえあれば論争は再燃する（**写真1-1〜2**）。

事故から三年目には、『美味しんぼ』騒動が起きた。小学館の週刊漫画雑誌、ビッグコミックスピリッツに連載されていた人気漫画『美味しんぼ』が、二〇一四年四月から五月にかけて三回連続で取り上げた「福島の真実」編で、実在する人物を登場させ「（被ばくが原因で）鼻血が出たり、ひどい疲労で苦しむ人が大勢いる」、「除染をしても汚染は取れない。（福島県を）人が住めるようにするなんて、できない」などと語らせたことから、地元福島だけではなく、中央政界をも巻き込んだ社会現象「美味しんぼ騒動」が勃発した。

福島県は同年五月七日、「本県への風評を助長するものとして断固容認できるものではなく、極めて遺憾」などと発行元の小学館に抗議した。双葉町も七日に、川内村は一四日、小学館に抗議文を送った。福島県内の放射性物質で汚染されたガレキ処理を指摘された大阪府知事と大阪市長も連名で一二日、抗議文を送った。安倍晋三首相（当時）は一七日、記者団の質問に対して、「放射性物質に起因する直接的な健康被害の例は確認されていない。いよいよ福島の復興も新しい段階に入ってきた。根拠のない風評に対しては、国として全力を挙げて対応していく必要がある」とコメントした。菅義偉内閣官房長官（当時）や、環境大臣、内閣府特命担当大臣、復興大臣ら関係閣僚も九日から一六日にかけて、立て続けにコメントを発表。環境省は一三日、ホームページ上で反論した。

写真 1-1 福島市の中心部を流れる阿武隈川河川敷では、大規模な除染が行われた。（2015 年 12 月撮影）

写真 1-2 原発事故から９年半。コロナ禍の中、除染された堤防道路で地元小学生が駆けっこをしていた。（2020 年 11 月、写真 1-1 と同じ地点で撮影）

朝日、読売、毎日の全国紙三紙、福島民報、福島民友の地元二紙はそれぞれ複数の企画を立て、有識者や福島県内外の被災者の声を紹介した上で、全紙社説で美味しんぼ騒動を取り上げた。読売、福島民報、福島民友三紙の見出しには、「風評」の文字が踊った。渦中のビッグコミックスピリッツ編集部は五月一九日発売号で、最終話とともに「『美味しんぼ』福島の真実編に寄せられたご批判とご意見」を一〇ページにわたり掲載。[1] 四団体、一二人の有識者の見解を紹介し、末尾で編集長名の編集部の見解を表明した。[2] 一方、福島県内の四つの市民団体は同月一五日、発行元に抗議した福島県の行為は「表現の自由の侵害にあたる」として、抗議文を佐藤雄平・福島県知事（当時）に送り、二一日に福島県に抗議する緊急記者会見と市民集会を行った。二三日には別の団体が集会を開き、健康被害を訴える当事者と有識者が「被ばくと鼻血の因果関係は否定できない」と、政府や福島県の対応を批判した。

世論の動向を踏まえ、放射線被ばくによる住民の健康影響と対策を検討していた環境省主催の専門家会議[3]は五月二〇日、わざわざ時間を設けて美味しんぼ騒動について議論した。会議では、「鼻血を診察した経験は一例もない」という三年間診療を続けている地元医師の談話が紹介され、結論として「定量的に福島の放射線量では科学的に（鼻血との）因果関係を考えることはできない」との見解が示された。[4]

美味しんぼ騒動から四年経った二〇一八年夏には、JR福島駅前の子ども支援施設、「こむこむ館」前に設置された巨大な子どもの立像「サン・チャイルド」が、一ヶ月半で撤去される「事件」が起

写真２　分断の象徴か。JR 福島駅前こむこむ館に設置された「サン・チャイルド」。わずか１ヶ月半で撤去された。手を降ってお別れをする子どもの姿が見える。（2018 年 9 月撮影）

こった（**写真２**）。現代美術家ヤノベケンジさんが制作した高さ約六メートルのこの立像は、東日本大震災・原発事故からの復興の象徴として期待された。ところが、立像が防護服のようなものを着ていたことなどから、「原発事故の風評被害を広める」などの批判が設置した福島市などに相次いで寄せられ、撤去されるに至った。その経緯はマスメディアで大きく取り上げられ、インターネット上でも話題となった。

放射性物質をめぐる論争は、十年経っても続く。事故が起きた東京電力福島第一原発の敷地内で増え続ける放射性物質トリチウムを含んだ処理水の海洋放出をめぐっては、二〇二〇年四月から七月末まで意見公募が行われ、約四〇〇〇件の意見が寄せられた[5]（**写真３-１〜２**）。最も多かったのは、「処理水は

写真 3-1 東京電力福島第一原発敷地内で、増え続ける汚染水貯蔵タンク。トリチウム水の海洋放出は是か非か。論争が終息する気配は見えない。

写真 3-2 福島県郡山市で開かれたトリチウム水の取り扱いに関する公聴会(2018 年 8 月 31 日撮影)

人体に有害・危険である」などとする海洋放出に懸念を示す意見だった。風評被害・復興の妨げになるとの意見は約一〇〇〇件、「結論ありきの議論で、国民の合意が取れていない」などの合意プロセスへの懸念についての意見も約一四〇〇件あった。

処理水海洋放出をめぐる問題に限らず、論争はこれからも幾度となく繰り返されることだろう。なぜなら、福島第一原発の廃炉作業は、事故後一〇年経っても見通しさえ立たず、これから何年かかるかまったく分からないからだ。論争を恐れることはないが、人の意見を聞くうえで、そして、自分の意見をまとめ主張するうえで、無用なトラブル、地域の分断を避けるために必要なのにこれまで欠落していた視点を、筆者の専門である脳科学などの知見を踏まえ、これから提案したい。

科学は客観的で公正中立か

放射線被ばくに限らず、何らかの原因で、健康被害がどれくらい発生するかの見積もりは、科学的に行われることになっている。国際標準としてリスクの見積もりが科学的に行われるのは、人によって異なる価値観や利害損得に左右されないよう、公正中立に物事を決めるためには、ある程度の客観性が必要だと考えられているからだ(6)。

科学は公正中立で客観的だ。専門家も含め、多くの人は、そう思っていることだろう。ところが、高度な専門的なトレーニングを積んできたはずの科学者でさえ、科学に対する認識に特定の偏りがあることが、社会心理学の調査で分かっている（小杉素子、二〇一二）。

調査によると、科学技術の安全性を評価するとき、科学者は、関心が技術面に偏りがちで、その技術を使う人間や組織がミスを犯すことに注意が向きにくいことが分かった。一般人が、国や企業の信頼性を重視するのと対照的だ。そして、たとえ誰かがミスを犯したり、悪用したりしたとしても、科学者は、科学技術をコントロールできると思っている。それは、科学技術は経済発展や個人の生活水準の向上に貢献できるのだから、その過程で、ある程度のリスクが発生しても仕方がないと考えているからだという。これまた、一般人が科学技術のマイナス面を気にして、人間ではコントロールできないと感じがちなのと対照的だ。

一定の方向性のある偏りのことをバイアスというが、このように、専門家でさえ、バイアスから逃れることはできない。そして、いま紹介した調査結果は、専門家が、原発事故被災者の放射線の健康影響や、廃炉作業の事故に対する不安を理解しにくいことを示している（**図1**）。原発事故に限らず、とかく専門家は、一般の人たちがリスクを過剰に受け止めがちだと考える傾向が強い。もちろん、知識不足などから、必要以上に不安を感じてしまう場合があることは確かだ。しかし、それだけでは説明がつかないケースがたくさんあり、一般人の不安や感情的な反発の背後には実は合理性があり、彼らの声に真摯に向き合わないと、真に存在する健康リスクを見逃して被害が拡大してしまったり、必要以上に合意形成に手間取ってしまうことになりかねないことを、本書で折に触れて指摘していきたい。自分の得意分野については、他人の無能さによく気がつくものなのだ（Protzko J & Schooler JW, 2019）。このこと自体、専門家といえども、バイアスから逃れられないことを物語っている。

確証バイアス

様々な種類のバイアスの中でも、最も厄介なバイアスは、確証バイアスのようだ。確証バイアスとは、自分に都合のいい情報は受け入れやすく、そうでない情報は受け入れにくい傾向を指す。

自分の意見をまとめるとき、人はどんなことに頭を使おうとするのだろうか。それが知りたくて、認知科学者のメルシエとスペルベルは、過去に発表された心理学の研究論文を読み漁った。心理学の

科学者に特徴的な認知の偏り（小杉素子，2012）
- 関心が**技術面に偏りがち**
  ⬌技術より**国や企業の信頼性を重視**する（一般人）
- 「**利便性のためには**，ある程度の**リスクはやむを得ない**」と考える
  ⬌将来，起きることの**不確実性を気にする**（一般人）
- 「リスクは，人間の力で**コントロールできる**」と考える
  ⬌**制御できない**ことを心配する（一般人）

シュレーダー＝フレチェット（環境倫理学／科学技術政策）**の指摘**（1991）
- **価値は認識的なも**のでもありうる。単に情緒的なのではない。価値判断が科学の結論に，実質的な影響を与える
- **問題は**客観的確率が価値を含む点にあるのではない。**科学者が客観的確率に価値が含まれることを認めないこと**だ

図１科学者もバイアスから逃れられない

研究は、人は、決して正しい答えを見つけるために、頭を使おうとしないことを示していた。誰もが自分の主張に反する意見や証拠を無視し、自分の主張に確証を与えてくれそうな証拠を探そうとする。人は自分を正当化し、他人の反論に備えるために頭を使う――これが、２人の認知科学者が、膨大な数の心理学論文を分析してたどり着いた結論だ（Mercier H & Sperber D, 2011）。

また、社会心理学者のギロビッチによると、人は自分に都合のいい情報が見つかるまで情報探しを止めない。ところが、初めに手にした情報が自分に都合がよければそれで満足し、それ以上の情報を求めようとはしたがらない（トーマス・ギロビッチ、一九九三）。

中立であるはずの科学者も、確証バイアスから逃れることはできそうもない。なぜなら、高度な知的トレーニングを積んでも、確証バイアスを取り除くことができないことが実験で確かめられているからだ。

実験では、ハイスクール一年生から大学生、大学院生

を対象に、次のような実験を行なった。「米国とソ連との間で締結された核兵器凍結合意は、世界戦争の可能性を低減させることができると思うか」などの社会問題に対して、瞬間的にどう思うかを聞いたうえで、その判断理由を書かせた。さらに、自分の意見は一旦棚上げにして、「そう思う」と思える理由、「そうは思わない」と思える理由を可能な限り書き出させた。そして、それらの理由を「自分側」と「相手側」に分類した。

その結果、「自分側」の理由をより多くあげる傾向は、ハイスクール1年生から大学院生まで変わらなかった。さらに、知能が高い学生ほど「自分側」の理由をより多くあげた。「相手側」の理由の項目は、知能が高くても増えなかった。つまり、歳を取ることで人生経験を積み上げたり、高等教育を受けたりしたとしても、論争に勝つために自分の主張に確証を与える証拠を探そうとし、自分の主張に反する意見や証拠を無視する傾向に変わりはなかったのだ。そして、知能が高ければ高いほど、相手を説得するための反論を集めようとすることが分かった。

調査を行なったパーキンスは、「人は議論を公平に検討するためではなく、自分の立場を正当化するために知能を使う」と、結論づけた（Perkins DN et al., 1991）。

どうやら、確証バイアスは、教育によって取り除くことはできそうもなさそうだ。厄介なことに、頭のいい人が高度な教育を受ければ受けるほど、反論に備えて自分の主張に都合のいい材料をそろえ、相手の意見に耳を傾けなくなる可能性が高いことを、この実験結果は示している。つまり、科学者といえども確証バイアスから逃れられないし、科学的だからといって必ずしも客観的とはいえないのだ。

生命の警報装置、扁桃体

これまで見てきたように、どんなに高度なトレーニングを積んでも、人はバイアスから逃れることができない。なぜだろうか。最新の脳科学の研究で、原因は脳の構造にあることが明らかになってきた。外界からの情報は、脳の高次機能、つまり、理性に関係している大脳新皮質に届くより前に、バイアスに深く関係している脳部位、扁桃体に伝わる（**図2**）。扁桃体には、視覚、聴覚、嗅覚、味覚など、すべての感覚情報がダイレクトに入力することが確認されている。

たとえば、大脳新皮質の視覚野に情報が届いて、本人が「見えた」と意識するより前に、情報は扁桃体に届く。目の網膜から大脳新皮質の視覚野に情報が届くルートとは別の、進化的に古くからあるルートを通って、粗っぽいが素早く扁桃体に視覚情報が届くことが、次のような目からウロコの実験で明らかになった。盲視といって、視覚野に障害がある患者は、視力を失って見えないはずなのに、不思議なことに目の前にいる人が怖がっているのか、幸せそうな顔をしているのか、表情を区別することができる。実験により、怖がっている人の顔が目の前にあるときだけ、扁桃体が反応することが確認された（Morris JS et al., 2001）。

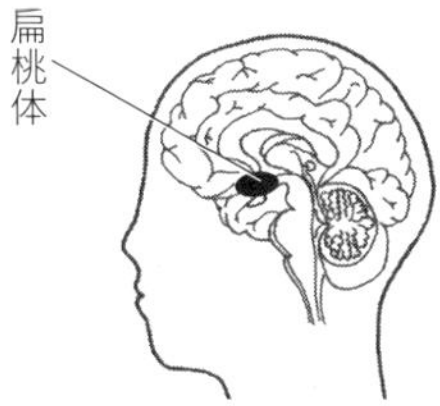

図２ 扁桃体

外界の情報が扁桃体に到達するこのルートは、目が見えなくても察知できるのだから、大雑把な気配しか感じられないし、思い違いも多いことだろう。その代わり、素早い。健常者だと、見てから一五〇ミリ秒以内に、無意識のうちに扁桃体が反応することが、別の実験で確かめられている。一方、意識的な情報処理を行う大脳新皮質経由で情報を処理するルートでは、視覚野が活動を始めるまでに、約二〇〇〜三〇〇ミリ秒かかる（**図3**）。

つまり、脳の構造上、どんな人間でも、扁桃体の影響を受けずに物事を考えることはできないのだ。読者にとって気になるのは、この扁桃体が、身体の中でどんな役割を果たしているかだろう。

扁桃体は、身に迫った危険を察知し、回避するための警報装置として機能している。扁桃体を持つすべての動物、つまり、トカゲなどの爬虫類、鳥類、哺乳類、どの種でも扁桃体は同じ働きをしている。扁桃体を破壊すると、人間も、トリも、ネズミも、サルも、ウサギも、危険を察知できなくなってしまう。トカゲから人類に至る長い進化の歴史の中で、扁桃体の機能が保存されているということは、危険を察知する能力が、生命の営みの中で最優先されてきたことを意味する。

だから、他のことに意識が集中していても、危険が身に迫ると、素早く、無意識のうちに扁桃体は活性化する（Anderson AK et al., 2003）。花やキノコの写真の中から、ヘビやクモの写真を発見する方が、その逆より素早く正確に発見できる（Öhman A et al., 2001）。また、多くの人の中から怒った一人の顔を発見する方が、多数の中から悲しみの顔や無表情の顔を発見するより素早く正確に発見できる（Öhman A et al., 2001）。そして、扁桃体が活性化すると、人は不安を感じる。脳神経科学的には、不安とは、漠然とした危険が身に迫ったときに起きる情動反応のことだ。扁桃体は生命にとっての火災報

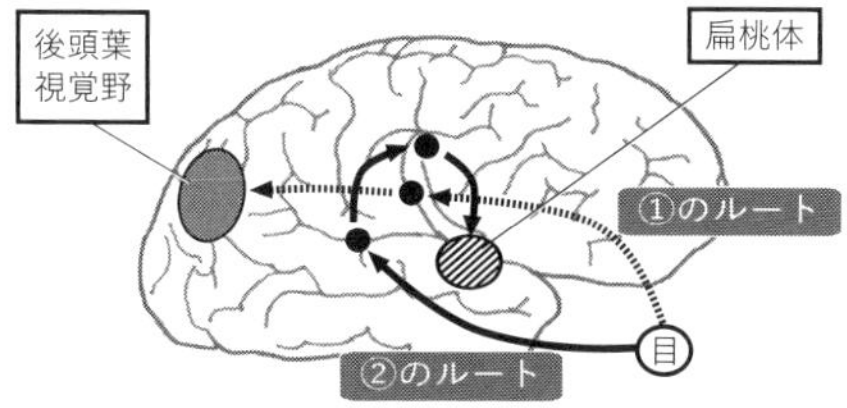

図３ ２つある視覚神経回路

①目の網膜から後頭葉の視覚野に情報が伝わるルート。②網膜から視覚野を通らず扁桃体に情報が伝わるルート。視覚情報は，①のルートを伝わって「見えた」と意識する前に，②のルートを通って無意識のうちに，粗いが素早く扁桃体に届く。

Liddell BJ et al., 2005 を改変

知器で、不安という情動反応は警報が鳴ったことを意味する。情動反応とは、外からの刺激に対して、自動的に、ほぼ無意識に起きる全身の生理反応のことだ。心臓がドキドキしたり、ハッとして目が覚めたり、身がすくんだり、ストレスホルモンが分泌されたりするのが情動反応で、危険なのか、それとも安全なのかを素早く優先的に知らせてくれる。

生物は、快・不快の情動反応によって、安全・危険の判断の方向付けを行なっているのだ。ヘビも、イヌも、ネコも、そして人間も、安全に快感を感じ、危険に不快感を感じるようにできている。

バイアスの正体

そして二〇〇六年、米国の著名な科学雑誌、サイエンスに発表された神経経済学の実証実験で、この情動反応こそがバイアスの正体であることが明らかになった（De Martine B et al., 2006）。人は与えられた情報が不完全で不確

実性が高くなると、理性より情動反応（感情）を手掛かりに意思決定を行うようになることは以前から知られていたが、この論文の画期的なところは、不確実性が高い中で意思決定を行うとき、脳のどこが活発に働いているのかを実際に確認できたところにある。

実験者は、次のようなギャンブル実験を行なった。実験協力者に五〇ポンド渡しておいて、「あなたにお金をあげますけど、どちらを選びますか」と聞いて、二者択一の回答を求める。聞き方には、ゲイン・フレームとロスト・フレームの二通りある。フレームとは問題を切り取る視点のことだ。

まず、ゲイン・フレームの聞き方。

①確実に二〇ポンド獲得できる（確実）

②四〇％の確率で全額獲得できる（ギャンブル）

次に、ロスト・フレームの聞き方。

③確実に三〇ポンド失う（確実）

④六〇％の確率で全額失う（ギャンブル）

聞き方はいろいろと変わるのだが、期待値は同じ。②の場合は、〇・四×五〇＋〇・六×〇＝二〇で①と同じ。④だと、〇・六×五〇＋〇・四×〇＝三〇で③と同じ。つまり、客観的確率としては、もらえるお金の平均値は同じである。面白いことに、「獲得」を強調するゲイン・フレームでどちらを選ぶか聞いたところ、①の確実を選ぶ割合が高かった。一方、「失う」を強調するロスト・フレームだと、④のギャンブルを選ぶ割合が高くなった。

この実験で明らかになったことは、人間の意思決定は、必ずしも合理的ではないことだ。どの選択肢も期待値は同じなのに、問題を切り取る視点（フレーミング）を変えただけで、人は自分の意見を変えてしまう。獲得を強調するポジティブ思考（ゲイン・フレーム）にすると、確実さを求める。一方、損失を強調するネガティブ思考（ロスト・フレーム）にすると、一か八かの賭けに出るようになる。

そして、フレーミング効果の影響が大きいとき、つまり、ポジティブ思考で確実さ、ネガティブ思考で一か八かの賭けに出るとき、扁桃体の活動が活発になっていることが分かった（**図4**）。逆に、フレーミング効果の影響が小さいとき、つまり、ポジティブ思考で一か八かの賭けに出て、ネガティブ思考で確実さを求めるときには、前部帯状回（ＡＣＣ）の活動が活発になることが分かった。ＡＣＣは、分析的な思考（理性）と情動的な反応（感情）が競合したときに活性化する脳部位だ。

さらに、次のことが確認できた。

フレーミングの影響を受けにくい人、つまり、「獲得」か「失う」かの表現に惑わされない人ほど、前頭前皮質腹内側部（ＶＭＰＦＣ）が活性化しやすいことが分かった（**図5**）。ＶＭＰＦＣは、情動反応を洗練させ、行動を環境により適応させることを可能にしていると考えられている。冷静な人は、ＶＭＰＦＣが発達しているので、情動反応にブレーキがかかりやすいのだろう。

最近、この実験に関連して面白いことが分かった。自分とは異なる意見を持った人の話を聞くときには、前頭前皮質後部内側部（ＰＭＰＦＣ）の活動が活性化しにくいことが確認されたのだ（Kappes A et al., 2020）。脳のこの部位の活動が低下すると、自分にとって心地いい意見に対して「そうだ、そ

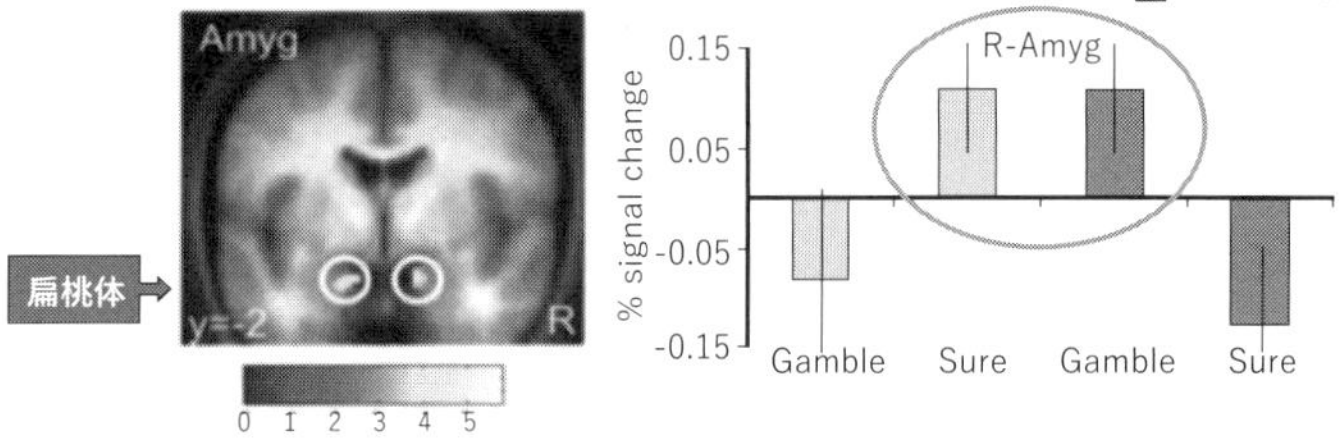

ポジティブ思考で安定を求め，ネガティブ思考で賭けに出るときには，**扁桃体**が活性化

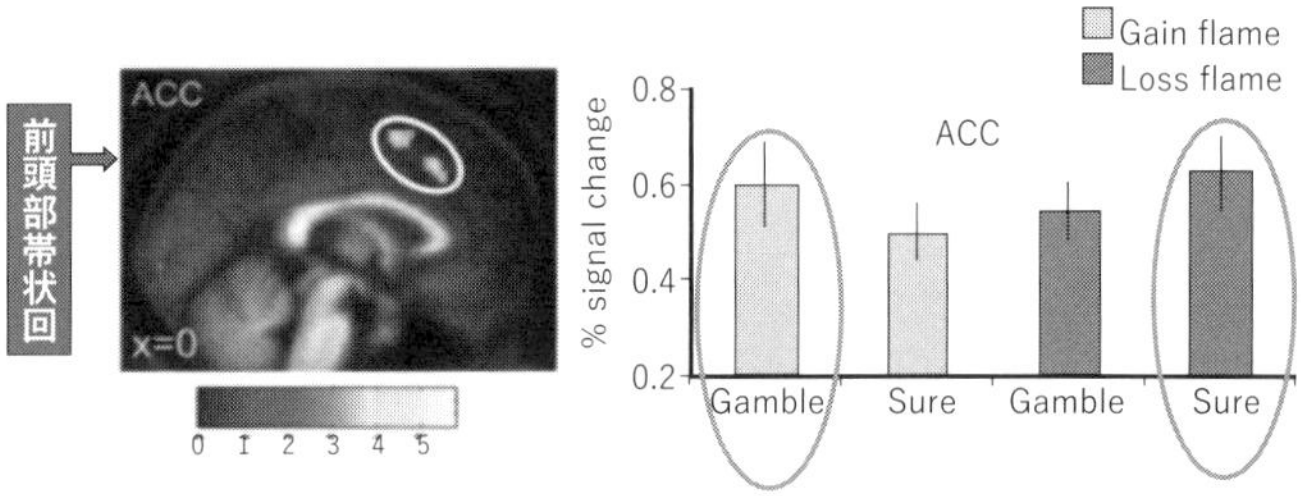

ポジティブ思考で賭け，ネガティブ思考で安定を求めるときには，**前部帯状回**が活性化

図4 意思決定は情動反応に左右される

De Martine B et al., (2006) Science, 313: 684-687

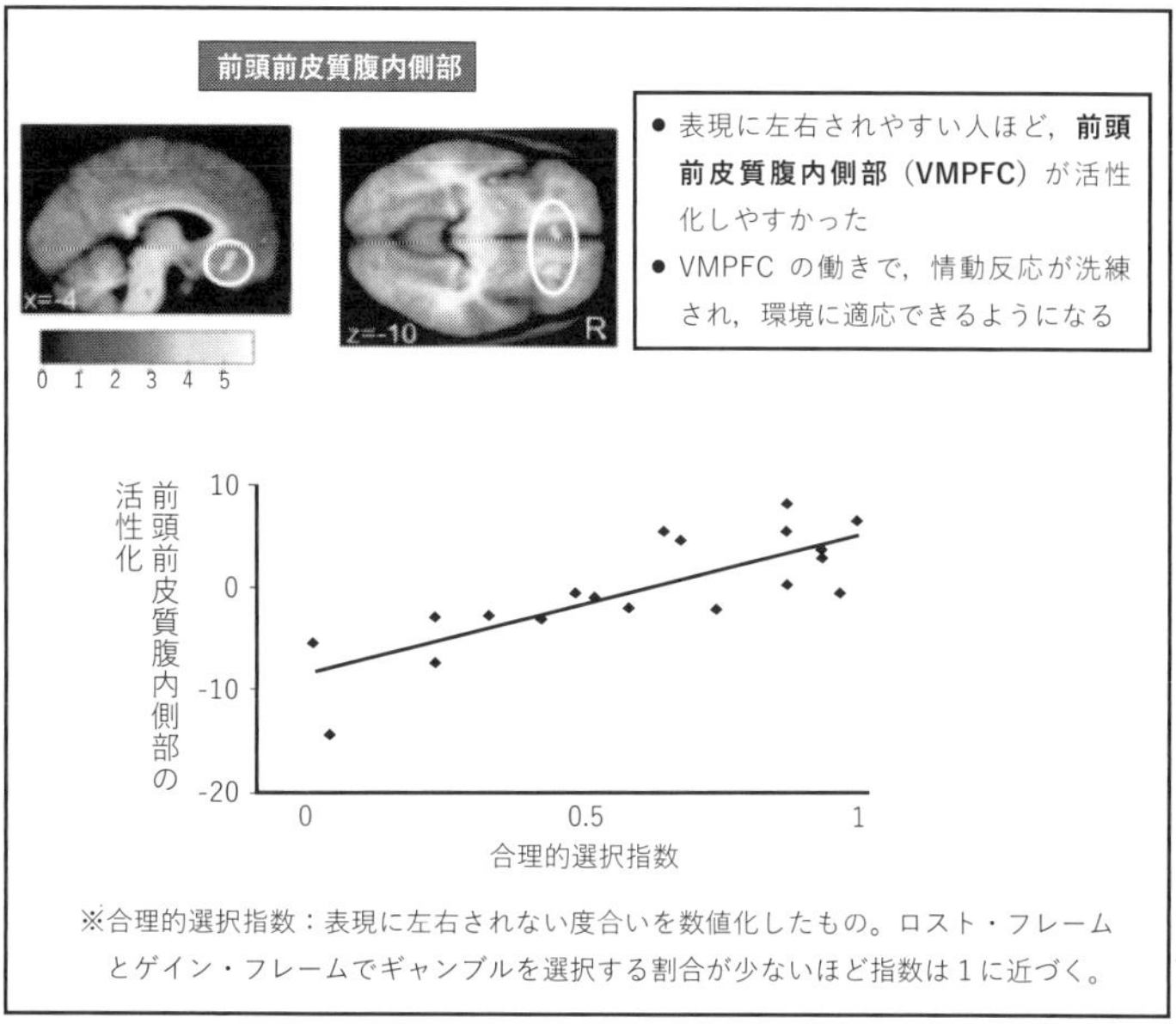

図5 冷静な人は情動反応にブレーキがかかりやすい

De Martine B et al., (2006) Science, 313: 684-687

うだ」と思い込みたい情動反応にブレーキがかかりにくなり、反対意見に対しては聞く耳を持たなくなるようだ。

バイアスの正体は、安全か危険かの判断を方向付ける情動反応だった。命を守るために発達した防御システムに起因するのだから、バイアスを避けられないのは当然だ。ただし、情動反応にはマイナス面だけでなく、プラス面もある。この点については、次章以降で検討する。

「吊り橋効果」とは何か

これまで見てきたように、無意識レベルで起きる快・不快の情動反応に従って、人は心地よいと感じる解決を望むのだ。正しいと思う解決を望むのではない。困ったことに、バイアスを避けられない私たちは、しばしば無意識のうちに自分の行動を決め、後付けでもっともらしいストーリーをでっち上げてしまう。このことを証明した古典的な実験として有名なのが、ダットンらが一九七四年に発表した「吊り橋効果」だ（Dutton DG & Aron AP, 1974）。実験では、独身男性に、深い渓谷にかかる足がすくむような不安定な吊り橋と、地面に近いところにかかる揺れない安定した橋を渡ってもらう。男性は、それぞれの橋の途中で若い魅力的な女性に呼び止められ、インタビューされた後、「もっとお話したかったら連絡してね」と告げられ、電話番号を教えてもらう、というものだ。

その結果、揺れない木の橋で声をかけられた男性より、不安定な吊り橋の途中で声をかけられた男性の方が、はるかに高い確率で女性に電話をかけることが分かった。吊り橋で女性に出会った男性は、不安定な吊り橋の上にいることで起こる情動反応（心臓の高鳴りや手のひらの発汗）を、恋愛感情と錯覚していたことが、この実験では確認されている。吊り橋の揺れや目のくらむ高さから起きる不安感は真実だが、無意識のうちに起きる心臓の高鳴りなどの情動反応を意識化する過程で、独身男性らしく恋愛感情と錯覚してしまったのだろう。

理性的な判断に先立って、無意識的な情動反応によって自分の行動が方向付けられてしまうこのような現象は、特別なことではない。日常的に起こっている。

二〇歳前後の大学生に、薬物中毒やポルノ、不倫など、不道徳に関わる行為について、どの程度許せるか質問する前に、消毒済みの清潔なタオルで手を拭かせたところ、タオルで手を拭かなかった学生より、より厳しい判断をするようになることが分かった（Zhong CB et al., 2010）。新型コロナ対策で、自粛警察が横行する所以だ。自粛警察とは、行政による外出や営業の自粛要請に応じない人たちに対して、私的に取り締まろうとする一般市民やその行為のことを指すそうだ。

逆に、不道徳が人に手を洗わせることも分かった。実験協力者に過去に行った自分の過ちや不道徳で許せない行為と感じることを思い描いてもらうと、そうでない行為を想像したときと比べて、「洗濯」「シャワー」「石鹸」など、身体を綺麗にする単語を連想しやすくなった。また、身体を洗いたいと強く思い始めるようになった。実験後に謝礼としてほしいものを選んでもらうと、筆記用具よりお手拭きを選ぶ人が多かった。そして、実際に手を洗うことで、自分の罪が軽くなったと感じる人が多かったという（Zhong CB & Liljenquist K, 2010）。

心と身体は別々ではないのだ。道徳に反する理不尽な行為を受ければ、心が傷つくだけでなく、身体も汚されたと感じる。逆に、身体を清潔に保てば、人は心も美しくあろうとする。心を清めようと思えば、身体の汚れも落とそうとするのだ。

次のような報告もある。建物の玄関近くによく置いてある、そして、新型コロナ対策としてお馴染みになった手指を清潔に保つための消毒液ディスペンサー（噴霧器）。その近くで実験協力者に政治信条を尋ねたところ、ディスペンサーから離れた場所で尋ねたときより、保守的になることが明らかになった（Helzer EG & Pizarro DA, 2011）。

これらの例から分かるように、人は必ずしも理性的に物事を判断している訳ではないのだ。まずは直感、理由は後付けに過ぎない。

周囲が物質的に汚染されていることを連想させる消毒液の近くだと政治信条が保守的になることは、次のように説明できる。人類は、社会的動物として進化し、集団規模を拡大することで生存率を上げてきた。集団規模が大きい霊長類ほど、脳が大きい（Dunbar RIM, 1992）。そして、脳が大きい霊長類ほど、平均寿命が長いことが分かっている（Allman JM et al., 1993）。集団規模が大きければ、いざというとき仲間同士で助け合える。手間のかかる乳幼児の世話も協力し合えるので、子どもの生存率が上がる。ただ、群れの規模が大きくなればなるほど、集団を維持するために仲間への配慮が必要となってくる。そのためには脳が必要になってくるので、集団規模が大きい霊長類ほど脳が大きくなったと考えられる。

したがって、社会秩序を安定させることは、自分や自分の家族、特に子どもの命を守るうえで極めて重要になってくる。感染症の流行による社会秩序の崩壊をもたらすウイルスや細菌の存在を連想させる消毒薬が近くにあれば、身の安全を確保するために秩序を維持しようと政治信条が保守的になると考えられる。既成の秩序を維持しようとすれば排他的になり、異質なものを受け付けなくなるから、新型コロナのように、自粛警察や差別が横行することになる。

科学と価値が混同される原因

そして、不確実性が高くなると、なおさらバイアスがかかりやすくなることが、実験で何度も確認されている。マウスにランダムな音を聞かせ、次に何が起こるか予測できない不確実な状態に置いたところ、扁桃体が活発に活動し始めたことを示す遺伝子変化が起きた。行動も臆病になることが分かった。わざわざ動物実験を行うのは、脳を解剖して、分子レベルで直接、扁桃体の活動具合を確認するためだ。人間も同じだった。実験協力者にランダムな音を聞かせると、それだけで扁桃体が活性化することが、直接は見れないが、生きた人間の脳活動を外から間接的に観察できる機能的磁気共鳴画像法（ｆＭＲＩ）で確認できた。そのとき、怒り顔の写真を見せると、規則的な音を聞かせたときより、扁桃体はより激しく反応した（Herry C et al., 2005）。不確実性が高くなると扁桃体が活性化しやすくなるということは、バイアスがかかりやすくなるということだ。

果たして原発事故でまき散らかされた放射性物質で、地域住民がどのくらい被ばくさせられ、どのくらいの確率でがんなどの疾患が発生するのか、本当のことは誰も知らない。つまり、低線量被ばくの健康リスクのように不確実性が高く、さらに、政治的、経済的、社会的、法的な利害関係が複雑で、自分の置かれた立場が不安定だと、自分の立場を無意識のうちに守ろうとして、なおさら扁桃体が活性化しやすくなり、強烈なバイアスがかかってしまう。これが、原発事故のように不確実性が高い健康リスク問題を議論する際、科学と価値が混同され、出口なき感情的対立に陥ってしまう原因だろう。

新型コロナウイルス感染症の流行で、デマが飛びやすい原因でもある。世界保健機関（ＷＨＯ）は二〇二〇年二月二日、この感染症の流行をパンデミック（感染症の世界的な流行）にひっかけて、巨大なインフォデミックと呼んだ。ある情報は真実だが、別の情報はデマ。真偽入り混じった過剰な情報によって、人々が必要としている信頼できる情報源にたどり着くことを困難にしている状況を指してのことだ。未知の感染症だけに、流行の収束が見込めない中で、専門家の情報すら二転三転する。試しに、世界最大級の医学・生命科学関連の文献データベース、ＰｕｂＭｅｄでＣＯＶＩＤ－19を検索すると、八万件以上の報告があった（二〇二〇年一二月八日現在）。科学の不確実性が高くなればなるほど扁桃体は活性化し、情動反応にブレーキがかかりにくくなるから、デマ情報は飛び交いやすくなる。

実効線量のワナ

筆者はなにも、人間はどんなに頑張ってもバイアスから逃れられないのだから、科学の客観性を捨てても構わないと言っているのではない。「科学はもっと謙虚であれ」と言いたいのだ。科学者といえども、真空の中で生まれ育ったのではない。バイアス・フリーはありえないことを肝に銘じて、徹底的に科学的に議論する必要があるが、それでも残った不確実性の幅の間には、それぞれの人が譲れない価値観が含まれている可能性がある。だから、そこから先は価値の問題として、科学者以外の利害関係者を含めて、社会的な合理性に基づいて議論していけばいい。これが、筆者の意見だ。

放射線の「実効線量」を例に考えてみよう。実効線量とは、身体全体に通算でどの程度、放射線の影響があるかを示す目安である。

表１ 放射線加重係数

放射線のタイプ	放射線加重係数 W_R
光子（Cs137 の原子核崩壊で発生する γ 線など）	1
電子とミュー粒子	1
陽子と荷電パイ中間子	2
アルファ粒子，核分裂片，重イオン	20
中性子	中性子エネルギーの連続関数（2.5~21）

ICPR 2007 年勧告（IPCR publ. 103）による放射線加重係数の勧告値

実効線量はあくまで計算上の数値で、実際に測ることはできない。原発事故後、学校などに設置されたリアルタイム線量測定システム（通称、モニタリングポスト）や、サーベイメーターで測定している数値は実効線量ではなく、一センチメートル周辺線量当量だ。〇・六倍した値が実効線量なので、放射線被ばくを気にする人たちが普段目にしたり、口にしている測定値で、時間あたり〇・三八マイクロシーベルト（一センチメートル周辺線量当量）が、除染目標となっている実効線量、〇・二三マイクロシーベルトに相当する。

実効線量は、次のように求められる。少々専門的な話になりますが、お付き合いいただければ幸いです。

物理量として測定可能な空気吸収線量（グレイ）から等価線量を求める過程で、「放射線加重係数」という係数が使われる（**表１**）。等価線量は、身体のそれぞれの組織・臓器ごとに、どの程度の影響があるかを示している。アルファ線やベータ線など、それぞれの放射線の種類やエネルギー量によって障害の起こりやすさが違ってくるので、異なる放射線加重係数をかけて等価線量を求める。等価線量から、さらに実効線量を求める過程で、今度は「組織加重係数」が使われる（**表２**）。

表 2 組織加重係数

組織・臓器	組織加重係数 W_T
骨髄（赤色），結腸，肺，胃，乳房	0.12
生殖腺	0.08
膀胱，食道，肝臓，甲状腺	0.04
骨表面，脳，唾液腺，皮膚	0.01
残りの組織 * の合計	0.12

* 残りの組織（計 14 組織）：副腎，心臓，腎臓，筋肉，子宮／子宮頸部など

ICPR 2007 年勧告（IPCR publ. 103）による放射線加重係数の勧告値

被ばくした組織や臓器ごとに、がんや遺伝的影響の発生確率が異なってくるため、組織・臓器ごとに異なる組織加重係数をかけて、足し算して得られた数値が実効線量だ。

二つの係数を決めた国際放射線防護委員会（ＩＣＲＰ）によると、これらの係数は、放射線生物学および疫学から得られた知見に基づいて、「放射線防護に適用するための判断によって選ばれており、容認できる単純化」を行なったのだという[7]。

二つの係数は、実在しない人物（標準モデル）に対する放射線の反応を示しているに過ぎない。実効線量は、標準的な成人男性と成人女性のコンピューターモデルを使って、各臓器が受ける放射線の平均吸収線量を2つの係数で二重に加重平均したうえで、さらに男女間で平均化して得られるかなり大雑把な値だ。これらの単純化を容認できる人もいれば、容認できない人もいることだろう。

ＩＣＲＰは、「容認できる単純化」という表現で、科学に価値観が混入していることを認めている。ＩＣＲＰはなぜか、どのような理由から単純化を容認できるかについて一言も言及していないが、「原子力発電は、安価で安定した電力供給と地球温暖化対策のために必要だ」

と考える人は、この単純化を容認しやすいだろう。しかし、遺伝的に放射線に対して感受性が高い人、子ども、生活習慣病などで免疫力・臓器の代謝能力が低下した人、恐らくストレスから免疫力が低下しているであろう社会経済的弱者など、一言で言えば、平均的な人より放射線の影響を受けやすい社会的弱者・少数者は、健康リスクが過少に見積もられることになるので、この単純化を容認しにくいだろう。

このように、科学は客観的なように見えて、実際には、はしばしば具体的な方法論をめぐる議論に認識論的な価値判断が混入してしまう。

数字に翻弄されてきた福島県民

原発事故以降の、いわゆる政府系の科学者の議論を見ていると、実効線量の定義自体、科学的とは言えない（原理的に科学的ではあり得ない）ので、そのときの都合でルールを適当に変えても構わないと思っている節がある。実効線量の求め方から分かるように、基準値を多少変更したとしても科学的には大差ないだろう。しかし、科学的に見て大差ないからと言って、一部の人間が勝手にルールを変えていいことにはならない。ルールを変更するには社会的な合理性が求められるが、自然科学者にとって関心の薄い領域だからなのか、この点について軽く考えているように見受けられる。

一般の人たちは、この辺の政府系科学者のアバウトな感覚を理解したうえで自分たちの要求をしないと、彼らに分かってもらえないはずだ。いたずらに感情的な反発をするだけではなく、もう少し自分たちと科学者では「バイアスのかかり方が違うんだ」ということを、強く意識する必要があるだろう。基準値が上げられないように、年間被ばく線量一ミリシーベルトより五ミリシーベルトの方が、がん発生確率が高くなることを、一生懸命証明しようとしている方を見受けるが、意味がない。前述したように、実効線量は、あくまで防護のための目安として導入された大雑把な数値なので、科学的には、ほとんど変わりないからだ。そうではなくて、なぜ基準値の変更に社会的な合理性が必要なのかを、科学者や政府に理解してもらうにはどうしたらいいかを考えなければならない（**写真4**）。基準値の変更は、価値にかかわる問題なのだ。

一つ目の価値は、人々の毎日の暮らしに直接影響を与えかねない問題なので、物事を民主的に進める必要があるということ。

もう一つの価値は、誰の命をどのような方法で最も尊重することが、これからの社会に求められるかという問題だ。たとえば、少子高齢化が進む中、幼い子どもの命を大切にして、豊かな子育て環境を実現することを最も優先順位の高い価値だと多くの人が納得するとしたら、ＩＣＲＰが行なった「容認できる単純化」は、一般市民としては容認できないだろう。何重にも平均化した値である現在の実効線量は、平均値に近い標準的な体型で持病のない大人にとって安全な値だとしても、平均値から遠いところにいる放射線感受性の高い幼い子どもにとっては、危ない値かもしれないからだ。幼い子どもの命を守ることを最優先課題とするなら、子どもが放射線のダメージを受けやすい臓器である甲状腺の組織加重係数を増やしたっていい。そうすると、実効線量の値そのものが上がることになる。体重計に乗って体重を計るのと違って、実効線量はあくまで計算上の数字だ。容認できるかできないかは価値観の問題だから、どの価値を大切にするかによって数字は変わってくる。

水俣病の調査に携わった科学者・半谷高久は、科学と社会の関係について、次のように指摘している(8)。

自然科学的証明に忠実であろうとすればするほど、問題の解決を遅らせる危険性を持つ。……(自然科学者は)その因果関係を具体的な行動に反映させるに際して、どの程度の厳密性が要求さ

写真4　リアルタイム線量測定システム

測定値は毎時0.144マイクロシーベルトを示している。この値は1センチメートル周辺線量当量。除染目標として話題に上る0.23は、同じマイクロシーベルト表示でも実効線量の値。実効線量は1センチメートル周辺線量当量の0.6倍なので、写真の値0.144マイクロシーベルトを実効線量に換算すると、0.0864マイクロシーベルトになる。性質の異なる値に同じ単位、シーベルトが使われていることも、混乱の原因の一つになっている。

れるのかの議論には習熟していない。……**社会科学者は、一般に自然科学の研究における因果関係の論理の厳密性を具体的に検討するのに馴れていない。**この間隙を狙って、**権力は科学的論理による判断というカムフラージュの下に、権力の不当な行使を正当化する**機会を持つ。（太字、筆者）

科学的合理性と社会的合理性の境界線を見極める作業が、被災者・被害者の救済にとって重要課題となる、という指摘だ。残念ながら、水俣病の教訓は、福島原発事故に活かされているとは言えない。新型コロナ対策にも活かされなかった。水俣病から、いったい何年が経ったのだろうか。少々、込み入った話になってしまったが、分断を解消するために重要なポイントなので、あえてここで触れさせていただいた。科学的合理性と社会的合理性の境界線の見極め作業は今後、ますます重みを増してくる課題だろう（**写真5**）。

このことの重要性は、新型コロナ対策における科学と政治の役割分担の曖昧さが社会の混乱を招いたことで、より一層はっきりしたのではないだろうか。二〇二〇年二月にクルーズ船内で集団感染が明らかになり、感染症のエキスパートからなる専門家会議が発足した。二月下旬、全国すべての小中高校などに三月二日から春休みまでの臨時休校を要請した安倍晋三首相（当時）は、その根拠を問われ「政治的に判断した」と答えた。ところが、その後は専門家会議が前面に出て記者会見も行い、政策決定の説明のような答弁をするようになった。科学的なリスク評価だけでなく、リスク管理、さら

写真5 原子力規制庁が福島市で行なったリアルタイム線量測定システムの配置見直しに関する住民説明会（2018年8月30日撮影）

には一般社会にも分かりやすい言葉で説明するリスクコミュニケーションの役割までも担うようになった。本来、リスク評価とリスク管理、リスクコミュニケーションの三つは、別々の担当者が行い、責任も三者がそれぞれ単独で担うはずだ。専門家会議がこの三つの役割を一身に背負っているような印象を一般社会に与えてしまい、誤解と批判の矢面に立たされてしまった。

このようなやり方をしていると、政治は科学を隠れ蓑にして責任逃れをしている、と受け取られても仕方がない。専門家会議の議事録を残さなかったことは、安倍政権に対する不信感に拍車をかけた。一方、安手の便利屋の印象を拭えなかった専門家会議の本来の役割は、科学的な根拠に基づいて、いくつかの選択肢を用意し、それぞれの選択肢のメリットとデメリットを説明することだ。ここまでが科学の役割で、科学が提示した選択肢の中から一つを選び、責任を持って政策を実行するのが政治の役割だ。

この役割分担を明確にすることを約束事として社会全体で共有しないと、科学と価値の問題を混同し、強引に自分の価値を人に押し付ける輩が続出、社会は混乱し、分断していく。自分の価値を正当化しようとしてデマが飛び交い、差別や偏見で人が傷つくことにもなる。負のスパイラルにより心理社会的ストレスは増大し、免疫力は低下、感染症にかかりやすくなり、流行の収束は遠のき、経済は停滞する。原発事故に新型コロナ、私たちは同じ失敗を繰り返してしまった。三度目の正直目指して、反省すべきところはしっかり反省しましょう。弱気になることはない。希望はあります。

科学論争で求められる素人の役割

さて、これまで脳の構造上、科学者といえどもバイアスから逃れられないのだから、もっと謙虚であるべきだと述べてきた。それに対し、一般人の側には、とかく独りよがりになりがちな科学者の暴走に警鐘を鳴らす役割が求められるだろう。

リスクとは、自分が大切にしていた何らかの価値を失う可能性のことだ。価値を失う可能性を確率で示すのは科学だが、守るに値する価値かどうかは科学に決めることはできない。つまり、科学者が判断することではない。当事者が決めることだ。暮らしに根付いた価値観や、地域の気候・風土・伝統・文化の特異性は、その土地の人しか知らない。自分たちが失いたくない価値とは何かを、はっきり言葉にできるようになりたい（**写真6**）。住民が何を失いたくないかを言葉にできなければ、専門

写真６ 朝もやに包まれた美しい里山の風景（福島県二本松市東和地区）

家はリスクを定義し、許容できるリスクレベルを推定することはできないのだから。

価値の問題については、本書の後半で改めて行うことにするとして、その前に、情動反応を、理性を脅かす厄介者扱いしていいのか議論したい。なぜなら、情動の脳神経科学の進歩で、過剰に見られがちだった不安（情動反応）には、生物学的な合理性があることが明らかになってきているからだ。つまり、一般市民の不安を、いまよりはるかに正当に評価できる可能性が見えてきたということだ。国や科学者に理解されにくかった不安の内実を正当に評価できるようになれば、科学が絡む社会問題においてリスクコミュニケーションが活性化するはずだ。分断を回避できれば、被災者・被害者救済も進むに違いない。

このような観点から、次章では、福島原発事故後に政府が提唱し続けている「被災者の過剰な放射線不安説」の限界と、不安を感じることの生物学的合理性について検討したい。

まとめ

- 分断解消には科学の限界、理性の限界を自覚する必要がある。
- 科学は客観的で、公正中立と信じられてきたが、脳の構造上、科学者を含めて、人はバイアス（方向性のある偏り）から逃れることはできない。
- バイアスの正体は、無意識のうちに起きる情動反応。情動反応は、安全か危険かの判断を方向付ける命を守るために発達した防御システム。生存に必須のシステムだから、バイアスから逃れることは不可能だ。
- 人は情動反応として、無意識のうちに心地よいと感じる解決を望む。正しいと思う解決を望むのではない。
- 科学には限界があり、客観的な立場に立てる人がいない以上、約束事として、科学と政治の役割分担、責任の所在を明確にする必要がある。
- 一般市民は、独善的になりがちな専門家の暴走に警鐘を鳴らす役割が求められる。自分たちが失いたくない価値は何かを言葉にできるようにすることが、専門家とのコミュニケーションを成り立たせるポイントである。

【注】

（1）ビッグコミックスピリッツ編集部（二〇一四）『美味しんぼ』福島の真実編に寄せられたご批判とご意見、編集部の見解」（五月一九）https://lucian.uchicago.edu/blogs/atomicage/files/2014/05/spi20140519.pdf（二〇二〇年一一月二五日閲覧）

（2）編集部の見解（抜粋）

健康に不安を抱えていても「気のせい」と片付けられて自身の症状を口に出すことさえできなくなっている方々、自主避難に際し「福島の風評被害をあおる。神経質な人たち」というレッテルを貼られてバッシングを受けている方々の声を聞きます。議論や報道が激減しているなか、あらためて問題提起をしたいという思いもありました。

（3）専門家会議の正式名称は、「東京電力福島第一原子力発電所事故に伴う住民の健康管理のあり方に関する専門家会議」。

（4）専門家会議第六回議事録。https://www.env.go.jp/chemi/rhm/conf/conf01-06b.html（二〇二〇年一一月二五日閲覧）

（5）廃炉・汚染水対策チーム事務局（二〇二〇）「多核種除去設備等処理水の取扱いに関する御意見について」（一〇月二三日）https://www.meti.go.jp/earthquake/nuclear/osensuitaisaku/committee/osensui_team/2020/pdf/201023_01c.pdf（二〇二〇年一一月二五日閲覧）

（6）村上陽一郎（二〇〇五）『安全と安心の科学』集英社新書

（7）ICRP (2007) Recommendations of the International Commission on Radiological Protection. ICRP Publication 103. *Annals of the ICRP*, 37 (2-4)

（8）半谷高久（一九八九）「科学の論理と水俣病」都留重人編『水俣病事件における真実と正義のために――水俣

病国際フォーラム（一九八八年）の記録』勁草書房

【主な参考文献】・

バルーク・フィッシュホフ、ジョン・カドバニー（二〇一五）『リスク——不確実性の中での意思決定』中谷内一也訳、丸善出版
ジョナサン・ハイト（二〇一四）『社会はなぜ左と右にわかれるのか——対立を超えるための道徳心理学』高橋洋訳、紀伊國屋書店
ICRP (2007) Recommendations of the International Commission on Radiological Protection. ICRP Publication 103. *Annals of the ICRP*, 37 (2-4)
ジョゼフ・ルドゥー『エモーショナル・ブレイン——情動の脳科学』松本元他訳、東京大学出版会
中谷内一也編（二〇一二）『リスクの社会心理学——人間の理解と信頼の構築に向けて』有斐閣
クリスティン・シュレーダー＝フレチェット（二〇〇七）『環境リスクと合理的意思決定——市民参加の哲学』松田毅監訳、昭和堂

第4章 脳科学で明らかになった「不安」の正体
——感情がなくなると理性は働かなくなる

安全は科学の問題で、不安は心の問題——この安全・安心二元論を疑う人は、ほとんどいないのではないだろうか。現在の健康リスクを語る上での大前提となっている。社会通念では、科学による客観的なリスクと比べ、一般市民の主観的なリスク認知（不安）は大げさになりがちで当てにならない、と信じられてきた。だから、合意形成に客観性を担保するためには、科学的にリスクを推定する必要がある。安全は科学の問題、というわけだ。

ところが、脳科学の目覚ましい進歩で、過剰に見える一般市民の不安に、生物学的な合理性があることが分かってきた。正当性があるのにきちんと評価されなければ、憤り、屈辱感、疎外感、無力感から、不安はさらに募ることだろう。不理解による心理社会的ストレスは、健康リスクを高める。新型コロナであれ、原発事故であれ、地震・洪水であれ、何であれ、被災者、被害者に寄り添い、被害を最小限に抑え、未来に希望の持てる、よりよい社会をつくっていくためには、政治家、行政、専門家、一般市民の間の信頼関係の構築が欠かせない。そのためには、一般市民の感じる「不安」とは何かをよく理解し、安全と安心（不安）の関係を問い直す必要がある。第4章では、最先端の脳科学が明らかにした不安の正体に迫る。

過剰な不安説の背後にある理性中心主義

「感情的になると理性は働かなくなる」と問われれば、読者の多くは「当たり前でしょ。何をいまさら」と思うに違いない。感情的になるのは動物的な劣った人のすることで、人の人たるゆえんは理性にある、と考えがちだ。感情と理性を対立させて、理性の働きに高い価値を認め、感情を、理性をかき乱す厄介者と見下す風潮は、広く一般社会に浸透している。科学者も同じだ。筆者が専門にしている脳科学の研究も、つい最近まで高度な認知機能を担っていると考えられている大脳新皮質を中心に行われてきた。

感情に対して理性を優位に置く理性中心主義者の一人に、哲学者でもあり、数学者でもあるルネ・デカルトがいる。彼が一七世紀に提唱した世界観（心身二元論）は、近代思想だけでなく、近代科学の大前提にもなっている。そのため西欧の学問体系は、文系であろうと、理系であろうと、理性中心主義的だ[1]。日本の学校教育も明治以降、西欧に追いつき追い越そうと、必死に西欧の物まねをしてきたので、理性中心主義的だ。みんな子どものころから、「感情的になってはいけない。少年よ、理性的たれ」と諭される。

リスク認知と呼ばれる科学者と一般人の感じ方のズレを研究してきた社会心理学も、例外ではない。社会心理学によると、一般人の主観的なリスク認知（不安の感じ方）は、科学者が推定する客観的なリスク（理性的な見方）と比べると大げさになる。確かに、これは一面の真理ではある。たとえば、強烈な印象を受けたり、過去に似た悲惨な出来事があったりすると、過大評価して過剰な不安を感じやすいことが知られている。社会心理学の分野では、ヒューリスティクスと呼ばれている。地震や津波、原発事故、そして新型コロナなどの被害は過大評価しやすい、ということだ。過小評価することもある。糖尿病のような身近な人が罹患しているありふれた病気は、たとえその症状が悲惨であったとしても、素人は実際の死亡者数より過少に見積もる傾向が強い。

　一般市民の主観的なリスク認知は、このように客観的なデータよりも過大に見積もったり、過少に見積もったりしがちだ。だからだろう。洋の東西を問わず、専門家の見方には共通のパターンがある。米国のクリスティン・シュレーダー・フレチェットは、科学に関する専門家と一般市民の関係について、次のように語っている[2]。

> リスクアセスメント実施者は、……**専門家は**認知されたリスクではなく**本当のリスクを把握**するが、**一般市民は認知されたリスクしか知ることができない**、と考える。
>
> （中略）
>
> 食い違いが生じる最も根本的な要因の一つは、……たとえば**人々が原子力を恐れるのは**、それが**本質的に危険な科学技術であると考えるからなのか**、それとも人々が、科学技術に関する無知

と被害妄想につけ込む**センセーショナルな報道キャンペーンの被害者であるからなのか**、という問題である。

（中略）

リスクアセスメント実施者の多くは、認知されたリスクと本当のリスクを区別し、**素人の側の認知されたリスクが科学技術をめぐるほとんどの論争を引き起こす**と想定する。その結果として、アセスメント実施者は、**リスクそのものの影響をどう和らげるかよりも**、むしろリスクの（アセスメント実施者の考えでは、間違った）認知による影響力をどう和らげればよいかを問題にするのである。**一般市民へのPRつまり「リスクコミュニケーション」だけが問題**であると、アセスメント実施者は考えるのである。（太字は筆者）

シュレーダー・フレチェットは、こうした専門家やリスクアセスメント実施者（行政など）の態度に批判的だ。彼女によれば、専門家と一般市民のリスクの捉え方をこのように対比させたうえで、「主観」と「客観」を正確かつ完璧に区別できないとすれば、主観的な一般市民のリスク認知を、科学者が見積もった客観的リスクの単なる誤解にすぎないと決めつけることはできない、と述べている。「主観と客観の二元論は厳密には成り立たない」とする彼女の見解は、哲学的だ。彼女の経歴を聞いて納得した。彼女は、リスクとリスクアセスメントをめぐる哲学と倫理学の代表的論客の一人だが、なんと数学と物理学、そして哲学の博士号を持っているとのことだ。文系、理系を問わない視野の広さと博識が、彼女の指摘の鋭さを生んでいる。

彼女の描いた一般市民と専門家の関係、そして行政の対応は、まるで鏡に映したかのように、そっくりそのまま日本で再現されている。一例として、二〇〇二年七月に内閣府原子力安全委員会・安全目標専門部会から公表された小冊子を紹介しよう。[3]一般市民のリスク認知は、次のように解説されている。

> 科学的な分析方法から求められたリスク推定値（いわゆる「客観的リスク」）と、人がそのリスクを受け取る際の感じ方（いわゆる「主観的リスク」）の間には、大きな「ずれ」がよくみられます。社会心理学などの分野の研究結果から、（中略）**主観的リスクが客観的リスクより大きく見積もられる**傾向があることが、指摘されています。

そして、福島原発事故後からは、日本政府は社会心理学によるこのような先行研究を理論的な根拠として、「一般市民の放射線被ばくに対する不安は、知識不足から生じる過剰な不安であり、正しい科学知識を身につけることで解消できる」との解釈を前面に打ち出したリスクコミュニケーション活動（事実上の安全安心キャンペーン）を大規模に展開している。

二〇一四年二月に復興庁、環境省など国の一一機関が発表した「帰還に向けた放射線リスクコミュニケーションに関する施策パッケージ」では、福島原発事故後の放射線被ばくによる住民の健康影響に関する「国際的な知見」などを、住民に分かりやすく丁寧に伝えるリスクコミュニケーションを充実させる重要性が指摘された[4]。

パッケージの言う「国際的な知見」とは、政府が作成した『放射線リスクに関する基礎的情報[5]』に紹介されている世界保健機関（WHO）と、UNSCEAR（アンスケア[6]）による健康影響評価を指している。WHOは二〇一三年二月に、「福島県においてもがんの罹患のリスクの増加は小さく、がん発生の自然のばらつきを越える発生は予測されない」との報告書を公表した。UNSCEARも二〇一四年四月、「がんなどの発生率に識別できるような変化はない」とする報告書を公表している。第2章で指摘したが、「識別できない」は、統計学的には「被ばくの健康影響はない」という意味ではない。現時点での調査では影響を確認できないだけで、これから徹底的に調べれば被ばく影響があることを明らかにできる可能性がある、という意味を含んでいる。WHOの報告書も同様の解釈が可能だ。

ところが国は、WHOが「リスクは無視できる水準」と言っているし、UNSCEARも「今後も健康への影響が生じる可能性はない」と言っているとして、リスクコミュニケーションと称して事実上の安全安心キャンペーンを継続実施している[7]。食品と放射性物質に関するものだけでも、福島県を中心に毎年一〇〇回以上実施、二〇一九年度は一一一回行なった[8]。

しかし、国による不安解消策は、十分な成果を上げているとはいいがたい。当時、お膝元の福島県立医科大学教授だった大津留晶（放射線健康管理学講座）は、「医療者と住民の皆さんとの間の放射能健康リスクに関連するコミュニケーションが、なかなかうまくいかない」と打ち明けていた。[9] 原因について大津留は、リスク認知の面で、住民の情緒的なリスク認知と医療者・科学者の科学的なリスク認知が噛み合わないためではないか、と推測する。

大津留の分析は、主観的リスク認知と科学に基づく客観的なリスクのズレを問題視してきた従来の社会心理学の見解から一歩も抜け出していない。一般市民は、知識不足から放射線に対して根拠のない過剰な不安を抱いていると解釈するのは早計だ。理性中心主義的なものの見方を大前提にするから、どんな不安も、根拠のない過剰な不安に見えてしまうだけかもしれない。一〇〇％確証バイアス（方向性のある偏り）ではない、という保証はどこにもないではないか。先に紹介したシュレーダー・フレチェットの洞察を思い出してほしい。たかをくくって決めつけないで、一般市民の不安に真摯な態度で向き合い、きちんと検証しようとしないのであれば、それこそ科学的な態度とは言えない。

前提となっているものの見方を規範理論というが、研究の進歩で規範理論が変わってくれば、不安の解釈も異なってくる。最近の脳科学の研究で、感情がなくなると、理性は働かなくなってしまうことが確認された。不安は、リスクの存在を私たちに知らせてくれる生命の警報で、意思決定を方向づける大切な羅針盤だったのだ。

ともあれ、世の中、感情的になると理性が働かなくなると思い込んでいる理性中心主義者が多いようなので、とりあえず、二〇世紀後半まで支配的だった学説に沿って、なぜ、一般市民が放射線に過剰な不安を抱いていると解釈されるのか見ていこう。

そのうえで、一九九〇年代に脳科学の世界で起きたブレイクスルーによって、デカルト以来、四〇〇〇年近く続いた理性中心主義が揺らぎ、リスク認知研究が大転換したこと、つまり、日本政府が提唱している「過剰な不安説」は、もはや時代遅れの学説になってしまったことを解説する。

バイアスの2大特徴——恐ろしさ因子と未知性因子

専門家による科学的なリスクの見積もりに対して、一般人のリスク認知には、特徴的な偏り（バイアス）があることが知られている（Slovic P, 1987）。この偏りは、図に示す通り「恐ろしさ因子」と「未知性因子」と呼ばれるリスク認知の二因子によって説明できるとされる（**表1**）。

では、この二因子を、福島原発事故と新型コロナに当てはめて考えてみよう。

まず、一番目の恐ろしさ因子から。

原発事故は、すべて当てはまる（カッコ内に因子の種類を示す）。巨大津波によって全電源を喪失し、炉心が溶融、水素爆発が発生し、汚染水の管理も不十分で、廃炉の見通しも立っていない（制御不能）（**写真1-1**）。放射性物質は、広範囲に撒き散らかされた（世界的大惨事）。低線量被ばくで、健康に悪影響が出るかもしれない（命に関わる）。自分たちは使わない首都圏への電力供給のために被害にあった（被害の不平等）。そして、子どもや孫への影響が懸念されている（子孫への影響）。山林除染はできず、居住地の放射線量も思ったほど下がらないし、キノコ狩りや山菜採りを楽しんだ里山が除染される見通しは立たない（被害の削減が困難）。関連死・関連自殺は何年経っても減らないし、賠償は打ち切ら

表1 リスク認知に影響与える2つの因子（Slovic P. 1987）

「恐ろしさ」因子	● 制御可能か
	● 世界的大惨事となるか
	● 致死的か
	● 被害が平等にふりかかるか
	● 子孫への影響があるか
	● 被害の削減は可能か
	● 被害が増大しつつあるか
	● 自発的に引き受けたリスクか
「未知性」因子	● 被害のプロセスを観察できるか
	● リスクにさらされていることを理解できるか
	● 影響は即時的か，それとも後になって現れるか
	● 新しいリスクか，それとも馴染みのあるものか
	● 科学的によく分かっていないリスクか

れるし、いつになったら故郷に帰れるか分からない（被害が増大しつつある）（**写真1－2**）。レントゲン検査のように納得した上で被ばくしたのではなく、ある日突然、無理やり被ばくさせられた（自発性がない）。

新型コロナも、すべて当てはまる。流行の収束・終息の見通しが立たない（制御不能）（**写真1－3**）。いまさら言うまでもなく、世界的に大流行している（世界的大惨事）。高齢者、生活習慣病などの基礎疾患のある人を中心に死者が出ている（命に関わる）。ソーシャルワーカーや、社会経済弱者の被害が甚大である（被害の不平等）。全国一斉休校、学力低下などによる子どもへの心身の影響が懸念されている（子孫への影響）。一般にはあまり知られていないが、無症状でも後年、中枢神経系への障害が生じる可能性が指摘されている

写真 1-1 事故を起こした東京電力福島第一原子力発電所。廃炉作業の見通しは立たない。（2018 年 2 月 2 日撮影）

写真 1-2 帰還困難区域に指定され、いまだ避難指示が解除されない福島県大熊町。（2020 年 2 月 7 日撮影）

写真 1-3 コロナ禍で人通りの途絶えた福島市内の歓楽街。長年、客引きをしている男性によると、原発事故直後より客足が遠退いたという。（2020 年 4 月 5 日撮影）

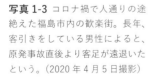

写真 1-4 感染予防のために、館内をアルコール消毒する福島市内の映画館（2020 年 5 月 23 日撮影）

（子孫への影響）。経済的打撃による数十年後の生活習慣病・うつ病など精神疾患の増大まで含めると、健康被害は甚大である（被害の削減が困難・被害が増大しつつある）。感染は、自分のせいではない（自発性がない）。

二番目の未知性因子も、すべて原発事故に当てはまる（カッコ内は同様）。放射線は見えない（観察できない）し、被ばくしても健康影響を感じることはできない（さらされている実感がない）。被ばくの影響が現れるのにも、時間がかかる（晩発性）。そして、放射性物質で広範囲に汚染された原発事故は世界史上、極めて珍しい（新しいリスク）。さらに、低線量被ばくの影響は不確実性が高い（科学的によく分かっていない）。

新型コロナにも、ほとんど当てはまる。ウイルスは肉眼で確認できないし、どこで、いつ、誰から感染するか分からない（**写真1－4**）。これまた、いまさら言うまでもなく新型のコロナウイルスである。そして、ウイルスの性質、重篤化の原因、効果的な治療法・ワクチンができるかどうか、未解明な部分が多い。

このように、原発事故とその後の低線量被ばくの健康影響を巡る諸問題、および、新型コロナは、一般人の不安の感じ方に影響を与える二因子に、いずれもよく当てはまる。科学的なリスクの見積もりに比べ、一般市民は過度な不安を抱きがちだ、と言われる所以だ。原発事故や新型コロナだけでなく、さまざまなハザード（危害の潜在的な源：放射性物質、農薬など）に対する一般人のリスク認知のパターンは、二因子で説明可能と思われてきた（**図1**）。

ところで、これらのバイアス研究は、次のような誤解を生みやすい。感情的になりがちな一般人は、「正しい」数値から外れた、バイアスがかかった見方をしてしまう。それが、風評被害や差別の原因になってしまう。経済再生・復興の妨げにもなる。だから、誰が見ても客観的な、正しい科学知識を普及させる必要がある、と。原発事故後の政府系リスク・コミュニケーションが、まさにこれだ。政府の姿勢に批判的な、脱原発「危ない派」によるアンチ巨人ファン的な「これが本当の正しい科学知識」も、どこかに正しい数値があることを仮定していることに変わりはない。どちらも似たり寄ったりだ。

そうではない。第3章で指摘したように、公正中立と見られがちな専門家の見方でさえ、バイアスがかかっている。脳の構造上、バイアスから自由な人はいないのだ。リスク認知におけるバイアスという概念は、「誰もが癖のある見方をしている」という意味だと理解した方がいい。職業や置かれている立場などによって、どんな人でも、バイアスのかかった見方をしてしまう。そのため気づかないうちに、科学的な言説に見え隠れする自分の価値観を押し付け、人を傷つけてしまうことがある。だからこそ、お互いの見方の違いを理解して、尊重し合えるような場が必要なのだ。これが、**本当の意味でのリスク・コミュニケーションだ。**

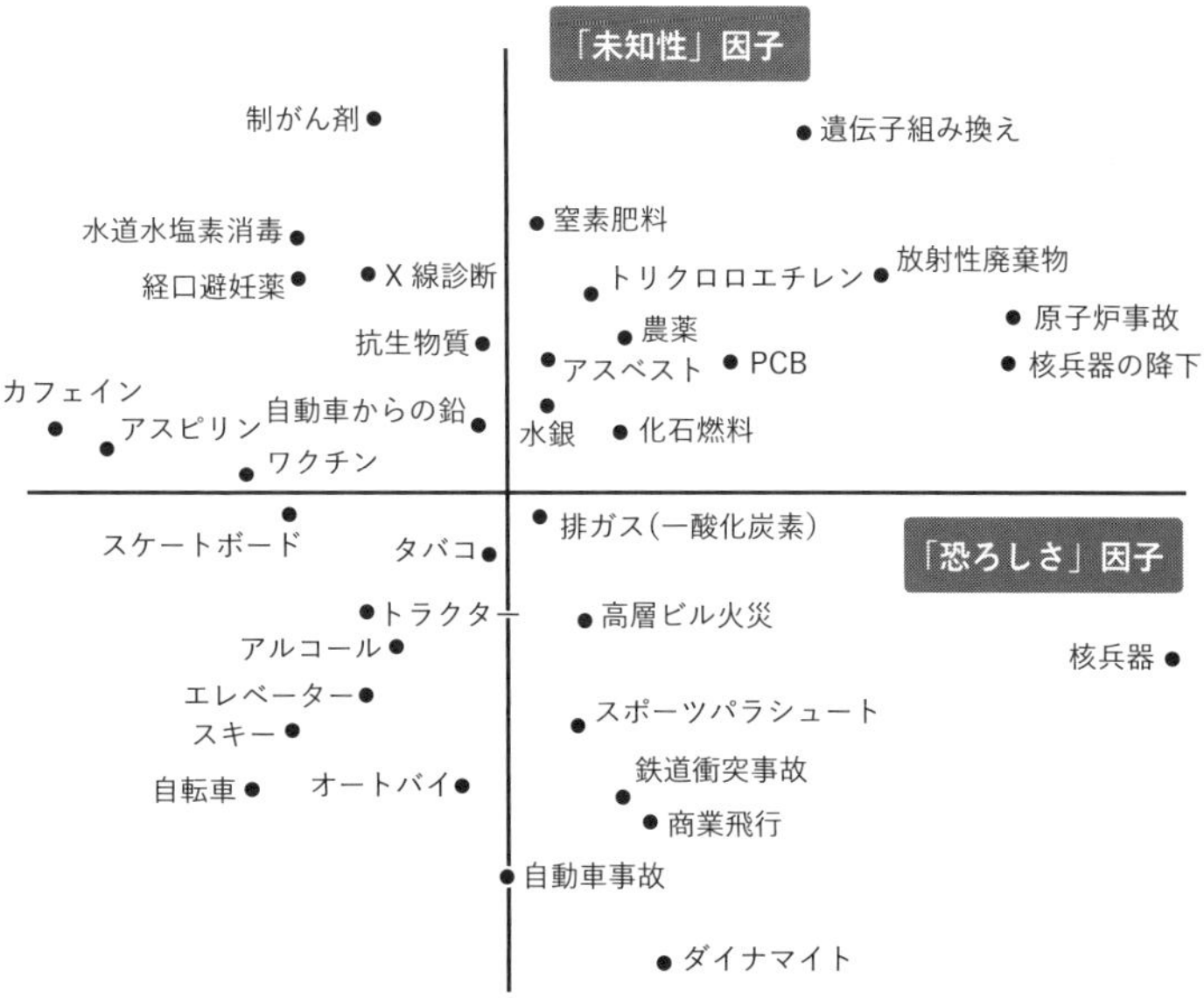

図1 さまざまなハザードに影響与える「恐ろしさ」因子と「未知性」因子
（Slovic P.1987 を改変）

ダマシオによる画期的研究

さて、これまで紹介してきたような客観的なリスクと、一般人の不安の感じ方（主観的なリスク）のズレを問題にするリスク認知研究は、二一世紀に入って急速に下火になった。代わって盛んになったのが、意思決定に果たす情動や直感の役割の解明だ。きっかけになったのが、一九九〇年代に脳科学の分野で立て続けに発表されたアントニオ・R・ダマシオをリーダーとする研究グループの成果だ。

　ダマシオの研究を受け、リスク認知関連分野は一斉にそれまでの理性中心主義的な従来の学説を改めた。社会心理学の大御所で、先ほどの恐ろしさ因子と未知性因子の二因子で一般人のリスク認知を説明できることを提案したスロビック自身、いち早く、自らの学説を修正した。行動経済学のカーネマンも、神経倫理学のグリーンも、分野の違いを越えて、誰もが従来型の理性重視の思考モード「分析システム」に、新たに直感や経験を頼りにする思考モード「経験システム」を付け加え、二つの思考システムを尊重する思考様式の「二重過程理論」を提唱するようになった。

一方、日本の研究者の多くは、いまだに旧来の理性重視一辺倒のリスク認知理論の延長線上で物を考えている。そのため、「過剰な不安説」がとっくの昔に時代遅れになってしまっていることに、政治家や役人は気づかない。低線量被ばくの健康影響を気にする脱原発危ない派も、理性中心主義の亡霊に囚われたままだ。被災者の理性は保たれており、不安は過剰でないことを証明しようと、終わりなき科学論争を続けることで、結果として被災者救済を遅らせている。被災者にとって、これは不幸なことだ。前置きはこれくらいにして、それでは、ダマシオの研究を見ていこう。

帰ってきたフィニアス・ゲージ

のちに脳科学だけでなく、心理学、経済学、倫理学、哲学など、文系の広範な分野にまで影響を与えることになる論文が一九九四年、科学雑誌サイエンスに発表された(Damasio H et al., 1994)。タイトルは、「帰ってきたフィニアス・ゲージ:有名な患者の頭蓋骨から得られた脳についての手がかり」。論文の三ページ目には、今では脳科学の教科書には、必ずと言っていいほど登場する人物、ゲージの

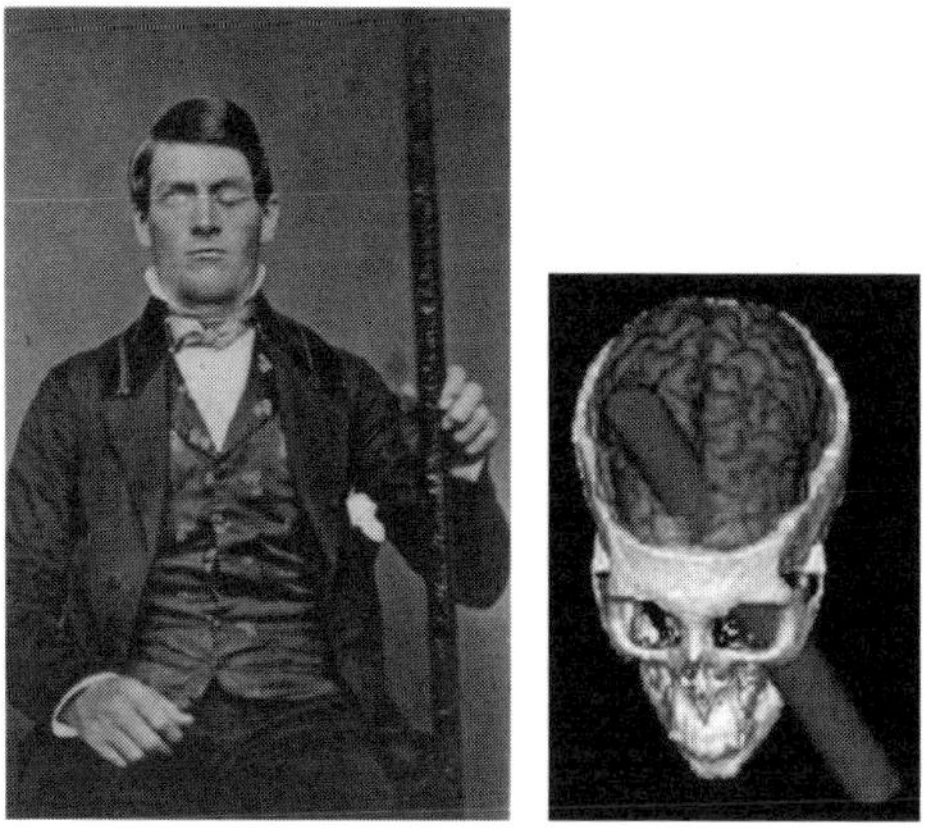

図2 左は自分の頭部を貫通した鉄棒を手にしたフィニアス・ゲージ。右は鉄棒がゲージの頭部を貫通したときの様子を再現したコンピュータ・グラフィックス。米国NINDSによる。

脳と頭蓋骨が、コンピューター・グラフィックスで描かれている。頭蓋骨には鉄棒が突き刺さっている（**図2**）。この論文の業績は、ハーバード大学の博物館にあったゲージの頭蓋骨を、コンピューター画面上に再構築し、頭蓋骨の破損具合や、鉄棒の形、大きさなどから、脳の損傷部位を特定したことにある。

一八四八年、鉄道建設現場で現場監督として働いていたゲージは、事故で脳に大けがを負った。岩盤に詰め込んだ火薬を誤って鉄棒で叩き、暴発させてしまったのだ。顔面目がけて飛んで来た鉄棒は、左目の下から突き刺さり、右斜め前方の前頭葉を貫通、頭蓋骨を高速で突き抜けた。鉄棒は、ゲージの三〇メートル先に落下したという。

ゲージは奇跡的に助かった。しかも、頭部には人差し指を根本まで突っ込むことができるほどの、直径八センチメートル以上の穴があいていたというのに、事故直後から誰の助けも借りずに一人で歩くことができた。事故から一時間後、宿舎に帰ったゲージは、お見舞いに来てくれた人たちに、爆発の様子を冷静に話して聞かせていたという。ダメージを受けた脳部位が、極めて限定的だったということだ。

主治医のハーロウ医師が、事故前後のゲージの言動を克明に記録していたことから、特定の脳部位が損傷することで、ゲージの言動がどのように変ってしまったかが確認できた。言動の変化は、損傷した脳部位が担っている機能は何かを如実に物語っている。

事故で人格が豹変

前頭前皮質腹内側部――ここが、ゲージが事故で特異的にダメージを受けた脳部位だ（**図3**）。事故から二ヶ月という驚異的な早さで怪我から復帰したゲージの言動は、一つを除いて正常に見えた。注意、知覚、記憶、言語、知性は、「完全無欠」だったという。

一つのこととは、人格が豹変してしまったことだ。事故前のゲージは、そつがなく、頭の切れる仕事人であり、非常に精力的で、あらゆる計画を忍耐強く遂行する人物と評されていた。ところが、事故後のゲージは、気まぐれで礼儀知らず。以前はそんな習慣はなかったのに、ときおりひどく下品な言葉を吐いた。自分の願望に反する忠告には、いらだちを隠さなかった。どうしようもなく頑固になったかと思うと、優柔不断で、先の作業をいろいろと計画するが、段取りするやいなや、やめてしまう移り気な人物になっていた。友人たちは、「ゲージはもはやゲージではない」と悲しげにつぶやい

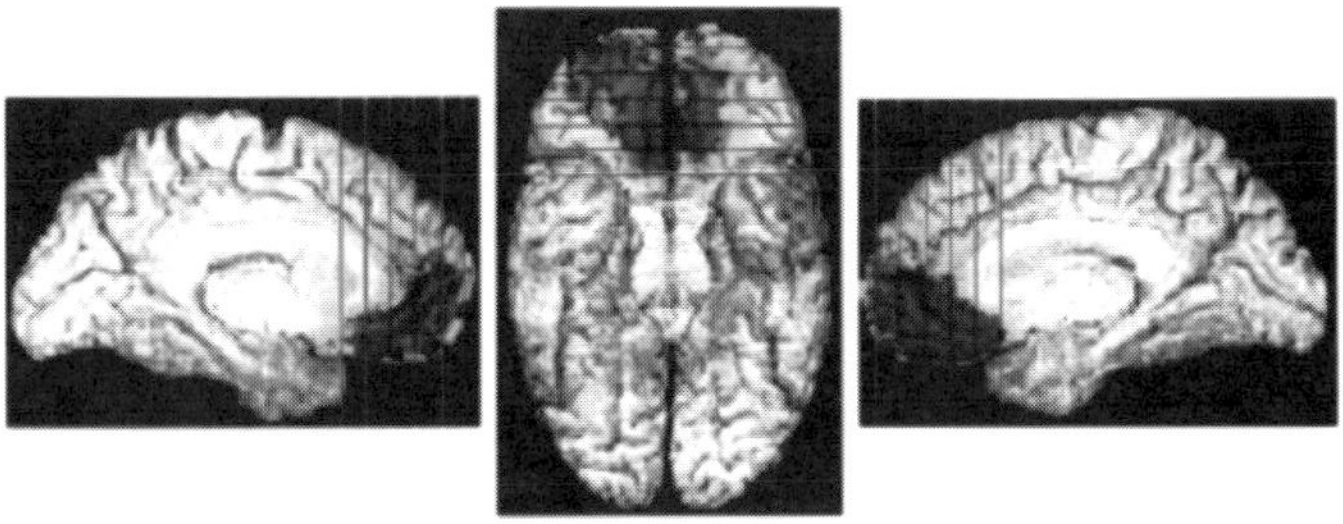

図３ 前頭前皮質腹内側部が損傷した患者の脳。色の濃い部分が、損傷した脳の腹内側部。Bechara A et al., 2000 を改変。

たと言う。

現在では、多くの損傷患者の観察から、腹内側部がダメージを受けたときに見られる共通の特徴が分かっている。彼らは、知能や知覚能力、運動能力に問題はない。しかし、一様に注意力を欠き、優柔不断かと思うと、ときに頑固で、計画通りものごとを進めることができない。

たとえば、一人旅ができない。目的地がどこでも、最初にやってきたバスや電車に飛び乗ってしまうからだ。買い物に出かけると、たまたま出会った友人と喫茶店に行き、何時間もおしゃべりをして、外出の目的をすっかり忘れてしまう。レストランを選ぼうとすると、一軒ずつ、メニューや店の雰囲気などを丹念にチェックしようとするので、選ぶだけで何時間もかかってしまう。感情は平坦で、何ごとにも無関心だ。他人への思いやりに欠ける。計画性がない。社会のルールに従えない。分かっていながら自分に不利な選択をする。意思決定能力に障害がある。

不安を感じないと理性は正常に働かなくなる

注目したいのは、腹内側部にダメージを受けると、誰しも感情が平坦になってしまうことだ。そして、感情がなくなってしまうと、理性的な能力は正常でも、合理的な意思決定ができなくなることが、カードを使ったギャンブル実験で確認されている（Bechara A et al., 2000）。

不思議なことに、彼らは、自分では「勝ちたい」と強く思い、負けると悔しがるのに、負けると分かっている自分に不利な賭け方をしてしまう。コツコツと地道に勝ちを拾う、堅実な賭け方ができない。目先の損得に目を奪われて、いつも大勝ちを狙っては大損するので、気がつけば借金の山だ。それでも一攫《かく》千金を狙い続ける。泥沼にはまっても反省するところがない。

実験の結果、損傷患者は不利な賭け方をしても汗をかかないことが分かった。健常者の場合、不利なカードを引こうとすると、不利なカードと意識する前に、無意識のうちに汗をかく。損傷患者には、それがない。発汗は、交感神経系が興奮したことによる生理変化で、不安を感じていることを示す情動反応だ。

このことは、頭では自分が不利になることが分かっていても、理性的な判断の前に、無意識に起きる情動反応がないと、正しい判断ができなくなってしまうことを物語っている。不安を感じなくなると、理性は働かなくなるのだ。

健常者は何度か不利なカードを引くうちに、無意識に高い罰金を払った過去の経験から不安を感じるようになるため、なんとなく嫌な感じがして、次第に不利なカードを引かなくなってしまう。ところが、損傷患者は、不利なカードを何度引いても不安を感じない。嫌な感じがしないので、目先の大勝ちに目を奪われて、最終的には大損する不利な選択をし続けてしまう。

不安を感じると確かに嫌な感じがする。しかし、嫌な感じがするからこそ、不快を感じないような行動を学ぶことができる。前頭前皮質の腹内側部に障害がある患者は、不安を感じることができないために、過去の過ちから何も学ぶことができず、同じ過ちを繰り返してしまうのだ。不安には、自分の人生を豊かにする積極的な働きがある。このことを忘れてはいけない。

ソマティック・マーカー仮説

これまで見てきたように、不安などの情動反応は、ものごとを判断する上で非常に重要な役割を果たしている。情動には、不安以外に、恐怖、怒り、悲しみ、喜びなどがあるが、情動の役割とは、過去の経験に基づいて、それぞれの選択肢に自分にとって有利か不利かの価値の重み付けをすることだ。情動によって選択肢が重み付けされることで、意識することなく、瞬時に自分に不利な選択肢を避けられるようになる。

いちいち過去の記憶を呼び覚まして考え込まなくていいので、これは便利だ。命あっての物種だから、とにもかくにも素早く反応して危険を避けた方がいい。多少の間違いは、後からいくらでも取り返せる。大げさに反応することで、記憶にも残りやすい。辛い思いはしたくないから、同じ間違いをしなくなる。腹内側部を損傷した患者の特徴を思い出してみよう。優柔不断で、計画性がない。いけないことだと思いつつ、社会のルールに従えない。分かっているのに、自分に不利な選択をする。

これらの特徴は、情動反応がないことで説明がつく。日常生活を振り返ってみれば納得できるはずだ。私たちは、断片的な情報を頼りに、次から次へと用事をこなしていく必要がある。そのためには、無数の情報の中から優先順位の高い情報を、その場で素早く選んでいく必要がある。このとき、無意識のうちに情報に重み付けをして、不必要な情報を切り捨て、重要度の高い情報に注意を促すのが情動と考えられる。

損傷患者は、情動反応がなく情報に重み付けができないから、いつまでも判断できず優柔不断になってしまう。大切な約束の締め切りが迫っていて、期待通りの仕事ができなければ取引先の信用を失うことは頭では分かっていても、不安を感じないので、目の前に降って湧いた些細な、ただし本人にとっては興味が尽きることのない雑用に没頭してしまう。取引先を失望させ、上司に怒られても、不快感を感じないので後悔することがない。こんなことを続けているといつか職を失ってしまうことは頭で理解できても、不安を感じないので同じ過ちを何度も繰り返す。

不安というと心の問題と思いがちだが、不安情動を含めて、情動反応は全身で起きる。不安になって心臓がドキドキするのは、交感神経系の反応だ。身構えるのは骨格筋系、ハッとして眠気が覚めるのは中枢神経系の反応だ。意識できないが、ストレスホルモンのコルチゾールが分泌される。内分泌系の反応だ。テスト前に風邪を引きやすいのは、不安によるストレスで免疫力が低下するからだ。情動反応は免疫系にも影響する。

このように、刺激に対して瞬時に、ほぼ無意識のうちに起きる一過性の生理的変化を情動と呼ぶ。情動反応は、自律神経系、骨格筋系、内分泌系、免疫系、中枢神経系の全身で起きる。脳科学的には、情動反応が意識にのぼったものを感情と言う。

そして、情動反応は、経験を積むにしたがって脳に記憶として蓄えられる。得をした、あるいは損をしたときの出来事には強い情動反応が起き、記憶され、次に同じような出来事に遭遇したときにも強い情動反応が起き、反応は強化される。逆に、自分の損得にはあまり関係ない出来事には情動反応は起きず、排除されていく。強化、排除の過程には、おそらくドーパミンやセロトニンなどの神経伝達物質が関わっている。伝達物質の放出によって、神経細胞の興奮しやすさが変化するのだ。その結果、人は瞬時に自分にとって有利か不利かの判断ができるようになる。これが、ダマシオが提唱した「ソマティック・マーカー仮説」だ（Bechara A & Damasio A, 2005）。

根拠なかった過剰な不安説

以上のように、リスク評価の主要なガイド役を果たしているのは、理性ではなく、無意識に起きる情動反応だ。情動反応が起きないと、頭ではリスクの意味が理解できていても、人は正常な意思決定ができなくなり、リスクを避けることができなくなってしまう。

この章の前半で紹介したように、放射線被ばくの健康影響を気にする一般市民に対して、国は「正しい科学知識（理性）を身につければ、過度な不安（情動反応）は解消する」と言う。しかし、この解釈が暗黙の前提にしているのは、最新の脳科学で否定された理性中心主義なのだ。過度な不安説は、科学的には何ら根拠がなく、偏見に過ぎない。

確かに、素人のリスク認知には特有のバイアスがかかっている。そのため、中立の科学者であっても、誤ったリスク認知により、被災者は過度な不安を抱いているに違いないと誤解しがちだ。しかし、これまで見てきたように、不安を感じることには、身を守るための生物学的な合理性があることが分かっている。第5章では、具体的な事例に即して、過度に見える不安の背後にどのような生物学的な合理性があるのか検討していきたい。

まとめ

- 脳科学の進歩で、過剰に見える一般市民の不安に、生物学的な合理性があることが分かってきた。政治家、行政、専門家は、一般市民とのコミュニケーション不全を解消し、信頼関係を構築するには、「不安の正体」を知る必要がある。
- 理性的な判断に先立つ無意識的に発生する情動反応がないと、人は合理的な判断ができなくなってしまう。
- 不安を感じなくなると、理性は働かなくなる。不安情動を感じることで危険を察知し、過ちを心に留め、同じ過ちを繰り返さないよう学習することができる。
- 情動の役割は、過去の経験に基づいて、数ある選択肢の中で自分にとって有利か不利かの価値の重み付けをすることにある。情動によって重み付けされることで、意識することなく素早く自分にとって不利な選択肢を避け、有利な選択肢を選べるようになる。

- 怪我や病気で情動反応を失ってしまうと、合理的な意思決定ができなくなり、頭ではリスクの意味が分かっていても、リスクを避けることができなくなってしまう。
- これまでの理性中心主義的な安全・安心二元論は、不安を感じることに、身を守るための生物学的な合理性があることを見逃していた。

【注】

（1）一八世紀に活躍したデイヴィッド・ヒュームやアダム・スミス、一九世紀のフリードリッヒ・ニーチェなど、情動の働きを重視する論者もいた。ヒュームは、「理性は情念の奴隷である」と語っている（『人間本性論：第二巻 情念について』石川徹・中釜浩一・伊勢俊彦訳、法政大学出版局）。

（2）クリスティン・シュレーダー・フレチェット（二〇〇七）『環境リスクと合理的意思決定——市民参加の哲学』松田毅監訳、昭和堂。

（3）内閣府原子力安全委員会・安全目標専門部会（二〇〇二）「原子力は、どのくらい安全なら、十分なのか」（七月）。

（4）復興庁、環境省、厚生労働省など一一政府関係機関（二〇一四）「帰還に向けた放射線リスクコミュニケーションに関する施策パッケージ」（二月一八日）https://www.reconstruction.go.jp/topics/main-cat1/sub-cat1-1/20151001_9_sankoushiryou5.pdf（二〇二〇年一一月二八日閲覧）。

（5）内閣府、消費者庁、復興庁など一〇政府関係機関（二〇二〇年）「放射線リスクに関する基礎的情報」（五月、

第一一版）https://www.reconstruction.go.jp/topics/main-cat1/sub-cat1-1/basic_info_on_radiation-risk/202005_kisoteki_jouhou2.pdf（二〇二〇年一一月二八日閲覧）。

（6）ＵＮＳＣＥＡＲ（アンスケア）の正式名称は、「原子放射線の影響に関する国連科学委員会」。

（7）環境省（二〇一五）「平成28年度環境省概算要求 主要新規事項等の概要――放射線被ばくによる健康不安対策事業」（二〇一五年八月）http://www.env.go.jp/guide/budget/h28/h28-gaiyo.html（二〇二〇年一一月二八日閲覧）

（8）消費者庁（二〇二〇）「食品中の放射性物質に関するリスクコミュニケーションの開催状況」https://www.caa.go.jp/disaster/earthquake/understanding_food_and_radiation/r_commu/pdf/consumer_safety_cms203_20200421_01.pdf（二〇二〇年一一月二八日閲覧）。

（9）郡山一明・中谷内一也・大津留晶（二〇一三）「放射線問題とリスク・コミュニケーション」福島県立医科大学附属病院被ばく医療班（現 放射線災害医療センター）編『放射線災害と向き合って――福島に生きる医療者からのメッセージ』ライフサイエンス出版。

【主な参考文献】

アントニオ・R・ダマシオ（二〇一〇）『デカルトの誤り 情動、理性、人間の脳』田中三彦訳、ちくま学芸文庫

ルネ・デカルト（一九九七年）『方法序説』谷川多佳子訳、岩波文庫

エリック R・カンデル他編著（二〇一四）『カンデル神経科学』金澤一郎・宮下保司日本語版監修者、メディカル・サイエンス・インターナショナル

中谷内一也（二〇〇六）『リスクのモノサシ　安全・安心生活はありうるか』ＮＨＫブックス

第5章 「不安」は悪いことじゃない
——過剰反応の背後にあった生物学的合理性

不安とは、いったい何に対する、どんな不安なのか。世の中、当たり前と思っていても、実はよく分かっていないことがある。分かっていないのに、当たり前と思い込んでしまうから、行き違いが生じる。まさに、それが不安をめぐる社会的な課題であり、分断の原因になっている。放射線被ばくであれ、新型コロナであれ、とかく、過剰に見られがちな一般市民の健康不安。果たして、本当に過剰なのか。過剰だとしたら、なぜ過剰になるのか。そのわけを、不安を感じる脳のメカニズムに即して科学的に検証していこう。

脳科学における「不安」

不安を感じるとは、脳科学的には心の問題というより、生命が漠然とした危険にさらされたときに全身で起きる情動反応のことで、たとえて言えば、火災報知器が鳴ったようなものだ。恐れ、怒り、悲しみ、喜びなども、情動反応に分類される。情動とは、脳が何らかの有害な、もしくは有益な状況を検出したときに、ほぼ無意識に起きる一連の生理反応のことだ。つまり、脳科学の世界では、不安という情動反応を、発汗や血圧上昇、ストレスホルモンの分泌など、物質レベルの変化として観察可能な生理現象として扱う。心理現象としては扱わないので、注意してほしい。

「情動」と紛らわしいのが「感情」だ。脳科学では、情動が意識化されたものを感情と呼ぶ。無意識的で自動的なシグナルである情動反応を、感情として意識化することで、より効果的に自分にとっての利益・不利益を学習できるようになる。その結果、環境に適応しやすくなると考えられている。

不安を科学する利点

心や感情と区別して、不安を科学の対象として扱うことで、大きな利点が生まれる。

現在、健康リスクの見積もりは、自然科学の対象として扱われている。それは、判断が、人によって異なる価値観や利害損得に左右されないよう、ある程度の客観性が必要だと考えられてきたからだ。不安は、客観の対極にある主観的な心の問題と見なされたため、自動的に安全性の議論の対象から外された。これが、いわゆる安全・安心二元論だ。

この安全・安心二元論を議論の大前提とすることで、不安に対する世間の目線は、新型コロナであれ、放射線被ばくであれ、心の問題として個人の内面に向かう。必然の結果として、不安は心理カウンセリング、もしくは精神医学の対象として扱われるようになる。これでは、不安はまるで天から降ってきた妄想のようで、その人の気持ちの持ち方次第でどうとでもなる自己責任と見なされかねない。現実に存在する健康リスクの高まりに対する警報（＝正当な不安）であったとしても、見逃されてしまう危険がある。
福島県のある精神科医は、原発事故後に来院患者が増えたことを憤る。
他の診療科の検査で何も出てこないと、ストレスが原因だろうと決めつけられて、メチャクチャに傷つけられて外来に来る患者さんがいる。心のケアと逆行する状況になっている。

不安を心の問題としてではなく、情動反応という物質を基盤とした科学の対象として扱うことで、このような臭いものに蓋式の、たらい回し現象は少なくなるはずだ。なぜなら、不安を科学することで、思い違いによる過剰な不安なのか、それとも、合理的な根拠があるのかを、物質レベルで客観的に判定できるからだ。

不安は、第３章で紹介した生命の警報装置、扁桃体をはじめとする情動関連の脳部位が反応した結果生じる生理現象だ。人類は社会的動物として進化したので、社会から排除されることでも身に危険が迫っていることを察知し扁桃体が活性化、不安を感じる。その心理社会的ストレスでも、人は心臓病などの生活習慣病になる。免疫力の低下で、新型コロナウイルス感染症にもかかりやすくなる。身体内は慢性的な炎症状態にあるので、一旦感染すると、重篤化・死亡のリスクも高くなる。これまでの自然科学的なリスク評価は、病気の原因をウイルスや放射性物質など物質に還元できるものに焦点を当ててきたため、社会的排除という「社会の病」に気付きにくかった。

社会の病は、これまでの健康リスクの見積もりと同様、コルチゾールや炎症性サイトカイン、神経伝達物質など、身体内の生理物質の「量」として科学的に比較可能だ。そして、これまでの議論の対象になっていなかったとしたら、一般市民の不安は思い込みではなく、合理性があると判断できる。不安を正当に評価することは、被災者・被害者の尊厳の回復につながる。このように、不安を科学することで、「安全」と「安心」の間に横たわっていた狭くて深い溝を埋めることができるのだ。

それでは、不安を科学することで何が見えてきたか、事故から一〇年が経ち、ある程度問題の所在が見えてきたと思われる福島原発事故を事例に見ていこう。

放射線量、二〇ミリシーベルトの壁

政府は事故直後から、放射性物質が漏れ出した福島第一原発の周辺地域に、強制力のある避難指示を出していた。その後、自然減衰や除染によって放射線量が低下するにしたがって順次、避難指示を解除していったが、年間の放射線量が二〇ミリシーベルトを確実に下回ることを解除の条件の一つにした。この条件に、納得しない被災者は少なくない（**写真1**）。

政府関係者：年間二〇ミリシーベルト以下なら、生活して問題ないと思います。

被災者：二〇ミリシーベルトで、あなたは奥さんと子どもを連れて帰って生活できますか。

被災者：間違ってる。一ミリシーベルトじゃないのか。何が二〇ミリシーベルトだ。

写真１　避難指示の解除に向けて行われた住民懇談会（2016年６月撮影、福島市内で）

これまで福島県内外で、何度も繰り返されたやりとりだ。うんざりしている被災者も多いに違いない。なぜ、こんな行き違いが生まれるのだろうか。面白い調査を紹介しよう。

被災者に向かって「二〇ミリシーベルトで安全」と説明する専門家も、いざ自分が当事者になると、政府関係者に怒号を浴びせる被災者と同様に、放射線に対して強い不安を感じ始めることが分かっている。

放射線の講習を受けた救急救命研修所の研修生一〇〇人に、「あなたが科学的に納得できる一年間の値（放射線量）はどれですか」と質問すると、「二〇ミリシーベルト」と答えた研修生が最も多かった。次に多かったのが、「五〇ミリシーベルト」だった。ところが、同じ研修生に「家族と一緒に住むときには、どの値にしますか」と聞くと、「二〇ミリシーベルト以下」の回答が圧倒的に多くなったという。別のクラスの研修生一〇〇人に、「あなたが（一般住民を）避難させる立場だったら、どういう値で避難させますか」と質問したところ、「二〇ミリシーベルト」が最も多くなった。

調査を行なった救急救命九州研修所の郡山一明は、「自分が当事者でない場合には、科学的な値で他者を説得しようとするけど、自分が当事者の場合には、科学的な値では納得しない。こういうこころの動きがありそうだ」と考察している（郡山一明他、二〇一三）。

なぜ、「科学の値」と、被災者の主観的なリスク認知（不安）のギャップは埋まらないのだろうか。

フレーミング問題

人がものごとを決めるとき、フレーミング（問題を切り取る視点）によって、判断に違いが出てくることが知られている。意思決定における非合理性に着目してノーベル経済学賞を受賞した行動経済学者、カーネマンらが行った実験、「アジア病問題」が有名だ（Tversky A & Kahneman D, 1981）。

アジア病問題とは、調査協力者に次のような質問をして、自分ならどちらの対策を取るか、二者択一の回答を求めるものだ。

【問題】米国は、アジア由来の珍しい疾病の大流行に備えている。予想される死者は六〇〇人である。あなたなら、どちらの対策を選びますか。

対策Ａ：確実に六〇〇人中二〇〇人が助かる
対策Ｂ：１／３の確率で全員が助かり、２／３の確率で全員が死亡する

この問いに対しては、調査協力者の七二％が対策Ａを選んだ。対策Ｂの期待値は二〇〇人（＝1/3×600＋2/3×0）で、助かる人数は対策Ａと同じなのに、である。

ところが、質問を次のように言い換えると、回答の仕方が変わってくる。

対策Ｃ：確実に六〇〇人中四〇〇人が死亡する
対策Ｄ：１／３の確率で誰も死なず、２／３の確率で全員が死亡する

このような聞き方をすると、答え方が逆転する。ほとんどの人（七八％）が、対策Ｄを選んだ。対策ＡとＣ、対策ＢとＤは、質問の仕方が違うだけで同じだ。なのに、問題を切り取る視点をポジティブ・フレーミング（命が助かる）にすると、多くの人は正の感情を抱き、確実さを求める。ネガティブ・フレーミング（命を失う）にすると、逆に負の感情が起き、リスク志向になる。

この調査結果を聞くと、ものを見る角度が変わるだけで、判断が正反対になるなんて、人の感情は当てにならない。やはり、安全性は客観的に、科学的に判断すべきだ、と思いたくなる。ちょっと待って。専門家も、自分の家族のことを考えるとフレーミングが変わり、被災者と同じになるのはなぜ

だろうか。もう少し考えてみよう。

サイズ効果

「不特定多数の人を見ても、私の心は動かない。一人の人間がそこにいるなら、私は手を差し伸べる」(マザー・テレサ)(1)

意思決定が感情に左右されることが非合理と解釈されるのは、カーネマンらが、客観的確率を重視する立場に立っているからだ。フレーミングによって判断が違ってくるからといって、必ずしも非合理とはいえない。どのような規範理論を前提にするかによって、人々のリスク認知が主観的で当てにならないと見なされる場合もあれば、客観的な合理性があると判断できる場合もある。

注目してほしいのは、アジア病問題で想定している集団の規模だ。カーネマンらは、六〇〇人だった。進化心理学のワンは、集団の規模が意思決定に影響を与えることを突き止めた(Wang WT & Johnston VS, 1995)。

アジア病問題の集団規模を変えて質問したところ、集団規模が一二〇人以上だとカーネマンらの調査と同じように、ポジティブ・フレーミングの場合、多くの調査協力者は、確実に1/3の人が助かる堅実な対策を選んだ。ところが、集団規模が一二〇人以下だと、質問の仕方にかかわらず、調査協力者の多くはリスク志向的になり、一人でも失うことを恐れ、全員が助かる対策を選択した。集団規模が小さくなればなるほどリスク志向は強まり、集団規模が六人だと九〇％以上の人が、不確実でも全員が助かる対策を選んだ。

非常に示唆に富んでいるのは、一二〇人が分岐点になっている点だ。なぜなら、人類が進化し、現代人の特徴を獲得したとされる一〇〇万～二〇〇万年間続いた狩猟採集社会の集団規模が、約一五〇人と推定されているからだ。この数字は、発見者の名にちなんでダンバー数と呼ばれている。集団規模の推定は、人類以外の霊長類の平均的な集団規模が、大脳新皮質の大きさと比例していることを参考にして割り出された（Dunbar RIM, 1993）。

アジア病問題の質問で、集団規模が一二〇人以上だと冷静に分析できるのは、人類が進化して環境に適応した集団規模を超えてしまい、赤の他人の問題と思えてくるからだろう。だから、客観的にリスクを認知できるようになる。集団規模が、知人や親戚などを想定する一二〇人以下になると身内意識が強くなり、「誰も失いたくない」と感情的になる。リスク志向が最大になる集団規模六人は、いうまでもなく家族の人数だ。このような「サイズ効果」は、文化横断的に安定して観察されている（Bloomfield AN, 2006）。

誰もが、子どもを失うくらいなら自分も死んでいいと思う。放射線教育を受けた専門家が、当事者となった場合、できるだけ低線量を求める理由はここにある。二〇一五年に避難者に対して行われたアンケート調査では、帰還できると考える放射線量が、同居している子どもの有無で大きく異なることが分かった（持田隆平、二〇一五）。事故由来の追加被ばく線量が年間ゼロミリシーベルトと回答した避難者は、母子避難を含め子どもと同居している世帯では六〇％を超えたのに対し、子どもが独立している世帯では約三八％にとどまった。

客観的確率に基づくと非合理に見えても、認識論的確率、つまり個人が持つ信念の度合いに基づけば、生物学的な合理性が見えてくる。現象を放射線「量」に還元する客観的確率に頼ると、集団規模が六人でも、六〇人でも、六〇〇人でも、パーセンテージにしてしまえば同じなので、想定する集団規模一五〇人を境に判断が逆転する生物学的合理性に気づかない。不安を科学することで、生物学的な合理性（「質」の違い）を、きちんとリスク評価の対象にできるようになる。

これまでの自然科学的リスク評価では、それができないがために、不安は被災者自身の内面の問題にされてしまった。不安が正当に評価されない屈辱感、疎外感はさらなる不安の原因となり、このこと自体、健康リスクとなり、被災者の心身を蝕んでいく。

「年間二〇ミリシーベルトで、あなたは奥さんと子どもを連れて生活できますか？」と、政府関係者に詰め寄る被災者の叫び声には、生物学的な合理性があったのだ。

なぜ人類の脳は大きいのか

ところで、人はなぜ、ダンバー数一五〇人以下になるとリスク志向になり、誰かが命を落とすくらいなら、自分も死んでも構わないと思うようになるのだろうか。この疑問に答えるためには、私たち

写真2 集団で暮らす野生のヒヒ。(Silk JB, 2007 より)

人類が、更新世《こうしんせい》と呼ばれるほとんどが氷河期で、食糧に乏しかった二六〇万年前から一万年前までの間、自分の子どもを無事に育てあげるために、ひたすら仲間の助けを得ようと努めてきた祖先の末裔だということを、意識せねばならない。

人類は、社会的動物として進化した。霊長類では、社交的なメスの子どもほど生存率が高くなり、良好な社会関係の維持が個体の生存に有利になることが報告されている(Silk JB et al., 2007)。社会的動物である人類が集団規模に敏感で、危険を冒しても仲間を守ろうとするのは、結果的に自分や、自分の子孫の生存率を高められるからだ(**写真2**)。霊長類では、集団規模が大きくなるにしたがって、脳に占める大脳新皮質の割合が大きくなることが分かっている(Dunbar RIM, 1992)。情動反応の主役といえる扁桃体も、集団規模が大きくなるにしたがって大きくなり、人類が最大だ(Barger N et al., 2014)。さらに最近になって、社交的な人の方が、人付き合いの少ない人より扁桃体が大きいことも明らかになった（Bickart KC et al., 2012）。

脳の大きさは、情報処理能力の高さと関係している。たとえば、果物を主食にしているサルの方が、葉っぱを主食にしているサルより、身体の大きさとは無関係に大脳新皮質が大きいことが確認されている（Allman J et al., 1993）。一年中手に入る葉っぱと違って、果物を手に入れるためには、数ある植物の中のどの植物とどの植物が実をつけて、それぞれの植物の実がいつ、どの場所で、食べごろになるか覚えておかなければならない。果物を食べるサルは、必要な情報を記憶にとどめておくために脳を増大させたと考えられる。

このように、脳が大きいほど、複雑な情報を処理できる。つまり、脳が大きい霊長類ほど、大きな集団を維持できるということだ。それに比例して寿命も長くなる（Allman JM et al., 1993）。外敵から身を守り、食糧を確保し、より長生きしたうえで、自分にふさわしい繁殖相手を見つけ、子どもを守り、より多くの子孫を残そうとするなら、より多くの仲間と助け合って暮らした方が有利だ。ただ、集団規模が大きくなればなるほど、仲間との関係が複雑になる。仲間との良好な関係を維持するためには、脳を大きくして、多くの情報を処理する必要があった。

これが、集団規模が大きいほど脳が大きく、寿命が長い理由と考えられる。霊長類で寿命が一番長いのは、脳と集団規模が最も大きい人類だ。人類の脳は、体重の二%しかない。なのに、脳は身体全体の二〇～二五%ものエネルギーを使う。氷河期を生き延びるために人類が選んだ選択肢は、乏しい食糧を仲間と奪い合うことではなく、仲間と助け合う方策を見つけるために、カロリーを大量消費してお腹をすかしてでも脳を増大させることだった。だから、身内の不幸は放っておけないのだ。仲間の誰か、特に自分の子どもが命を落とすくらいだったら全員死んだ方がましだと思う。確率が低かろうが、みんなが生き残る方策をなんとか見つけようとする。

人は一〇回ないし一〇〇回チャレンジできるギャンブルだと、客観的確率にしたがって堅実な賭け方をする。ところが、一回しかチャレンジできないと分かると、リスクが高くても儲けが大きい賭け方をするようになる（Keren G & Wagenaar WA, 1987）。一発で勝負が決まってしまうとなると、自分の信念にしたがって望む目を出そうとするのが、人間の本能的な習性のようだ。人生はやり直しがきかないのだから、当事者にとって、生存率は一〇〇％か〇％の二つに一つしかない。客観的確率は役に立たない。母親が一度しかないわが子の人生を案じて安全か危険か、自分の信念に基づいて白黒つけようとする理由の一つは、ここにある。わが子を思う母親が、こう感じてしまうように脳が進化してきたからこそ、人類は繁栄できたに違いない。現在の脳科学で分かっている範囲で、この点について、もう少し突き詰めてみよう。

脳内で別々に処理される二種類の痛み

これまでお話してきたように、人類は社会的動物として進化することで、生存率を上げてきた。そして、集団を維持するために発達した情動反応が「共感」だ。他人の痛みを自分の痛みのように感じる共感能力は、子どもを守るために、子どもの飢えや苦痛を感知するセンサーとして発達したと考え

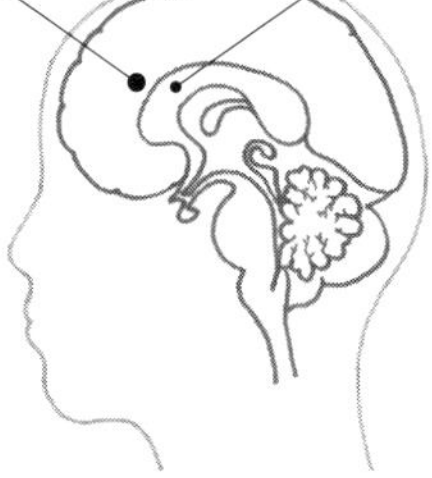

図1 前部帯状回（ACC）

脳梁に沿って，帯状回が前後に広がる。
前方が前部帯状回。後方が後部帯状回。

られている（Decety J et al., 2012）。

共感能力には、前部帯状回（ＡＣＣ）という脳部位が大きな役割を果たしている（**図1**）。ＡＣＣの機能は、感覚的な痛みにともなって、「いやだあ〜」と感じる情動的な痛みを処理することだ。ご存知だろうか。痛みには、「感覚的な痛み」と「情動的な痛み」の二種類ある。不思議なことに、感覚的な痛みと情動的な痛みは、まったく別々に処理されている。

感覚的な痛みとは、画びょうを踏んづけたとき、足の裏がくすぐったいのではなく、痛いと感じる感覚のことだ。この痛みは、身体がどんな刺激を受けているのか、刺激の種類の識別に関わっていて、体性感覚皮質というところが反応する（**図2**）。感情はともなわない。

これに対して、情動的な痛みは、その刺激（痛み）が、どれくらい危険なのかを教えてくれる。痛みが命に関われば関わるほど、ＡＣＣが激しく反応して、「いやだあ〜」という不快感を強く感じる。

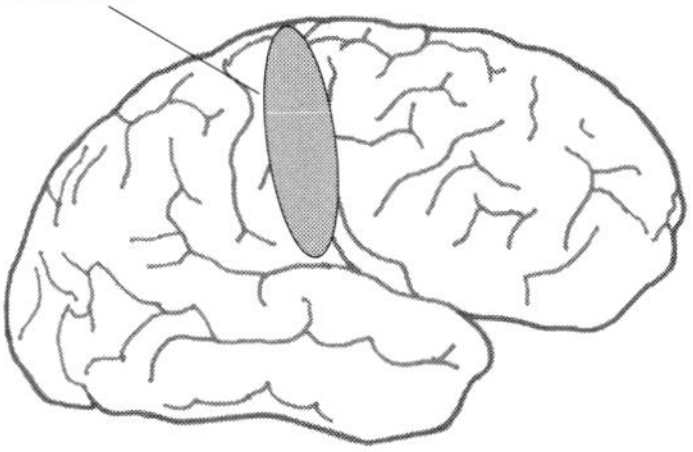

図２ 体性感覚皮質

たとえば、次のような実験が行われている。実験協力者に、「熱くないですよ」と暗示をかけてから、左手を四七度のお湯につけてもらった。そのとき脳の活動を測定したところ、暗示でお湯の熱さに不快感を感じなくなった人ほど、ＡＣＣの活動が低下していることが分かった（Rainville P et al., 1997）。感覚的な痛みに関わる体性感覚皮質の活動は、どの人も同じだった。皆、お湯の熱さは自覚していて、ＡＣＣの活性化の度合いに応じて、不快感の感じ方だけが違っていた。

二つの痛みの性質の違いは、ＡＣＣと体性感覚皮質、それぞれを破壊する動物実験で、はっきりと確認されている（Fuchs PN et al., 2014）。

動物も人間と同じように、過去に痛い思いをした場所にさしかかると、そのときの不快感が蘇り、その場所を避けるようになる。ところが、ＡＣＣを破壊すると、痛みは感じるものの、不快感を感じなくなるので、痛い思いをした場所にいても平気になる。ＡＣＣを破壊しても物理的な痛みを感じる能力は、破壊する前のまま維持されていることは確認できている。つまり、物理的な痛みを感じることで、過去の体験から危険が身に迫っていることは、頭では分かっている。なのに、体が言うことを聞かない、ということだ。これに対し、体性感覚皮質を破壊すると、物理的な痛みを感じなくなる。しかし、不快な記憶は残っているので、過去に痛い思いをした場所に近寄らなくなる。

以上から明らかなように、人も動物も、ＡＣＣが活性化すればするほど、強い不快感を感じる。強い不快感ほど記憶に残るので、二度と不快な思いをしないよう学習し、危険を避けることができる。ＡＣＣは、どのくらい不快感を感じるかで、われわれに危険度を教えてくれるのだ。

第４章では、事故で脳を損傷したり脳腫瘍を摘出した患者を例に、情動反応がなくなるとどうなるかを紹介した。彼らにギャンブルゲームをしてもらうと、勝ちたいと頭では強く思っているのに、負ける賭け方をし続けるのだった。情動反応がないと、頭では分かっていても、「いやだ」と感じる不快感がないので、過去の過ちから学ぶことなく、目先の損得にとらわれて合理的な意思決定ができなくなってしまう。感情を排した理性的な判断が合理的な結果を導くと思われがちだが、「痛み」を経験し人生の重みを知らないと、頭でっかちで薄っぺらな、洞察力に乏しい結論しか思いつかない、ということだろう。人の世は理屈ではないことが、いま科学的に解明されようとしている。数字で割り切れることは限られているのだ。

集団の維持に必要な共感力

面白いことに、ＡＣＣは自分の痛みだけでなく、他人の痛みにも反応することが分かった。

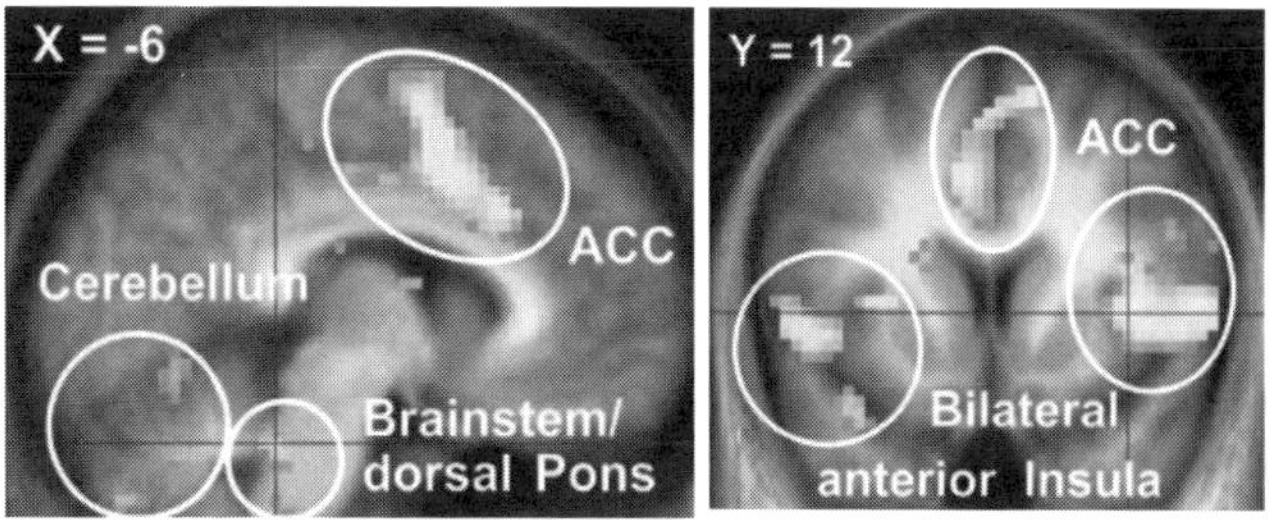

図3 女性自身が痛み刺激を受けたときと、自分は刺激を受けないで、痛み刺激を受けている恋人の男性を見ているだけのときで、同じように活性化した脳の部位。ACCが活発に活動していることが分かる。（Cerebellum：小脳、Brainstem：脳幹、dorsal Pons：橋背部、Bilateral anterior Insula：両側前島）Singer T et al., 2004を改変。

認知神経科学者のシンガーらは、一六組のカップル（恋人同士）を対象に次のような実験を行った（Singer T et al., 2004）。カップルに同じ部屋に入ってもらい、二人とも右手に電極をつけてもらった。そのうえで、男性と女性にランダムに痛みをともなう電気刺激を与えるのだが、そのとき、女性の脳のどの部位が活発に活動するかを観察した。実験の狙いは、女性自身が痛み刺激を手に受ける場合と、恋人の男性が痛み刺激を受けている姿を見ているだけのときで、女性の脳の活動にどのような違いがあるかを比較することだ。

その結果、女性自身が痛み刺激を受けたときも、自分は刺激を受けないで、痛み刺激を受けている恋人の男性を見ているだけのときも、同じようにACCの活動が活発になることが分かった（**図3**）。一方、感覚的な痛みを処理する体性感覚皮質は、女性自身が痛み刺激を受けているときには活動したが、痛い思いをしている恋人の男性を見ているだけのときには活動しなかった。自分は痛み刺激を受けていないので、当たり前といえば当たり前だ。

この実験結果から、次のことが言える。痛がる恋人を見ているとき、体性感覚皮質は活性化しないで情動的な痛みを処理するACCが活性化したということは、女性が恋人の身体的な痛みを自分の心の痛みとして実感しているということだ。ACCが他者の痛みを自分の痛みとして感じる「共感」にとって重要な役割を果たしていることが、この実験で明らかになった。

痛みを感じるセンサーに役割分担がなかったら、自分に対する痛みしか感じることができないはずだ。刺激の種類の識別と危険度の判定が、脳の中で別々に処理されていたからこそ、人間が社会的動物として進化する過程で、結束力を高めるために、仲間の痛みを自分の痛みとして感じることができるようになったに違いない。社会秩序が崩壊してしまえば、いざというとき、仲間に助けてもらうことはできない。仲間を助けることが、回り回って自分を助けることにつながる。情けは人のためにならず。だから、仲間の痛みを自分の痛みとして感じるようになったのだろう。

このような共感能力は、人類が突如として獲得した能力ではない。共感に似た行動が動物にも見られることから、社会的動物として進化する過程で獲得したと考えられている。

その一つが、あくびの伝染だ。専門家の間では、情動伝染と呼ばれている。共感のように相手の置かれた状況を必ずしも理解しているわけではないが、あくびのように無意識のうちに思わずつられて相手と同じ表情や行動をしてしまうことを情動伝染と言う。あくびの伝染は人間だけでなく、チンパンジー、ボノボ、ゲラダヒヒ、ベニガオザル、そしてイヌでも確認されている。イヌは人間のあくびにつられあくびするそうで、あくびは生物の種を超えて伝染するようだ。そして、相手が親しい人の方がつられてあくびしやすいことから、共感能力が関係していると指摘されている（Norscia I & Palagi E, 2011)。共感も、親しい相手ほど起こりやすいからだ。

情動伝染は、なぜ起こるのだろうか。動物行動学者のドゥ・ヴァールに言わせれば、生存上の価値は容易に見て取れる。集団で移動する種（人間を含めたほとんどの霊長類）にとっては、特に重大な意味がある。仲間と同調した方が、生存に有利だからだ。仲間があくびをして眠くなれば、あなたもあくびをして眠くなる。仲間が食事をしていたら、あなたもそうした方がいい。なぜなら、いったん群れが動き出したら、眠ったり、食事したりできなくなるからだ。群れ全体と足並みをそろえない者は損をする。バスが休憩所に止まったときにトイレに行かない旅行者のようなものだ、とドゥ・ヴァールは語る。

このように、共感能力は人間だけが突如として獲得した能力ではなく、進化の過程で、段階を経て身につけた能力に違いないと考えられている。生命進化の歴史の中で、ホメオスタシス（恒常性）を維持し、生存率を向上させるための生体反応に依存して、共感能力は進化したのではないだろうか。

最も有力なのが、子育て能力として進化した可能性だ。これまで見てきたように、広い意味での共感能力は、哺乳類に共通して観察されるからだ。子育てするのは、哺乳類に共通した特徴だ。二億年に及ぶ哺乳類の進化の歴史の中で、赤ちゃんが泣いたり、痛がったり、お腹を空かせたりしたときに甲斐甲斐しく子どもの世話をしたメスの方が、子どもに冷淡で育児に熱心でないメスよりも、多くの子孫を残したに違いない。

証拠はいくつもある。たとえば、子どもが母親からはぐれたときに発する音声はロスト・コールと呼ばれているが、子どものロスト・コールを聞いた母親は、素早く鳴き声の方に向かっていく。鳴き声に反応するだけでは、母親が子どもの置かれた状況をきちんと理解して共感しているとまでは言えないが、ロスト・コールに敏感な母親の方が、多くの子孫を残せたはずだ。動物実験では、お母さんラットのACCを破壊すると、赤ちゃんラットのロスト・コールに反応しなくなることが確認されている。また、ACCを破壊すると、お母さんラットは育児放棄することが分かった。お母さんラットのACC破壊で、赤ちゃんラットの生存率は一二%まで低下してしまった（Stamm JS, 1955）。

人間でも、次のようなことが確認されている。未婚女性でも幼児の泣き声や笑い声を聞くと、ACCや扁桃体が活発に活動するが、初産の出産直後のお母さんは、赤ちゃんの泣き声でACCがより一層活性化するようになるそうだ（Lorberbaum JP et al., 2002）。妊娠、出産で、母性本能に目覚めたのだろう。男性のACCは、赤ちゃんの泣き声を聞いてもあまり反応しないことが、女性との対照実験で確認されている。これらのことから、共感は子育て能力として進化したと考えられている。

このように、共感能力は子どもの飢えや痛み、恐れを情動的な痛みとして感じるACCの機能を介して、子育て能力として発達したと考えられる。そして、ACCの機能を、子どもの痛みに共感する能力から仲間の痛みに対して共感する能力へと拡大させることによって、人類は社会性を獲得していったのだろう。すべての社会的関係は、親子間で育まれた共感能力が原型となって発展していったと考えられる。ドゥ・ヴァールは、次のように語っている。

母親による（赤ん坊の）世話は、利他行動の原型であり、他のいっさいのもののテンプレートだと言いたい。……子供は私たちの一部であり、そのため私たちは自分自身の身体にするように、何も考えずに子供を守り、養育する。それと同じ脳のメカニズムが、それ以外の、思いやりある関係の基盤を提供する（De Waal FB, 2013）。

そして、人は、愛する人を守るためには痛みを通り越し、快感さえ覚えるようになることが、次の実験で示された。

付き合い始めてまだ日の浅い恋人のいる学生を集めて、「これ以上熱いと触っていられない」と本人が感じるほど熱くした金属板に右手を置いてもらった。そのとき、恋人の写真を見せると、痛みが和らぐことが分かった。恋人の写真を見て痛みを感じにくくなったときには、予想通りACCの活動が低下していた。一方、快感を感じる脳の報酬系が活発に活動していることが分かった（Younger J et al., 2010）。

別の実験では、恋人と手をつないでいると、脳の活動がシンクロして痛みを感じにくくなることが確認されている（Goldstein P et al., 2018）。パートナーが苦痛の程度を正確に言い当ててくれる実験協力者ほど、痛みを感じていなかった。つまり、痛みを共有できる大切な人を守るためには、自己犠牲に快感を感じるように人類の脳は進化したのだ。

ここでもう一度、アジア病問題を振り返ってみよう。

集団規模がダンバー数一五〇人を下回ると、質問の仕方にかかわらず、人はリスク志向になり、一人でも失うことを恐れ、全員が助かる対策を選択するようになった。

身内を強く意識すると感情的になってリスク志向になるのは、一見、不合理に見える。しかし、閉塞状況を打開するために、一か八かの賭けに出るのは、長い目で見ると合理性があるとも考えられる。先の実験で示されたように、愛する人を意識すると、脳の報酬系が活性化し快感を感じることは、リスクを恐れなくなることを意味する。このような脳の仕組みがなかったら、われわれ人類は、食糧が手に入らず窮地に陥ったとき、身を賭して新たな資源の探索をしなくなるだろう。その結果として、いつまでも飢えに苦しみ、一族は存続の危機に直面することになる。目先の損得にとらわれると無謀に見えることでも、長期的な視点に立つと、高い生物学的な合理性が見えてくる。

脳の報酬系が活性化すると快感を感じるのは、神経伝達物質、ドーパミンが放出されるからだ。そして、ドーパミンの情報を受け取るアンテナの役割を果たしている受容体のうち、D4受容体にはドーパミンの作用にブレーキをかける役割がある。

同じ受容体でも、人によって少しずつ性質に違いがあり、一〇種類あるD4受容体のうち、最も人口に占める割合が多いのは4R遺伝子だ。7R遺伝子は、4R遺伝子よりブレーキのききが悪い。つまり、この遺伝子を持っている人は、快感を感じやすい。２Ｒ遺伝子は、７Ｒ遺伝子と性質が似ていて、ブレーキのきき具合は、４Ｒ遺伝子と７Ｒ遺伝子の中間だ。７Ｒ遺伝子を持っている人は、注意欠如・多動性障害（ＡＤＨＤ）になりやすいといわれている（Grady DL et al., 2003）。ＡＤＨＤと聞くと、落ち着きのなさ、集中力の欠如、衝動性をイメージしがちだ。しかし、活動的で、何ごとにも物怖じせず、前向きに取り組む人だともいえる。

リスク志向とドーパミン

窮地に陥ったとき、一か八かの賭けに出る人がいてくれたから、人類は今日の繁栄を築けたことを示す調査結果が二〇一一年、発表された。

日本人を含む世界一八の民族について、７Ｒ遺伝子と２Ｒ遺伝子を持つ人の割合（以下、７・２Ｒ遺伝子）と、その民族の居住地が、人類発祥の地、アフリカ大陸からどれだけ離れているかを調べたところ、アフリカ大陸から遠く離れた土地で暮らす民族ほど、７・２Ｒ遺伝子を持っている人の割合が高いことが明らかになった（Matthews LJ & Butler PM, 2011）。

７Ｒ遺伝子を持つ人の行動は、落ち着きがなく、ときに無謀かもしれない。しかし、リスクを恐れなくなる７Ｒ遺伝子がなかったら、人類はいつまでもアフリカ大陸にとどまったままで、絶滅していたかもしれない。ひょっとしたら、新大陸を発見したコロンブスも、ＡＤＨＤだったかもしれない（未確認）。

人類は五万年ほど前に、アフリカ大陸から世界各地に移動を始めたと推定されている。7R遺伝子は、ほぼ同時期に突然変異によって4R遺伝子から枝分かれしたことが確認されている。きっと7R遺伝子の誕生が、人類に未知の大陸への移動を促したのだろう。一方、2R遺伝子は、農耕が始まった一万年前に枝分かれした。7R遺伝子はアメリカインディアンに多く、2R遺伝子はアジア人に多い。人類が大陸移動を始めた時期、農耕を開始した時期と、ドーパミンD4受容体が突然変異で7R遺伝子、2R遺伝子に枝分かれした時期がぴたりと一致している（**図4**）。

東日本大震災後、福島に限らず被災地では、落ち着きのない子どもが増えたという。ひょっとしたら、何らかの生物学的な必然性があるのかもしれない。落ち着きのなさは、いまの世の中で暮らすうえではハンディとなるかもしれない。しかし、7・2R遺伝子がなかったら、私たち日本人は存在せず、稲作文化も開花しなかったに違いない。環境が変われば、ハンディが誰にもマネできない長所に生まれ変わることだってある。

このことを裏付ける論文が、いくつか発表されている。

ケニアの牧畜民、アリアール族を対象に行われた調査では、ADHD遺伝子を持つ人は、農耕社会には向いていないが、狩猟採集社会では生存に有利なことが分かった。調査では、アリアール族のうち、三五年ほど前に定住生活を始めて農業に従事している人と、いまでも牧畜で暮らす人の栄養状態を比較した。すると、定住生活を始めた人の間では、7R遺伝子を持っている人は、7R以外のD4受容体遺伝子を持っている人に比べ、栄養状態が悪かった。逆に、昔ながらの牧畜で暮らす人の間では、

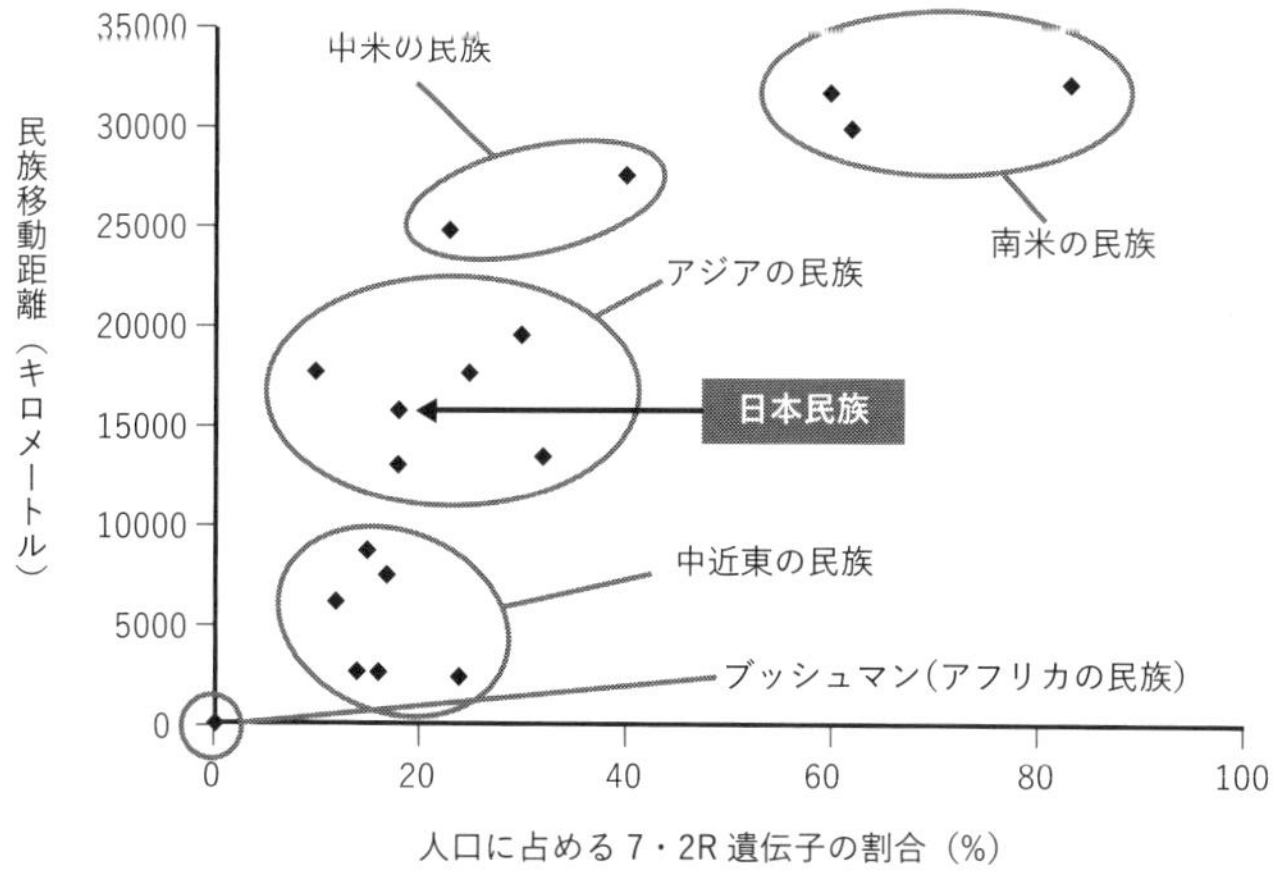

図4 民族移動距離とドーパミンD4受容体の多型

Matthews LJ & Butler PM, 2011を改変

7R遺伝子を持っている人の方が、栄養状態があきらかに良好だった（Eisenberg DT et al., 2008）。調査を行ったアイゼンバーグは、7R遺伝子を持つ人は、学校での勉強や農業など、一つ所に留まって行う作業には向いていないが、大自然の中での学習や遊牧生活には向いている、と考察している。

また、7R遺伝子を持つ人は、社会性に優れ、自分を犠牲にしてでも他人の利益を優先する利他主義的な傾向もあることが知られている（Jiang Y et al., 2013）。7R遺伝子を持っていると、良くも悪くも、周囲の環境の影響を受けやすくなるようだ。

たとえば、7R遺伝子を持つ人は、自国文化の行動規範に忠実なことを示す論文が、二〇一四年に発表されている。アメリカ・テキサス州のミッドウェスタン州立大学の学生を対象に行われた調査だ。

調査では、アジア出身のアジア人留学生とヨーロッパ系アメリカ人の学生に対して、考え方が、どの程度、個人主義的なのか、もしくは相互依存的なのか質問した。すると、アジア人でもアメリカ人でも、7R遺伝子、または2R遺伝子を持っている学生ほど、生まれ育った国の文化の影響を強く受けていることが分かった（Kitayama S et al., 2014）。

つまり、個人主義的な典型的な西洋人気質のアメリカ人のほとんどは、7・2R遺伝子を持った人だった。また、相互依存的な典型的な東洋人気質のアジア人も、ほとんどの人が7・2R遺伝子を持っていた。それ以外のD4受容体遺伝子を持っている人は、個人主義的でも相互依存的でもなく、アメリカ人とアジア人の間に気質の違いはなかった。

これはおそらく、7・2R遺伝子を持つ人が、ドーパミンの作用を受けやすいことと関係しているのだろう。人はほめられると、脳内にドーパミンが放出され、快感を感じる。だから、7・2R遺伝子を持つ人は、4R遺伝子を持つ人よりドーパミンの作用を受けやすく、快感を感じやすい。要するに、ほめ言葉に弱いのだ。実験に協力したミッドウェスタン州立大学の学生は、良家の子女が多いという。つまり、7・2R遺伝子を持つ人は、環境さえ恵まれれば、自国文化の行動規範を積極的に守ろうとする好青年に育つことを、この実験結果は示している。

落ち着きのなさを障害と決めつけることで、その人の可能性を閉ざしてしまうことがあってはならない。それは、大災害後の被災地の復興にとって、大きな損失になることだろう。多様性が未来を切り開くことを、7・2R遺伝子をめぐる民族移動と農耕の歴史が教えてくれた。痛みを経験した被災者だからこそ、多様性を個性として尊重できるようになるはずだ。コロナ禍、そして、第二次世界大戦後最大級の経済不況、および、社会経済格差の拡大が予想されるコロナ後の社会において、最も大切な論点だと思う。未来を切り開くのは、違いを乗り越えて、痛みを共有することで生まれる多様性の尊重である。

被災者のリスク認知は、どのような規範理論を仮定するかによって、過剰な不安と見なされる場合もあれば、合理性があると認められる場合もある。第5章では、客観的確率からは一見、不合理と解釈される不安に、進化心理学的な視点（ダンバー数）を導入することで、生物学的な合理性が見えてくる事例を取り上げた。これまでは、放射線の健康リスクを物理学的な視点でのみ評価していたので、このような合理性が見逃されてきたのだ。次の第6章では、社会経済的な立場の違いなどによって、不安の感じ方が「正常」に過剰になってしまう事例を紹介しよう。過剰に不安を感じた方が正常というのは、その方が生存に有利になる、という意味だ。過剰に見えた不安の背後にある必然性に気づけば、お互いの理解が進み、分断の解消につながるはずだ。

まとめ

- 「不安を感じる」とは火災報知器が鳴るようなもので、漠然とした危険にさらされているときに全身で起きる「情動」反応。不安を感じているときには、生命の危機に対処するために交感神経系、脳神経系、筋肉系、内分泌系、免疫系が活性化している。不安は、心の問題ではない。

- 情動反応は、ほぼ無意識に起きる。情動が意識化されたものが感情。感情として意識化することで、学習・記憶し、環境に適応しやすくなる。
- 「安全は科学の問題、不安は心の問題」とする現在の安全安心二元論は、不安の生物学的な機能を矮小化している。
- 社会的動物として進化した人類は、社会からの排除（孤立）に対して生命の危機を察知し、不安を感じる。放置していると心臓病などのリスクが高まる。感染症にもかかりやすくなる。心理社会的ストレスが社会に蔓延すると、社会全体の健康水準が低下する。
- 病気の原因を物質に還元しようとする現在の自然科学的リスク評価は、物質に還元できない人と人との間にある関係の病（社会の病）を見落としてしまう。
- 物を考える大前提となっている規範理論によっては、過剰に見える一般市民の不安に、生物学的な合理性があると認められるケースがある。一般市民の訴えを科学知識の不足による「過剰な不安」と決めつけないで、専門家のリスク評価の見立てに見落としがないか確認するためにも、真摯に耳を傾ける必要がある。それがコミュニケーション不全を解消し、信頼関係を構築し、社会・経済を活性化することにつながる。

【注】

（1）Small DA, et al. (2007) Sympathy and callousness: The impact of deliberative thought on donations to identifiable and statistical victims. *Organ Behav Hum Decis Processes*, 102: 143-153

【主な参考文献】

フランス・ドゥ・ヴァール（二〇一〇）『共感の時代へ　動物行動学が教えてくれること』柴田裕之訳、紀伊國屋書店

伊藤浩志（二〇一八）『「不安」は悪いことじゃない』イースト・プレス

第6章 「過剰」な不安の背後にあった格差社会の現実
——弱者で高まる健康リスク

新型コロナウイルス感染症において、感染・重篤化リスクが高いのは社会経済弱者と考えられる。第1章で指摘した。福島原発事故でも、同じことが言える。

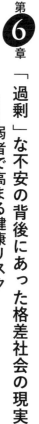

放射線に不安を感じる人もいれば、気にならない人もいる。なぜだろう。社会経済弱者は、放射線不安を感じやすい。彼ら、彼女たちは、これまでの人生経験から、台風であれ、洪水であれ、感染症の流行であれ、社会的な混乱が起きたとき、立場の弱い自分にしわ寄せが来ることは身にしみて分かっているはずだ。社会経済的弱者の体内は、心理社会的ストレスにさらされ、常に炎症状態にある。放射線のダメージは、その炎症状態を悪化させるから、老化は加速、慢性炎症に関係するさまざまな疾患にかかりやすくなる。理屈では分からなくても、生命の警報として、「いやだあ」という本能的な痛みは感じるはずだから、社会経済弱者が放射線に強い不安を感じるのは当然なのだ。「過剰」に見える放射線不安の背後には、格差社会の現実が横たわっている。

一方、「勝ち組」も安穏としてはいられない。原発事故からの前のめりの復興政策は、東日本大震災・原発事故で拡大再生産された格差を固定させる恐れがある。格差の激しい社会では、勝ち組の寿命も短くなることが分かっている。つまり、復興推進一辺倒に走るのではなく、弱者の立場に配慮して、格差という「社会の病」を克服することが、大地震と原発事故の影響を受けた住民、すべての健康水準を向上させると同時に、分断解消にもつながなる。

新型コロナであれ、原発事故後の健康課題であれ、絶対的貧困を克服し、相対的貧困が課題となっている疫学転換後の社会において、公衆衛生対策として重要なのは、健康リスクの社会的決定要因の削減だ。専門家も一般社会も、健康対策というと、ウイルスや放射性物質といった**モノ**に注目するが、人と人との関係性の歪みによって生じる**デキゴト**（心理社会的ストレス）にもっと目を向けてほしい。発想の転換が必要だ。分断解消のためにも、経済発展のためにも、最も重要なポイントだと思われるので、第6章では原発事故を事例に、この点について改めて検証したい。

一〇年経っても消えない放射線不安

放射線量が下がっても不安は消えそうもない——前にも紹介した中通りに住む母親約一〇〇〇人を対象に毎年行われている調査で、こんな結果が出ている(1)。事故から一〇年経っても放射線不安がなかなか消えないことは第2章で紹介した（**写真1**）。

ここで注目したいのは、深刻な社会経済的格差だ。時間経過とともに、高収入層では放射線に対する不安は和らいでいった。一方、低収入層では、いまでも強い不安を感じている母親が多い。学歴

写真１ 除染済みの公園で遊ぶ母と子。福島市内で。右奥にリアルタイム線量測定システム（通称、モニタリングポスト）、左奥に内部被ばくを測定するホールボディーカウンター搭載車が見える。原発事故の爪痕は、日常の風景の中にいつまでも残り続けている。（2018年３月撮影）

別では、高卒者は大卒者より、何年経っても強い不安を感じたままでいることが分かった。また、収入の少ない世帯では、放射線に対する両親や夫との不安の感じ方の違いに悩む母親が多かった。収入が少ないとペットボトルの水を購入できるかどうかなど、放射線対策の選択肢が、収入が多い世帯より限られてくる。そのため、周囲との不安の感じ方の違いを思い知らされる機会が多いからだと思われる。

　放射線情報に対する不信感は、事故直後から低収入・低学歴の両層でともに強く、現在まで強い不信感を持ち続けている。さらに、本人が感じる健康度にも収入格差があり、時間の経過とともに、低収入層で自分の健康状態に強い不安を感じている人が多くなり、格差が拡大していた。主観的健康度は、実は思いのほか信頼度が高く、世界中の二七もの調査で、本人が「体調が悪い」と答えた人ほど将来の死亡率が高いことが確認されている（Idler EL & Benyamini Y, 1997）。事態は深刻だ。

意外なことに、居住地と母親の精神的健康度の間には、関連はなさそうだ。第一、居住地の放射線量を尋ねても回答率が低く、回答があっても不正確でデータとして使えなかったという[2]。新潟県に避難を続けている福島県民への聞き取り調査も同様で、ほとんどの避難者は、放射線への不安を口にしているのに、避難元の放射線量を知らなかった。

まとめると、次のようになる。時間経過とともに、放射線に対する不安の感じ方は二極化している。不安の背後には社会経済的格差が存在し、全体としては徐々に回復しているが、低収入層・低学歴層では、現在でも強い不安を感じ続けている人が多い。そして、実際の放射線量と不安の感じ方には、関連は見られない。このことは、**放射線量が下がっても、社会経済的格差がなくならない限り、住民の不安は消えない**可能性が高いことを意味している。原発事故で最も重要な公衆衛生上の問題はメンタルヘルスとされ、中でも事故時に小さな子どもを抱えていた母親が、最も精神状態が悪化しやすいという。チェルノブイリ原発事故では、子どもへの被ばくの影響に対する心配がなかなか消えず、事故後二〇年経っても、母親のうつ病や心的外傷後ストレス障害（ＰＴＳＤ）の割合が高い状態が続いていると報告されている（Adam RE et al., 2011; Bromet EJ et al., 2000）。

弱者の不安が強い理由

ではなぜ、社会経済的弱者の不安は強いのだろうか。実は、生物学的必然性があることが分かっている。火災報知器は、万が一の惨事に備えて、わずかな異変をも感知するよう設計されている。同じように、生物の警報装置も、リスクに対して過剰に反応するよう本能としてプログラムされている。

グッピーを使った面白い実験を紹介しよう。捕食者、コクチバスをガラス越しに見せたとき、すぐ隠れるグッピーを「臆病」、泳ぎ去るのを「普通」、にらめっこするのを「大胆」の三つに分類した後、バスと一緒の水槽に入れた。すると、六〇時間後には「大胆」なグッピーは、すべてバスに食べられてしまった。「普通」も一五％しか生き残れなかった。ところが、「臆病」者のグッピーは、四〇％も生き残ることができた（Dugatkin LA, 1992）。

一〇一回目の警報が的中して命が救われたとしたら、一〇〇回目までの警報が外れていたとしても、それまでの空騒ぎは無駄だったとは言えない。何ごとも、命あっての物種だ。サイコロを何度も振るのとは違って、一度しかない人生に客観的確率は役に立たない。だから、生物の警報装置は、過剰に反応するようにできているのだ。「不安」には、厳しい環境を生き抜くための積極的な意味がある

ラットの実験では、次のようなことが分かった。ラットの母親にとって、赤ちゃんラットをなめたり、毛繕いすることが子育てだ。たくさんなめてもらったり、毛繕いしてもらった赤ちゃんラットは、大人になってからストレスに強く、不安を感じにくくなることが分かった（Liu D et al., 1997）。

著名な科学雑誌、サイエンスに発表されたこの論文は、大人になってから不安を感じやすくなるかどうかの体質が、生まれた直後の母親の接し方で決まることを、世界で初めて示した研究として注目

された。そして、ラットやマウスの赤ちゃんは、出産後の数週間、毎日、母親から三分から一五分ほど引き離されると、大人になってからストレスに強くなることが分かった。これは短時間、母親から引き離すことで、母親になめてもらったり、毛繕いしてもらう回数が増えるためだと考えられている(Meaney MJ, 2001)。赤ちゃんが毎日、大変な目に遭わされているということで、母親の育児の質が上がったということだろう。

一方、もっと長い時間、たとえば三時間ほど母親から離された赤ちゃんは、大人になってから逆にストレスに弱くなることが分かった。一〇分程度、母親と離れ離れになることは、赤ちゃんにとっていわば良いストレスといえるが、三時間も離されると、逆に悪いストレスになってしまう。

このように、育児環境に恵まれなかった仔ラットは一生涯、不安を感じやすくなる。しかし、だからといって、生存に不利になるとは限らない。母ラットが子どもの世話ができない状況を考えてみれば分かる。巣の近くに捕食者が多いと、お母さんラットは、巣に戻りにくい。厳しい環境下で育ったとしたら、仔ラットが臆病で不安を感じやすくなることは生存に有利になる。警戒心が強くなることで、外敵に襲われにくくなるからだ。逆に、不安を感じにくい仔ラットは、怖いもの知らずで捕食者に襲われやすくなるので、生存に不利になる。

人間も同じだ。ロンドンの治安の悪い地域に住む八歳から一〇歳までの子どもを三二歳になるまで追跡調査したところ、臆病で神経質な子どもほど、犯罪率が低く、結婚率が高いことが分かった(Farrington DP et al., 1988)。不安を感じやすく、警戒心が強いからこそ、犯罪に巻き込まれるリスクを避け、落ち着いた生活を手に入れることができたのだ。

次のような事例も報告されている。子どもの貧困が社会問題となっているが、貧困家庭で育った子どもは、大人になってから他人の表情に過剰に敏感になることが分かったのだ（Evans GW et al., 2016）。脳を調べたところ、生命の警報装置、扁桃体《へんとうたい》が過剰に反応していた。扁桃体の感受性が高いということは、うつ病になりやすくなるということだ。これは、子どものころ、貧困によるストレスに適応しようと、扁桃体が早く成熟した結果と考えられる。マイナスのように見えるが、扁桃体が早く成熟しなければ、大人になる前に危機的な状況に陥っていた可能性が高い。人の表情を敏感に見抜けないと、厳しい環境を生き抜くことができないからだ。

胎児・乳幼児期の周囲の環境で、不安を感じにくくなったり、逆に不安を感じやすくなったりするのは、限られた選択肢の中で生存率を上げようと、個体が環境に適応した結果だ。つまり、社会経済的弱者が放射線に不安を感じやすいのにも必然性がある可能性がある。最も高い可能性について考えてみよう。

格差は人を殺す

ウサギも格差を嫌がることが、実験で確認されている。

ウサギを二つのグループに分けて、通常の三分の一までエサの量を減らした。一つ目のグループは、たっぷりとエサをもらえる仲間のウサギの様子が分からないように隔離した。二つ目のグループは、仲間が好きなだけエサを食べる様子を見たり、聞いたり、匂いを嗅げる状態に置いた。そして、二つのグループを、この状態で八週間飼育した後に解剖し、心臓の細胞にどの程度のダメージが出たかを確認した。

すると、たっぷりのエサを食べて満足そうに暮らす仲間を見て、ひもじい思いをしていたウサギの方が、ただ単にお腹を空かせていただけのウサギより、心臓に大きなダメージを受けていたことが分かった（Heidary F et al., 2008）。ダメージが大きくなった原因は、不公平に対するストレスと考えられる。

ウサギだけではない。集団で暮らす動物は、みんな不公平を嫌う。人間からキュウリをもらって課題をこなしていたフサオマキザルは、大好物のブドウを仲間のサルがもらっているのを目撃した途端、激昂し、檻を揺すり、課題をこなさなくなった（Brosnan SF & De Waal FB,2003）。このような例は、数多く報告されている。報酬なしで「お手」を繰り返していたイヌは、別のイヌが「お手」をしてソーセージをもらうのを目撃した途端、芸をしなくなった（Range F et al., 2009）。少なくとも他に、マカクザル、チンパンジー、ネズミ、カラスは不公平を嫌う。

不公平を嫌うのは、社会的動物としての本能のようだ。社会経済的格差がいかに人間の心身に深刻なダメージを与えるか、容易に想像できるというものだ。集団規模が霊長類最大の人類は、最も不公平を嫌う動物ではないだろうか。

たとえば、人は公平さに対しては自腹を切ってお礼をし、裏切り者に対しては報酬を期待しないで処罰しようとすることが実験で確かめられている（Fehr E and Gächter S, 2002）。公平さを求めるのは、米国や欧州、日本などの近代産業社会に限らない。エクアドルやタンザニア、パプアニューギニアなど世界各地の一五の小規模社会の人たちを対象にした実験でも、他人の不公平を見て見ぬ振りすることができず、自分が損をしてでも、不公平な振る舞いをした人物を処罰しようとすることが確認されている（Henrich J et al., 2006）。このことは、教育や文化の違いにかかわらず、人は公平さを求めることを意味している。

恐らく、公平さこそ、集団を維持するうえで最も重要な要素なのだ。のけ者扱いされれば、外敵に襲われても、飢えに苦しんでも、助けてもらえない。協力関係を維持するメリットがないから、社会は分断していく。

格差によるストレスが心臓病の原因になることは、人間で実証されている。バルト海に面した小国、リトアニアは、対岸にあるスウェーデンより、四倍も心臓病の死亡率が高いことが知られている。ところが、常識的な心臓病のリスク要因では、心臓病発生率の違いが説明できなかった。住民の血液を調べたところ、リトアニア人は、ストレスホルモン、コルチゾールの血中濃度が、スウェーデン人より高いことが分かった。慢性的なストレスがコルチゾールの血中濃度を高め、動脈硬化の原因になることは、別の研究で確かめられている。福祉大国スウェーデンと比べ、リトアニアは社会経済的格差が激しい。リトアニアでの心臓病多発の原因は、格差による慢性ストレスと結論づけられた（Kristenson M et al., 1998）。

興味深いことに、リトアニアでも、スウェーデンでも、社会階層が低い人の方が、コルチゾールの血中濃度が高いことが分かった。社会格差には健康格差がともなっていて、社会的に排除された側の負け組は、心臓病になりやすいことがこの研究で、分子レベルで証明されたのだ。

所得格差の激しい不公平社会の健康水準が低いことは、疫学調査で何度も確認されている。世界五カ国、五二八都市（人口五万人以上）の労働年齢の男性を比較した調査では、所得格差が大きな都市ほど死亡率が高いことが分かった（Ross NA et al., 2005）。格差が激しいアメリカとイギリスの都市では死亡率が高く、格差が少ないカナダ、スウェーデン、オーストラリアは、軒並み死亡率が低かった（**図1-1〜2**）。

これらの事例で明らかなように、社会経済弱者が日ごろから不安を感じやすいのは、実際に心臓病や糖尿病、うつ病などになりやすいからだ。格差という「社会の病」に生命の警報装置が本能的に反応して、不安を感じやすくなっているのだ。

放射線に弱い災害弱者

格差そのもので病気になるのは、心理社会的ストレスによる慢性的な炎症反応の増悪と、免疫力の低下が原因と考えられることは、リトアニアの事例で示した。第1章のサルの実験、メカニズムについては第8章を参照してほしいが、**炎症反応が増悪し免疫力が低下しているということは、放射線の影響も受けやすい**ということだ。被ばく量は同じでもがんになりやすいのだから、経済的に豊かな人や、社会的に地位の高い人より、社会経済的弱者が放射線に敏感なのは当然だろう。原発事故に限ら

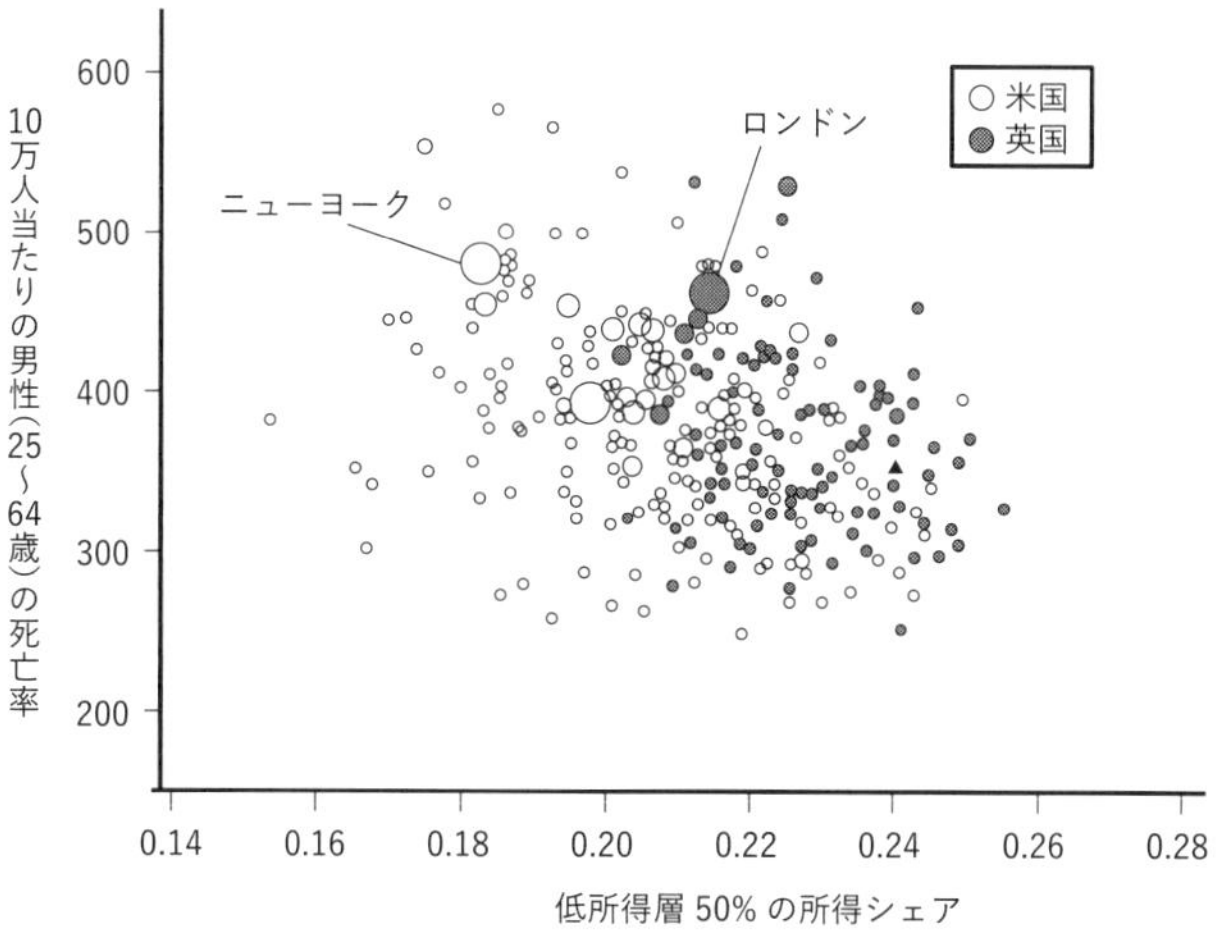

図 1-1 所得格差の激しい都市では死亡率が高い

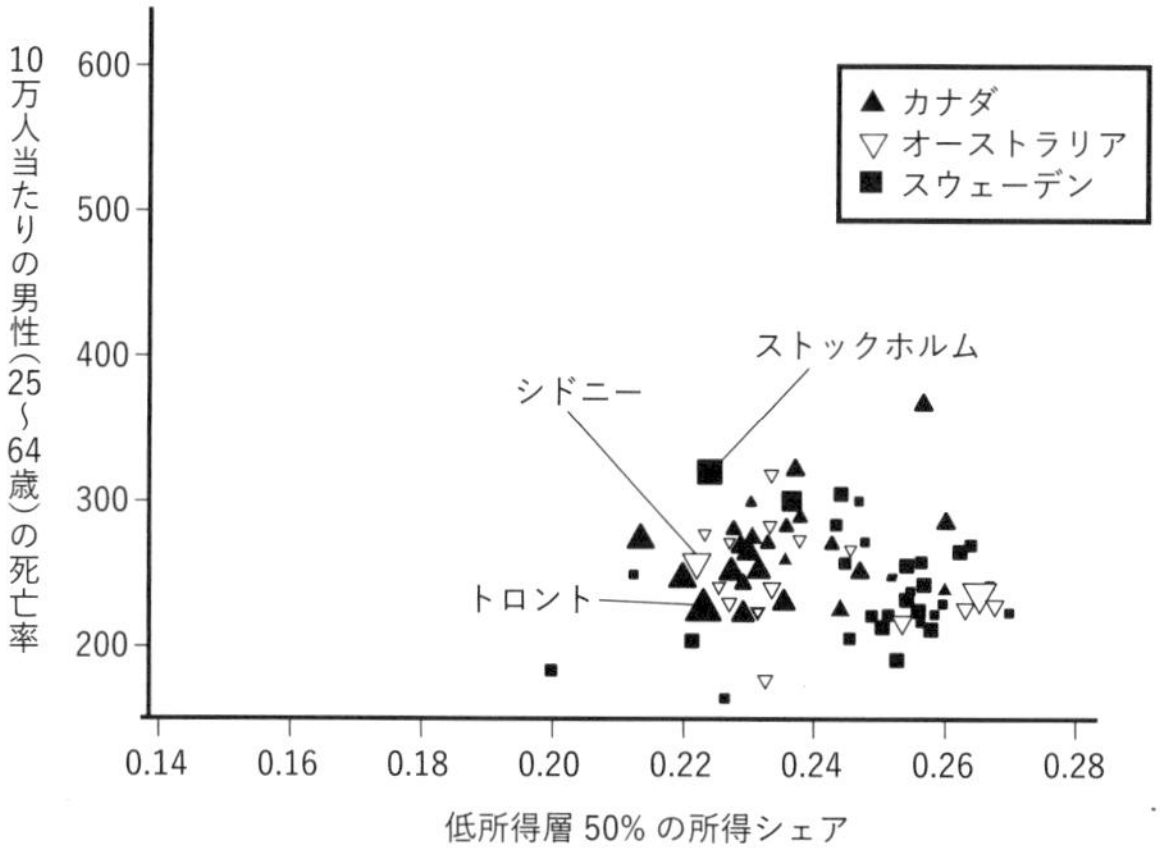

図 1-2 所得格差が少ない都市では死亡率が低い

ず、大災害後にはそれまでの社会の矛盾が、誰もが気づかざるを得ないほど拡大し、弱者にしわ寄せが行く。貧困、低い社会経済的立場、社会の連帯の乏しさなどが、災害における精神衛生悪化の主なリスク要因と報告されている（Norris FH et al., 2002）。

さらに、被災後の復興のスピードには、地域差があることが分かってきた。直接の被害が小さいほど復興スピードが早いと思いがちだが、そうではなさそうだ。災害支援というと、真っ先に思いつくのが水や食料などの生活必需品の支援や、道路、電気などのインフラ整備だろう。ところが、復旧・復興が早い地域と遅い地域を比較すると、物質的支援の程度だけでは説明つかないことが分かってきた。

阪神淡路大震災を調査したアルドリッチによると、**復興のスピードはその地域の「地域力」に左右される**（Aldrich DP, 2014）。家族、友人、知人といった身の回りの人たちとのつながり（ソーシャル・キャピタル）が豊かな地域ほど、災害後の健康の回復、インフラ整備、コミュニティ回復のスピードが早いという。同大震災では、倒壊した家屋のガレキの中から救助された人の多くは、消防士や自衛隊員ではなく、近くに住む隣人によって助け出された。犠牲者のうち九六％は、地震発生直後の一時間以内に死亡している。だから、警察や消防が駆けつけたころには多くの場合、生死の決着がついており、生死を分けたのは、「あのおばあちゃんがここにいるはずだ」といった近所付き合いの有無だった。神戸大学に留学していた途上国からの留学生も、死者の割合が高かった。外国人で周囲に知人、友人が少なかったことと、古くて安いアパートに住んでいて倒壊した建物の下敷きになった留学生が多かったためと思われる。

海外の事例では、孤立した人々は、救助される確率が低くなり、医療支援も受けにくくなることが報告されている。一九九五年のシカゴ熱波では、一人暮らしのお年寄りの死亡者数が最も多く、何日も発見されないケースが多かったそうだ。また、同じレベルの貧困層でも、人々の結びつきが弱いコミュニティの方が、死者数が多いことが分かった。

東日本大震災では、津波の大きな被害を受けた宮城県岩沼市で高齢者を対象に行った調査で、人付き合いの多い人の方が、そうでない人より心的外傷後ストレス障害（ＰＴＳＤ）になるリスクが二五％低いことが分かっている（Hikichi H et al., 2016）。また、結束力の強い地域の住民の方が、弱い地域の住民よりＰＴＳＤ発症リスクが同じく二五％低かった。

災害は平等に被害を与えるのではない。災害に対処する能力は、それまでに蓄えられていた余力に左右される。社会経済的弱者は災害弱者であり、放射線弱者なのだ。

そもそも、福島第一原発は、かつて「東北のチベット」などと揶揄された福島県内で経済的に最も貧しい地域に建設された。その電力は、豊かな東京が利用する。発生した放射性廃棄物は青森県六ヶ所村の中間貯蔵施設・再処理工場で処理される。中央にとって都合がいいように自然は社会化され、核のゴミは危険度が増すにしたがって、東京からより遠く離れた過疎地へと遠ざけられる。社会の格差勾配にしたがって、利益は豊かな中央が享受し、**リスクは貧しい地方が負担する不均衡な社会構造が事故前からできあがっていた。**

さらに、事故処理に伴う放射線被ばくは、原発作業員・除染作業員に押し付けられている。彼らのほとんどは、労働者の権利を主張できない下請け労働者だ。海外の調査で、高学歴・高所得の人ほどリスクの大きい仕事を避けたがり、あまり教育を受けておらず経済的に困窮している人が、リスクの大きい仕事を引き受ける傾向にあることが指摘されている（Shrader-Frechette KS, 1991）。大卒より高卒の原発作業員の方が、積算被ばく線量が高いことは、約七万五〇〇〇人の放射線作業従事者を対象にした放射線影響協会の調査で分かっている。学歴が低い作業員ほど、危険な作業に従事している可能性が高い。

除染作業員の多くも、未治療な基礎疾患を抱えたまま就業している社会経済的弱者だ。南相馬市立総合病院の調べでは、同病院に入院した除染作業員のうち未治療で来院した患者の割合は、高血圧症で七七％、脂質異常症で八一％、糖尿病は六〇％だった（澤野豊明、二〇一六）。全国から集められた除染作業員が、基礎疾患があるにもかかわらず未治療なまま仕事を続け、突然の発症で病院に担ぎ込まれる事態が日常化すれば、地域医療にとって大きな負担となる。格差という社会の病のしわ寄せが、被災地の医療現場を襲う。

日本社会の格差勾配にしたがって分配されていた放射線に対する健康リスクは、原発事故後に拡大再生産された。放射線が見えないのは、自分たちの都合で自然を社会化した国と東京電力が、その結果として発生した社会の病の存在をきちんと認めないからだ。政府が避難指示の解除にともない住宅の無償提供などの支援を打ち切ることで、「避難者」という存在も不可視化され、放射線被害は一層

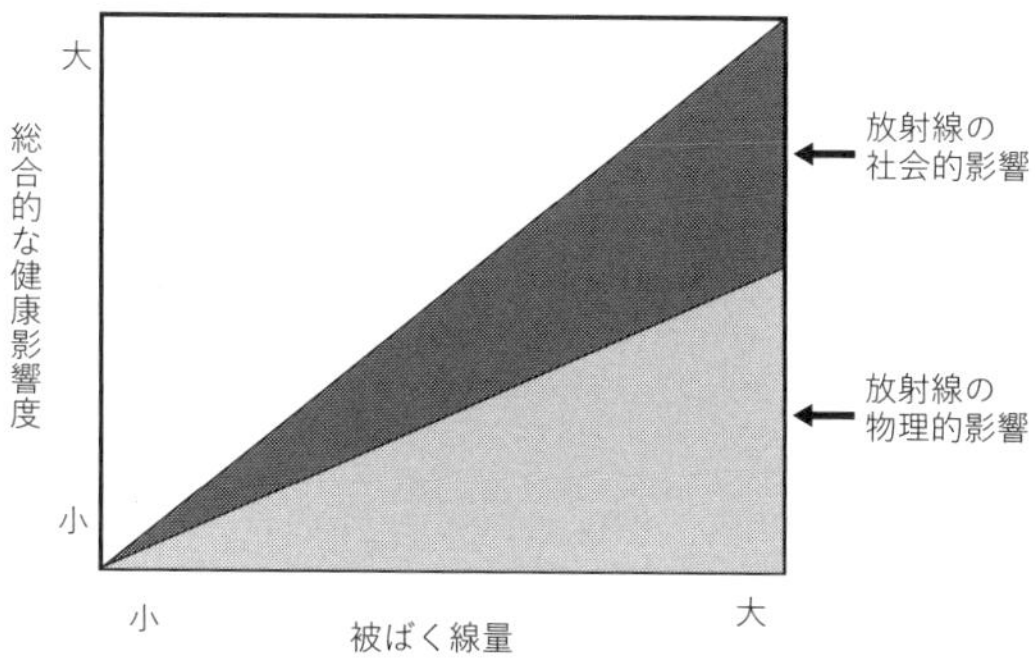

図2 放射線災害における健康リスク（概念図）

放射線の健康リスクには、物理的影響に社会的影響が上乗せされている。現在のリスク論には、「社会の病」という視点が欠落している。

見えにくくなった。被災者の不安が過剰に見えるとすれば、放射線の物理的影響に上乗せされた社会の病が隠されてしまうからだ。

福島原発事故の健康リスクは、このように事故前から社会の格差勾配にしたがい中央から地方へ、経済的に豊かな人から貧しい人へ、高学歴から低学歴の人へとリスクが高まるように配分されていた。健康不安の差は、社会経済格差による社会的な痛みの差といっていいだろう。放射線不安は、社会経済的格差によって実害が生じることをわれわれに警告してくれる。すべての人に平等に降り注ぐ自然放射線と違い、原発事故由来の放射線被ばくによる健康リスクには、**格差という「社会の病」が上乗せされている**（図2）。

社会経済弱者は、災害弱者なのだ。新型コロナの流行で、多くの人がこのことを実感したことだろう。健康影響が出るのが何十年後になる放射線被ばくと違って、新型コロナのような感染症は、結果が出るのが早いから、社会経済弱者が災害弱者であり、災害弱者を優先的に救済することが社会全体の健康リスクを下げることを理解しやすい。コロナ禍を経験したいまこそ、公衆衛生対策を抜本的に見直すチャンスだ。

安全をめぐる2つの正義

この章では、放射線被ばくの健康リスクをテーマにしてきたが、放射線対策の方向性を見定めるうえで、ここでもう一度、安全をめぐる価値の問題を議論しておきた。なぜなら、安全とは、みんながどんな社会を望むかという価値に関わる問題だからだ。多くの人が大切にする価値が何か分かれば、放射線対策として何を重点的に行えばいいのかがはっきりするはずだ。

自分が大切にしている価値を失う可能性をリスクと呼ぶ。失いたくないものは、子どもの命であったり、先祖伝来の田畑であったり、豊かな里山の恵みであったりする。失いたくないものの優先順位は人によって異なるから、どの程度のリスクなら受け入れ可能かは、その人の価値観によって異なってくる。リスクをめぐる考察は、自分が最も大切にしている価値は何かを明らかにする行為にほかならない。価値が異なれば、リスクの感じ方も異なってくる。なのに、放射線量というたった一つのモノサシでリスクを評価しようとすると、人によって大切にしているものの優先順位が異なることに気づかず、相手の価値観を踏みにじってしまう。これが分断の原因になっている。

ただ、読者にとっては、そもそも安全に関わる価値観をどのように分類整理して、人と折り合いをつけていったらいいのか、ピンと来ないかもしれない。

第1章で行なった思考実験を思い出してほしい。「格差をなくすことを社会正義と思うか」との質問に対して、「そう思う」と答えた方はいわゆる「左派」で、**個人の尊厳重視派**と言える。原発事故後、福島を中心に小児甲状腺がんが多発しているかもしれないと心配し、これ以上、たった一人でも原発事故の犠牲者を出さないよう、できることは何でもやらなければならないと考えている人がこのタイプだ。自主避難者の立場に同情的で、支援を打ち切ろうとする国や県の態度に批判的でもある。復興政策、東京オリンピック開催にも批判的なはずだ。このような価値理念を持つ人は、「社会経済的弱者は、放射線の影響を受けやすい」と聞けば、「それは大変だ。何とかしなければ」と思うことだろう。

一方、そうは思わない、もしくは、それほど切実な問題とは思わない人は、いわゆる保守派で、選挙では、おそらく自由民主党に投票することだろう。伝統を重んじる保守主義者は、これまでの**社会秩序を守る**ことが社会正義と考える。彼らにとっては、先人の努力によって、もしくは、市場原理によって与えられた秩序を守ることが正義であり、いまある秩序を変えようとは思わない。このような価値観を持つ人は、社会経済的格差は市場原理と本人の努力で解決できる、すなわち自己責任と考える傾向が強いはずだ。

原発事故後の福島については、保守派は復興推進、東京オリンピック開催を支持するし、放射線の話はしたがらない。風評被害や差別の原因になるし、自分たちで故郷を汚すようなことは口にしたくない。放射線の健康影響については、不安はないわけではないが、一〇〇点満点のものがない中で、社会全体の利益をできるだけ多くすることを考えた場合、落としどころとして、「健康影響はない」と主張するに違いない。

では、どちらの正義が、より正しいと言えるだろうか。高度経済成長期までの日本なら、保守派の考え方に軍配が上がるのではないか。日本も含めて、世界中どこの国でも経済が成長するにしたがって、国民の平均的な健康水準は、右肩上がりに向上する（Marmot M, 2015）（**図3**）。経済成長による上下水道などのインフラ整備、生活・教育水準の向上により衛生・栄養状態が改善され、乳幼児の死亡率が大幅に減少することなどが、その理由だ。つまり、高度経済成長期までの日本社会の状態を前提とした場合、最も手っ取り早い健康対策は、経済成長ということになる。

だから、「経済を優先し、健康対策を二の次にしている」といった原発事故後の国の対応への批判は、保守派にはナンセンスに映る。復興政策の恩恵にあずかれない人たちや左派にとっては、弱者の健康問題が二の次にされていると感じ、復興政策を批判したくなるだろうが、保守主義者にとって復興推進は、社会秩序・景気の回復、イコール健康状態の改善を意味するからだ。そして、水俣病の被害は、保守派にしてみたら経済成長による国民全体の健康水準向上のためには、ある程度はやむを得ない必要悪だった、として正当化されることになるだろう。被害者や社会主義者ら左派は、猛反発するだろうが……。

水俣病と福島原発事故の違い

では、福島原発事故の健康リスクは、水俣病と同じように考えていいのだろうか。結論から言えば、社会情勢が高度経済成長期と現在ではまったく異なってしまったので、保守派でさえ、原発事故後の健康被害を水俣病のように正当化することはできないはずだ。

再び、経済と健康をめぐる世界情勢を参考にしてみよう。ほとんどの人の衣食住がそこそこ満たされるようになった疫学転換後の社会では、それ以上、経済が発展しても平均寿命の伸びは頭打ちになることが知られている。物質的な豊かさに代わって、健康状態に大きな影響を与えるのは、社会経済的格差だ。分かりやすい例が米国だ。米国は一人当たりの国民所得では世界で最も裕福な国の一つなのに、平均寿命はほとんどの先進国より短い（**図3**）。米国社会の特徴は、激しい格差だ。不平等な州は平等な州と比べ、高額所得者も含めて、すべての階層で死亡率が高い（Wilkinson RG & Pickett KE, 2008）。

日本はどうだろうか。高度経済成長期は、日本社会全体が比較的平等だったと言われている。しかし、いまは違う。厚生労働省によると、二〇一八年の相対的貧困率は一五・八％で、六人に一人が貧困状態にある。子どもの貧困率は一四・〇％、一人親世帯の貧困率は四八・二％だった（**図4**）。このデータだけではピンと来ないかもしれない。諸外国と比べてみよう。経済協力開発機構（ＯＥＣＤ）の発表によると、日本の相対的貧困率は加盟三五カ国中、一〇位と世界的に見ても高い水準にある（二〇一七年時点）。ひとり親世帯の貧困率はＯＥＣＤ加盟国中、最悪だ。

東日本大震災・原発事故、そして、新型コロナウイルス感染症の流行で、社会経済格差は拡大した。

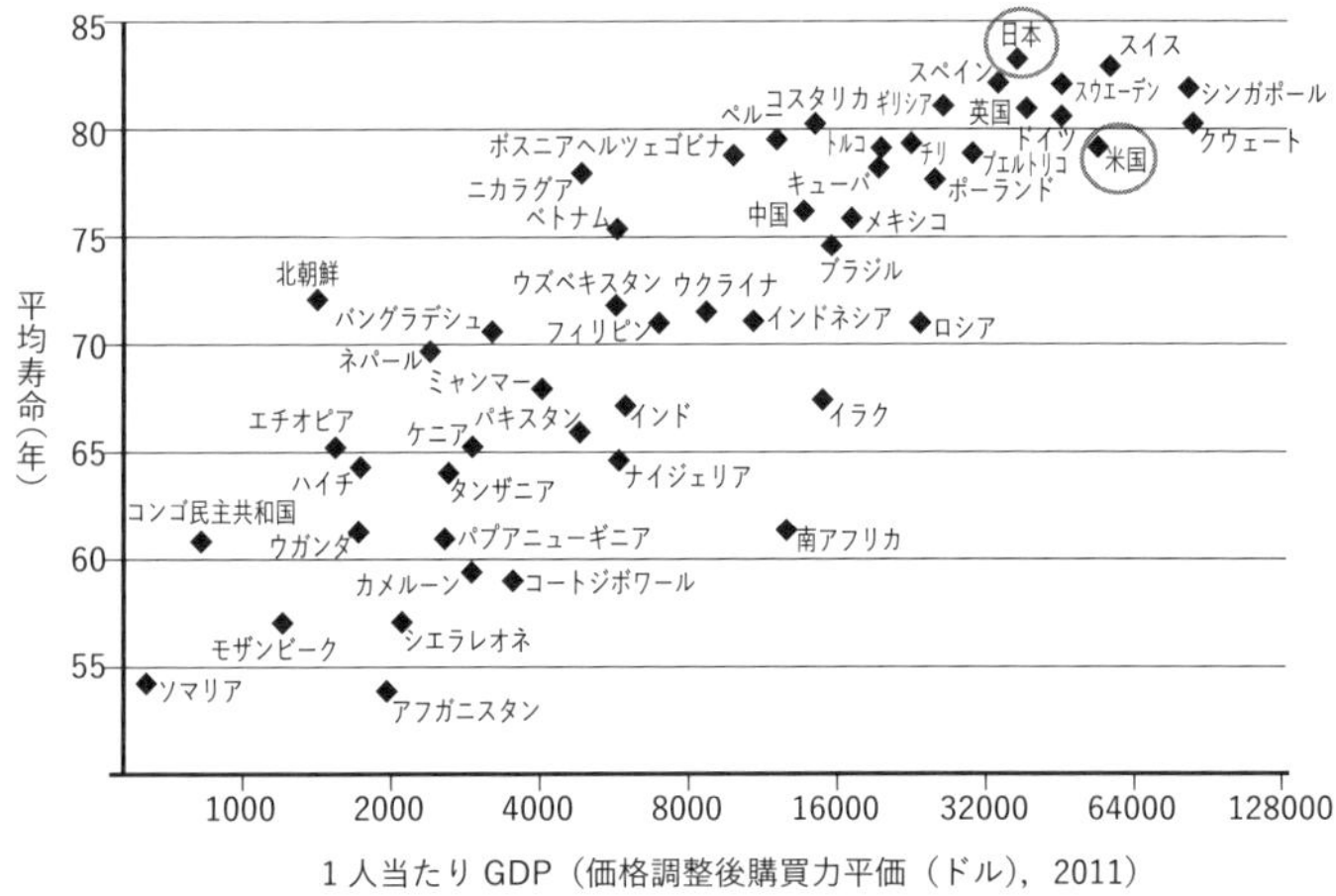

図 3 経済成長と健康

どの国でも、豊かになるにしたがって健康水準は向上する。ただし、ある程度豊かになると、格差が激しい国ほど健康状態は頭打ちになる。

出典：Gapminder

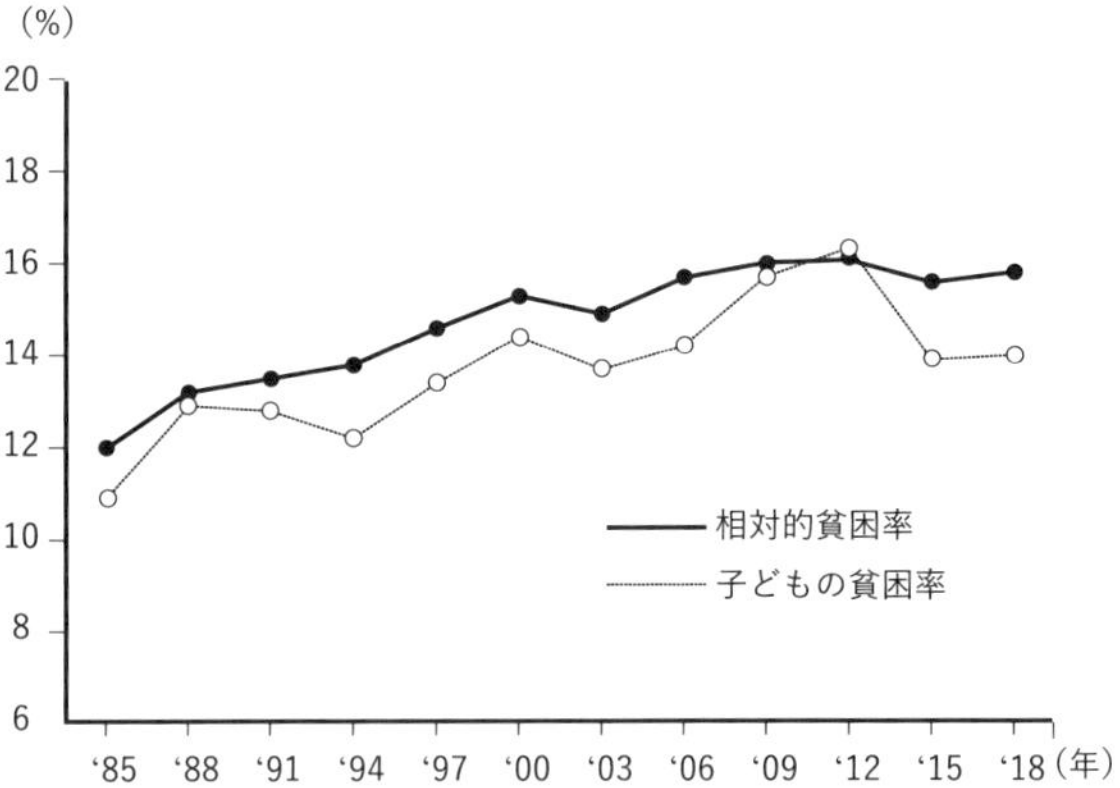

厚生労働省「2019 年 国民生活基礎調査の概況」より

図 4 相対的貧困率の推移

格差への視点が欠けたまま、やみくもに復興の道を突き進むと、格差が拡大した一九八〇年代以降の社会構造を拡大・再生産することになる。

格差社会は不健康社会なのだ。格差の激しい社会は、心臓病やがんの死亡率が高い。乳児死亡率、総死亡率も高くなる（Kawachi I et al., 1997）。第１章で紹介したように、女性の社会的地位の高い地域では、男性の死亡率が低くなる。格差社会は、地域全体に蔓延する心理社会的ストレスで、弱者だけでなく「勝ち組」の健康水準も低下するということだ。健康状態だけではない。格差が激しくなると治安が悪化し、犯罪率も高くなる。薬物中毒患者やアルコール依存症も増加する。子どもの教育水準も低下する。これらの点は、社会秩序の安定を正義と考える保守派も、見逃せないはずだ。伝統的な秩序を守るには、治安を維持し、公衆衛生、道徳的退廃を改善する必要がある。つまり、保守派と左派は、もはや対立する論点がなくなったのだ。

社会的動物である人間は、経済を安定させ、秩序を維持することで健康状態を向上させることができる。この点、保守派が正しい。しかし、秩序を安定させるためには、不平等をできるだけ少なくする必要がある。格差社会は不健康社会だからだ。この点、左派の主張は正しい。要するに、安全をめぐる価値の問題は、高度経済成長期までは、伝統的な社会秩序を維持することと弱者救済のどちらを優先すべきか、という二者択一の問題だったのが、疫学転換後の日本社会では、伝統的な社会秩序を守るためには弱者を救済する必要がある、という両義的な課題へと変質していったわけだ。

分断の主な原因は、この疫学転換に対応できずに、リスクのモノサシが放射線量というたった一つしかないことにある。リスクの物差しを、放射線災害の「**物理的要因**」（放射線量）と「**社会的要因**」（社会の病）の二つにすると選択肢が増えて、保守派と左派の折り合いがつけやすくなるはずだ。現在の公衆衛生対策は、健康リスクの社会的決定要因への視点が欠落している。視点の欠落は、絶望を意味しない。むしろ、可能性に満ちている。なぜなら、これまでほとんど手付かずだった課題であればこそ、意識を少し変えるだけで大きな成果が得られる可能性があるからだ。放射性物質の除染がいい例だろう。未除染だった土地の放射線量を毎時三マイクロシーベルトから〇・三マイクロシーベルトまで下げるのは比較的容易だが、再除染で〇・一マイクロシーベルト以下まで下げるのは難しい。

放射線リスクの社会的要因の削減例として、子どもへの放射線対策を考えてみよう。放射線の影響を受けやすい子どものために、再度除染して、徹底的に放射線量を下げたとしても原発事故前の水準に戻すことは不可能に近い。仮に事故前に近い線量まで下げられたとしても、再び線量が上昇する可能性がある。現に、そのような場所がある。除染廃棄物の保管場所の確保も大変だ。

〇・一〜〇・二マイクロシーベルト程度[3]の汚染地域なら、莫大な費用と人手をかけて再除染を行うよりも、待機児童数を減らし、保育士の確保・待遇の大幅改善、女性の管理職への積極的登用などを行い、結婚から妊娠、出産、育児に至る切れ目のない子育て支援を充実させることに力を入れたらどうだろうか。子どもの健康状態が向上し、免疫力がアップすれば、放射線の影響を受けにくくなる。放射線量の数字ばかりにこだわるより、はるかに効果的な放射線対策になる。子育て支援は、社会秩序を安定させるし、弱者救済にもなる。若い保育士が集まってくれれば、流入人口が増え、地域の活性化にも

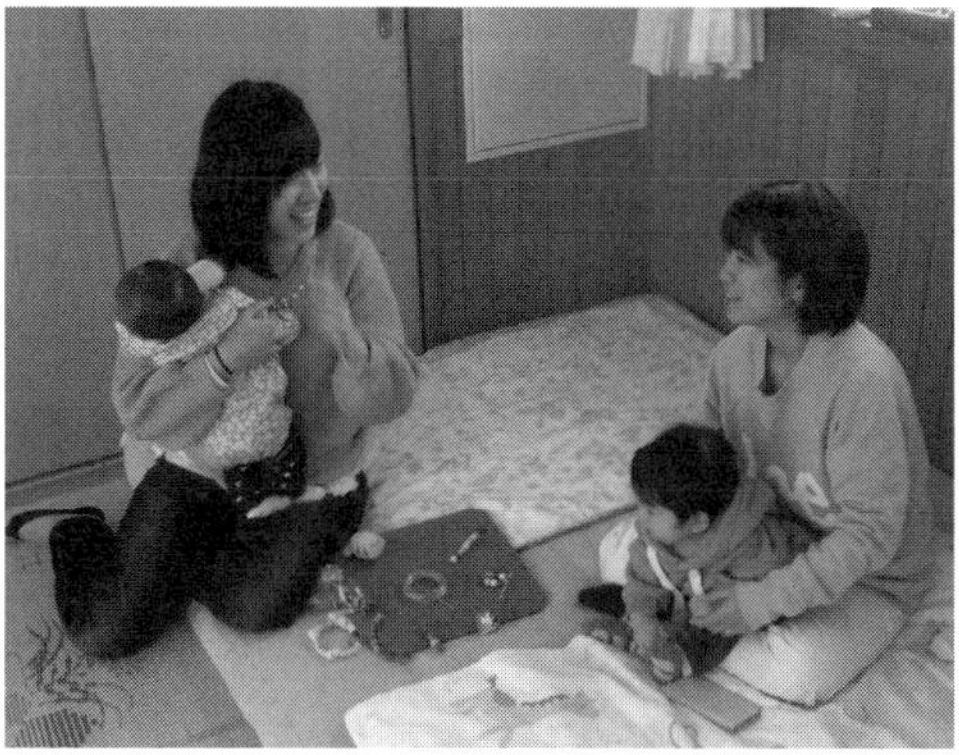

写真２ 子育て支援は、放射線対策としても、新型コロナ対策としても日本社会の喫緊の課題。（新型コロナ流行前の 2018 年１月に撮影）

なる。保守派と左派、どちらも納得しやすいはずだ。

子育て支援の充実は現在でも喫緊の課題として叫ばれているが、「放射線対策として必要なんだ」という強い問題意識を持ち、放射線の影響を気にする人も、気にならない人も、保守派も、左派も、一致団結して一つの目標を目指させば、大きな効果が上がるはずだ（**写真２**）。人と人とのつながりの豊かさ自体、健康リスクを下げる効果があるからだ。除染であれ、子育て支援であれ、分断解消であれ、病気の原因になる体内の炎症反応を減少させることに変わりはない。費用対効果を考えて、最も炎症反応を低下させる対策を実行すれば、他の健康リスクも低下させることができる。

もちろん、ここで示した放射線対策は、ラフに考えた提案の一つに過ぎない。言いたいのは、リスクのモノサシを一つから二つに増やすことで、現実に存在する健康リスクを今よりはるかに正当に評価できるということだ。そのことが、「分断」という放射線災害がもたらした社会の病の解消に役立つはずだ。

朝日新聞によると、地方議員に占める女性の割合は一三・二％（二〇一九年一月現在）、市町村長での割合は二・〇％（二〇一九年四月現在）、自治会長では五・九％（二〇一九年四月現在）となっている。(4)文部科学省の二〇一九年度学校基本調査を基にした共同通信の試算では、福島県における初等中等教育機関の管理職の女性割合は、全国で五番目に低く一〇・〇％に過ぎない。(5)原発事故直後の国や行政などの対応に対する被災者の不信感はいまだに根強い。特に当時、小さな子どもを抱えていた母親たちの多くは一〇年経ったいまでも、子どもが放射線被ばくの影響で将来病気にならないか気に病んでいる。福島市のアパートでパソコンに向かっていた詩人の和合亮一さんが、「放射能が降っています。静かな夜です。ここまで私たちを痛めつける意味はあるのでしょうか。この震災は何を私たちに教えたいのか。教えたいものなぞ無いのなら、なおさら何を信じれば良いのか」とツイッターに投稿(6)した事故当時、福島県下の女性の社会的地位がもっと高ければ、国の対応がどうであれ、地元の放射線対策はまったく違ったものになっていたのではないだろうか。女性の登用で、健康リスクの社会的要因への配慮が変ってくるからだ。

正義のあり方は、時代によって変わる。少子高齢化が進み、低成長時代を迎えた疫学転換後の日本社会でいま、求められる価値は何か、政治家や行政、専門家任せにせずに、社会全体で考えていく必要がある。それが放射線対策になると同時に、本当の意味での復興につながるに違いない。このことは、新型コロナ対策など他の問題にも当てはまることは、言うまでもない。

まとめ

●放射線被ばくに強い不安を感じているのは、社会経済弱者である。社会経済弱者が不安を感じやすいことには、生物学的な必然性がある。

●胎児・乳幼児期に受けたストレスの影響は一生残る可能性がある。生まれたときの環境が厳しいと、大人になっても不安を感じやすく、ストレスの影響を受けやすくなる。

●人間も含めて、集団で暮らす社会性のある動物は、不公平に敏感に反応する。格差による心理社会的ストレスで心臓病になることは、実証されている。

●社会経済弱者は、格差による心理社会的ストレスで免疫力が低下し、慢性炎症状態にあるので、放射線の影響を受けやすい。放射線が、炎症状態を増悪させるからである。

●福島原発事故の健康リスクは、事故前から社会の格差勾配にしたがい中央から地方へ、経済的に豊かな人から貧しい人へ、高学歴の人から低学歴の人へとリスクが高まるように配分されていた。すべての人に平等に降り注ぐ自然放射線と違い、原発事故由来の放射線被ばくによる健康リスクには、格差という「社会の病」が上乗せされている。

●相対的貧困が社会的な課題となっている疫学転換後の社会では、弱者を救済しないと、社会に蔓延する心理社会的ストレスで、「勝ち組」を含めてすべての人の健康状態が悪化してしまう。

●子育て支援などの健康リスクの社会的要因を減らすことで、トータルな放射線被ばくの健康リスクを減らすことができる。社会的要因は放射線の影響を気にしない人たちとも問題意識を共有しやすいので、社会の分断を避けることができる。住民の結束力の強い地域は、復興のスピードが早い。健康リスクの社会的要因に目を向けると、放射線対策と復興推進・経済発展を両立させることができる。

【注】

（1）『福島子ども健康プロジェクト』（代表・成元哲中京大学教授）

（2）回答者が居住地の放射線量を知らないのだとしたら、何に対して、なぜ、不安を感じているのだろうか。踏み込んだ調査が行われていないことが残念でならない。調査票を郵送しているのだから、居住地の放射線量は、研究者側で確認できるはずだ。

（3）みんなが口にしているリアルタイム線量測定システム（通称、モニタリングポスト）やサーベイメーターで計測している値は、一センチメートル線量当量。健康影響の物差しとなる実効線量は、その値の〇・五七五倍なので、福島県民が思っているほど実際の被ばく量は多くない。

（4）朝日新聞（二〇二〇）「男女格差 121位の現在地は」（三月八日付朝刊）

（5）福島民報（二〇二〇）「校長ら女性管理職18% 教育現場で進まぬ登用 30道府県、政府目標届かず」（三月八日付朝刊）

（6）和合亮一（二〇一一）『詩の礫』徳間書店

【主な参考文献】

阿部彩（二〇一一）『弱者の居場所がない社会――貧困・格差と社会的包摂』講談社現代新書
エドワード・ブルモア（二〇一九）『うつは炎症で起きる』藤井良江訳、草思社
橋本健二（二〇一八）『新・日本の階級社会』講談社現代新書
伊藤浩志（二〇一七）『復興ストレス――失われゆく被災の言葉』彩流社

第7章 故郷喪失
——心が痛めば心臓も痛む

人は一人では生きられない。生きるために仲間と助け合うしかすべのなかった人類は、社会的動物として進化した。隣人と仲良くする知恵を得ようと、二〇〇万年かけて脳を大きくした結果、脳と集団規模は霊長類最大となった。おかげで、寿命も最も長い。[1] 生き延びるために、仲間との関係を大切にしてきたのだ。だから、人とのつながりの豊かさを失えば、途端に命が脅かされる。孤立が死亡率を高めることは、数多くの社会疫学の調査で確かめられている。[2] 逆に、人間関係を豊かにすることで死亡率を低下させる効果は、禁煙による死亡率低減効果と同程度であることが示されている（Holt-Lunstad J et al., 2010）。過度な肥満、飲酒、運動不足の解消より効果が高いという。

コロナ禍では、感染拡大防止策として、人との距離を取るソーシャル・ディスタンスが合言葉になった。しかし、人との心理社会的距離を取ることは良くないことだ。「渡る世間に鬼（新型コロナ）はなし」というように、人は助け合って、支え合って、世の間に生きている。だから世間と呼ぶ。世間の空気が読めなくて、間（あいだ）の抜けた人のことを間抜けと言う。ウイルス感染を防ぐためにコロナ禍で必要なのは、フィジカル・ディスタンシング（物理的距離）を取ることだ。

人は一人では生きられないこと、人とのつながりがいかに大切か、大切な人の命は何ものにも代え難いこと——手垢がついたこれらの言葉が、新型コロナウイルス感染症の流行以降、いかに新鮮に響いたことか。このままソーシャル・ディスタンスを取り続けると、日本社会はどうなってしまうのだろうか。原発事故後、福島では放射線被ばくの健康リスクに対する感じ方の違い、支払われた賠償金の格差などにより、地域はバラバラになってしまった。政治信条、立場の違いを超え、誰もが口にする言葉は分断だ。放射性物質による汚染で強制避難区域に指定され、故郷を追われ、散り散りになった人たちもいる。福島の現在地は、コロナ後の日本社会の課題を先取りしている可能性がある。そこで第7章では、一〇年が経過した原発事故を例に、地域の分断・人間関係の希薄化が、いかに人々の心身をむしばむか検証する。

仲間を頼るように進化した人類

地球上で唯一、直立二足歩行する人類は、短距離走が苦手だ。足が遅いことが直立二足歩行の致命的な弱点で、四足歩行の動物と競ったら、たいてい勝ち目はない。なにせ、オリンピック一〇〇メートル走にカバが出場できたとしたら、そのでっぷりとした体型に似合わず、金メダル最有力候補にノミネートされることだろう。人類史上最速の男、ウサイン・ボルトも真っ青だ。だから、「山菜採りでクマと鉢合わせしたら、走って逃げなさい」などと誰もアドバイスしないのは、もっともなことだ。

猛獣に襲われたら、ひとたまりもない。そんな、ひ弱な動物、人類は、仲間に頼って命を紡いできた。人類を含めた霊長類は、生存率を上げるために仲間との結束力を強め、集団で暮らすように進化した。とりわけ人類は、「困ったときには誰かが助けてくれるに違いない」という仲間に対する強烈な信頼感を前提に、集団規模を拡大していったように見受けられる。

秩序を維持するための情報処理に必要な脳が大きくなることで、集団規模を霊長類最大にすることができ、寿命を延ばすことに成功したのが人類と考えられる。ところが、直立二足歩行することで骨盤が扁平化し、産道の大きさが制約を受け、頭蓋骨そのものを大きくするには限界があった。そこで、産まれてから脳を成長させるように進化したのだ。おかげで、成熟するのに時間がかかる。ゴリラやチンパンジーの脳は四歳ほどで大人の大きさになるのに、人間の脳は一六歳くらいまで成長する。

おまけに、人類は子どもをたくさん作る。ゴリラやチンパンジーは、それぞれ三〜四年、五年と授乳期間が長く、しかも、授乳期間中は妊娠できない。だから、数頭しか産めない。一方、人類の授乳期間は二年と短く、しかも、年子（一歳違いの兄弟姉妹）を産めるので、生涯で一〇人以上の子どもを育てることができる。

父親は狩りで不在、母親は年がら年中、妊娠しているか、赤ちゃんにおっぱいをあげているかのどちらかでは、遊びたい盛りの離乳した子どもの世話などできるはずもない。だから、隣近所の家族まで巻き込んで、協力して子育てを行ったのだ。霊長類で、はっきりとした閉経があるのは人類だけだ。明確な証拠はまだないが、高齢になるまで出産して命を危険にさらすより、孫の世話をした方が生存に有利だから閉経するようになった、とする「祖母仮説」が提唱されている（Gibbons A,2008）。子どもが産みの親の言うことを聞かないのはそのためなのかどうか知らないが、日本では、昔は仮親《かりおや》がたくさんいた。妊娠五ヶ月の帯祝いに帯を巻いてくれる帯親、出生から乳児期には取り上げ親、生後初めて乳をつけてくれる乳つけ親、名付け親などがいた。また、拾い親の風習も全国各地にあったそうで、これは産まれた子どもの身体が弱かったり、親が厄年に産んだ子どもだった場合、その子を一度捨てて、あらかじめ頼んでいた人に拾ってもらい、その人を親としたのだという。かつては多くの大人が、一人の子どもと仮の親子関係を結んでいた(3)。親だらけだ。周囲の人たちが子育てに協力してくれる全幅の信頼感を抱いていなければ、とても未熟な状態の赤ちゃんを、次から次へと産むことなどできないはずだ。**子育てに非協力的な社会で出生率が低下することは、いまの日本社会が実証している**のではないだろうか。

　また、九二種類の霊長類の中で、白眼を持つのは人類だけだ（Kobayashi H & Kohshima S, 2001）。ほとんどの霊長類は、人間の白眼に当たる部分が茶色で、皮膚の色も茶色だ。目が何を見ているのかが、分かりにくくなっている。それに対して、人類の白眼は、目の周囲の肌の色や、目の中心にある虹彩、瞳孔と比べると、大変目立つ。何を見ているのか、周囲の人にすぐ悟られるような色の配置だ。これは、人類以外の霊長類は、何を見ているかを仲間に知られると、生存に不利になることを意味する。一方、人類だけは、自分が何を見ているのか（何を考えているのか）を、仲間に知ってもらう方が生存に有利になるということだ。目は口ほどに物を言う。コロナ禍であっても、マスクで口元は隠しても目元は隠さない。

人類以外の霊長類は、周囲に自分の考えを悟られない方が生存に有利になるような社会を築いてきた。人類の社会は、他の霊長類の社会とどこが違うのだろうか。私たちは、しばしば人助けをする。それも、道端に人が倒れていれば、縁もゆかりもない人でも助けようとする。そのとき、将来、自分に何らかの見返りがあるだろう、などとは考えたりしないはずだ。ただし、人助けをすることで評判がよくなり、まったく関係のない第三者から困ったときに助けてもらえる可能性はある。このように外に開かれた助け合いは、間接互恵性と呼ばれている。人類以外の霊長類では、間接互恵性はほとんど見られないそうだ。

ときに人を裏切ったり、傷つけたり、ごまかしたり、ウソをついたりすることはする。原発事故でも、コロナ禍でも、詐欺事件が横行した。しかし、**九二種類の霊長類の中で白眼を持つのは人類だけ**だということは、人類は他の霊長類と袂を分かち、方向としては相手を信じて公平な態度で接し、**お互い助け合って、頼り合って生きていくような新たな進化の道を歩み始めた**のではないだろうか。

心が痛むと「心臓」が痛む

だから、孤立を嫌う。孤独な人は不安を強く感じやすいことが知られているが、孤立で高まった不安（生命の警報）は、天から降ってきた妄想などではない。人は孤立すると病気になりやすくなり、死亡率が上がる。実際、人とのつながりが希薄な分断社会は治安が悪化、殺人を含む犯罪発生率が高くなる。教育水準も低下。いじめにあう子どもの割合、一〇代の妊娠率が高くなる。幸福を感じる人の割合は低くなり、アルコール依存症、薬物中毒患者が多くなる。こんな殺伐としたストレス社会では、とても生きた心地がしない。心臓病、がんの死亡率が高くなる。乳児死亡率、そして総死亡率も上昇することが知られている（Wilkinson RG, 2005; Marmot M, 2015）。

どうして人間関係が希薄になると、心だけでなく身体も病んでくるのだろう。コーエンらの実験によると、健康な成人に風邪ウイルスを混入した点鼻薬を投与したところ、友だちが少ない人は、多い人と比べ四倍以上も高い割合でかぜの症状が出たという（Cohen S et al.,1997）。別の調査では、配偶者との死別直後は、心筋梗塞のリスクが二・二倍に跳ね上がると報告されている（Carey IM et al.,2014）。原因はいずれも、ストレスと見られる。

心と身体は別々ではない。心が痛むと、本当に心臓が痛む。うつ病の人は心臓病になりやすい（Baune BT et al.,2012）。ストレス症状が重い人ほど、心臓病や脳卒中の死亡率が高くなり、強い心理ストレスはがん死亡率も高める（Russ TC et al.,2012）。

逆の例も報告されている。心が安らげば、身体も元気を取り戻すのだ。周囲のサポートがしっかりしていると、心筋梗塞を起こした人の生存率は三倍も高まる（Berkman LF,1995）。うつ病の薬、ＳＳＲＩは心筋梗塞のリスクを減らすことが、二四万人を対象にした調査で明らかになっている（Coupland C et al.,2015）。

大災害後には、被災者に寄り添うことが大切だと言われ続けたが、単に寄り添うだけでも、被災者

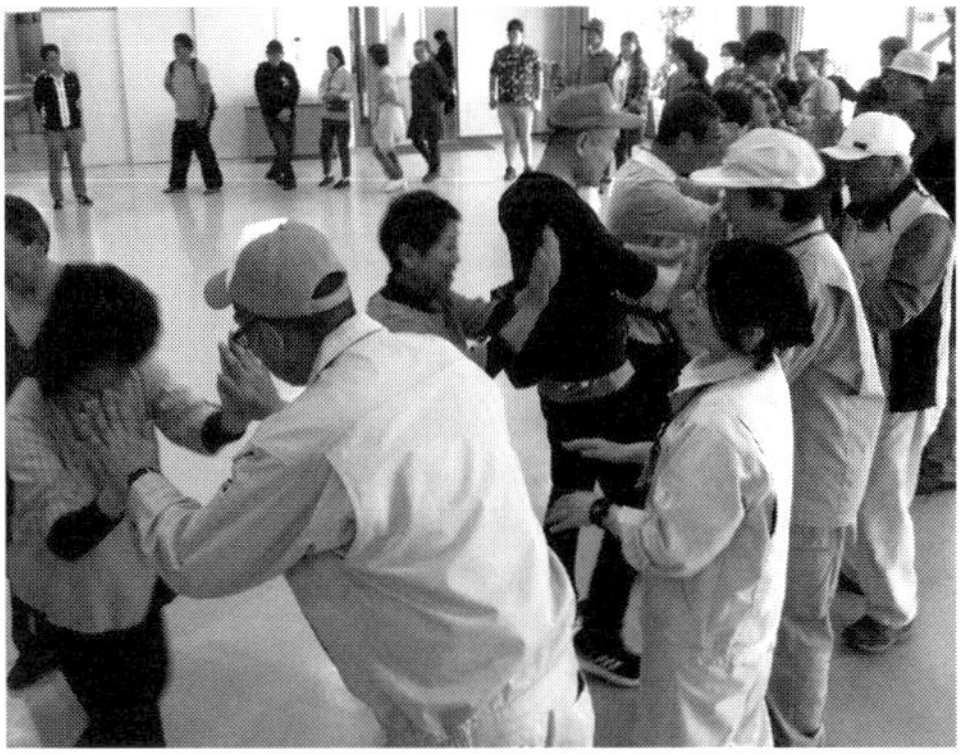

写真１ 復興の決め手は人とのつながりの豊かさ（福島県南相馬市で開かれた復興イベント、新型コロナ流行前の2018 年 5 月に撮影）

の心と身体の傷を癒すことができるのは本当のことのようだ（**写真１**）。人と一緒にいると、脳の活動がシンクロして痛みを感じにくくなることが確認されている（Goldstein P et al.,2018）。信頼できる相手ほど脳がシンクロしやすく、痛みを感じにくくなるそうだ。

このことを裏付けるように、人とのつながりが豊かな地域では、大災害後の健康被害が少ないことが、日本老年学的評価研究（岩沼プロジェクト）によって明らかになっている。仙台市近郊の岩沼市は、東日本大震災による津波で大きな被害を受けた。調査対象となった高齢者の四〇％近くが親族や友人を失っている。調査では、結束力の強い地域に住んでいる人の方が、そうでない地域に住んでいる人より心的外傷後ストレス障害（ＰＴＳＤ）になるリスクが、二五％少ないことが分かった（Hikichi H et al., 2016）。また、友人の数が多く会う頻度が多い人、スポーツなど趣味の集まりへの参加頻度が高い人ほど認知症になりにくいことも分かった。この事例は、人とのつながりの豊かさが、いかに心身の健康にとって重要かを物語っている。

なぜ強制避難区域外の住民は強いストレスを感じているのか

では、次の調査結果は、どう受け止めたらいいのだろうか。早稲田大学の辻内琢也教授らが原発避難者を対象に行った調査[4]で、政府が出した強制避難指示区域に隣接した区域外の福島市など地元では中通りと呼ばれる地域からの、いわゆる自主避難者が、避難指示が解除された地域（旧緊急時避難準備区域）の住民より、強い精神的ストレスを感じていることが分かった。東京大学の川上憲人教授らの調査[5]では、事故を起こした第一原発に近い浜通りより、中通りの住民の方が精神的ストレスを感じていて、抑うつ傾向が強いことが示されている。

帰還の見通しが立たない帰還困難区域からの避難者が強いストレスを感じていることは想像しやすいが、区域外の避難者が、それと同程度の強いストレスを感じているのだ。なぜだろうか。

ヒントになりそうなのは、一九九八年に中国河北省で発生した地震後の被災地調査だ。調査では、支援が集中する被害の中心部より、被害の程度が軽くても支援の届きにくい周辺地域の住民の方が、PTSD発症率が高かった（Wang X et al., 2000）。逆に、阪神・淡路大震災でPTSD発症率が低かったのは、国内外からの多くの人・物資両面による支援が、被災者が人とのつながりを実感できたことが大きかったと言われている（新福尚隆、二〇〇六）。これらの調査で分かったことは、被災者にとっては、「見捨てられた」とか「置き去りにされた」などと感じる状態に置かれること自体、**復興災害**ともいえる新たな健康被害の原因になるということだ。

中通りなど区域外の地域では、パッと見では放射線災害の被害は目につかない。しかし、住民の多くは、口をそろえて「故郷が失われてしまった」と嘆く。確かに、命にかかわる被害は発生した。しかも、現在進行形なのだ。なのに、なかったかのように忘れ去られようとしている。理解してもらえず説明に疲れ、傷つきたくないから、言葉を失っていく。自尊心は引き裂かれ、存在は切り捨てられ、不安と憤りから、精神的にも肉体的にも追い込まれていく人たちがいる。それでは、原発事故で故郷を追われた被災災の言葉を手掛かりに、何が起きているのか見ていこう。

里山の恵みとスーパーのキノコ、どこが違うのか

里山の恵みを知る人は、以下のコメント(6)に共感できるはずだ。原発事故で、中山間地の豊かな暮らしの何が失われたかを、如実に物語っている。

春にはコゴミ、タラの芽などの山菜。秋には豊富な種類のキノコ。食卓を潤し、各家庭で保存された。採集には長年の経験、知識、技術が必要。時間と手間がかかる。収入には直結しないが、食生活には欠かせない自然の恵み。レジャーではなく重要な生業（なりわい）の一つだ。自然とともにあった暮らしは、もう戻らない。

里山で採れる山菜やキノコは、経済的にはたいして価値はない。労力を考えたら、スーパーで買った方が安上がりだ。遊びの要素が強い。なのに、意外なほどの情熱によって受け継がれてきたのは、なぜだろうか。

キノコや山菜を採るのに、たいした道具はいらない。しかし、だからこそ、文明化された日常とは次元の異なる、自らの身体を駆使した高度な技法が要求される。しかも、この技は、自然と密接にかかわってきた長年の経験に基づく知識がなければ習得できない。このことが、たまらない魅力になる。技法の習熟、知識の有無などによって、キノコや山菜などの収穫に、大きな個人差が出てくるからだ。競争しつつも、先人から知識を受け継ぎ、自分でも創意工夫を加える努力をしてきた。

その成果は、単に金銭的価値にとどまらない。職業、社会的地位の違いに左右されない平等な活動の成果として、土地の人から「名人」と呼ばれることは、当人だけでなく、家族にとっても大きな誇りとなる。その土地の人間としての、確かな居場所を実感できるからだ。そして、毎年の山菜やキノコの収穫を通して、季節の移り変わり、悠久の時間の流れが実感できる。里山の中に身を置いて、先祖の代から繰り返されてきた営みを自ら実践することで、生まれ育った自然や土地の人たちに包み込まれている自分の存在を体感できる。いま、確かに自分はここにいる。だから、クマに襲われるリスクを覚悟のうえで、山に分け入って行く。

しかし、放射性物質に汚染された、その里山の除染は行わないことになっている。環境省が、そ

写真２ 日本一美しい村と評された福島県飯舘村の里山の風景。手前は除染前の農地。雑草が生い茂っている。（2013年７月撮影）

の方針を変える気配はない。この見える山々、土地すべてが生活空間なのだ（**写真２**）。山から山菜を採り、川で魚を釣り、そして山から腐葉土を取って土を肥やしてきた。そのすべてが生活空間ではないのか。宅地、田畑だけが生活空間ではない。森林除染は、里山の暮らしの豊かさを知る土地の人にとっては、生活圏の除染にほかならない。除染が行われないことは、里山の価値を認めてもられないことを意味する。

その一方で、山肌は削り取られ、里山自体がなくなりつつある（**写真３**）。農地除染や防潮堤の復旧に必要な山砂を確保するためだ。国が復興の切り札として進める「福島イノベーションコースト構想」などの用地造成としても、里山は削られる（**写真４**）。土地の人が削られた山肌を見ると、まるで自分の肌がえぐり取られたかのような痛みを感じるのではないか。地元民は、「開発にあたって

写真 3 復興事業のために山肌が削り取られる里山。（福島県南相馬市、2018 年 11 月）

写真 4 キノコや山菜の宝庫だった自慢の里山は、いつの間にか工業団地造成のために平地にされてしまった。（福島県南相馬市、2018 年 11 月）

は、地域に根ざした歴史、文化に畏敬の念を持って関わってほしい。このままでは、先祖から受け継がれてきた文化がなくなってしまう」と嘆く。

「遊び仕事」としての里山文化

ところで、採ってきた山菜、キノコ、ヤマメなどの川魚、イノシシの肉などは、おすそ分けされることが多い。調査によると、半分ほどは親戚や友人、知人に配られるそうだ。作った米や野菜、山菜、キノコを近所の人、遠くの知人に配るのが楽しみだった。旬のものを贈られた方も、贈った方も、お互いに喜んでいた。それを生きがいにしていた。そんな当たり前の人間関係がなくなったことが残念でならない。仲間と一緒にイノシシを獲って、みんなでシシ鍋を食べるのが、何よりの楽しみだった。

山菜やキノコを採る楽しさとは、なんといっても里山の恵みを「おすそ分け」することを通した人との付き合いの楽しさなのだ。家族や親戚、友人、知人など、贈った相手に喜んでもらえるのが楽しいし、相手の喜ぶ顔を見るのが生きがいになる。おすそ分けは、隣近所、そして、故郷を離れて暮らす親戚や知人との関係性をより強固にする社会的意義を担っている。だから、山に入って自分でキノコや山菜を採ることに価値がある。スーパーで買っても意味はない。市場経済のモノサシではかることのできない**里山暮らしの豊かさとは、人とのつながりの豊かさ**なのだ。

以上のような山菜採りやキノコ狩りの特徴は、**マイナー・サブシステンス**（遊び仕事）と呼ばれ、民俗学の分野で詳しく調査されている。遊びの要素が強く、収入は当てにならない。しかし、成果は金額以上に高く評価され、肉体的にきついが、ハマると病みつきになる。使用する道具は素朴で、高度な技能が要求される。そのため、名人はその土地で名声を得る。これが、マイナー・サブシステンスだ。(7)

「遊び仕事」と意訳されるように、マイナー・サブシステンスは、経済活動として金銭に還元できないので、これまでほとんど評価されてこなかった。しかし、その土地の人にとって先祖から受け継がれてきた日常的なさりげない行いとしての遊び仕事は、コミュニティーの土台を形成する大切な機能を果たしている。

福島県南相馬市原町区に住む長澤利枝さん（七八）も、春には山菜、秋にはキノコと毎年、季節ごとの里山の恵みを楽しんできた一人だ。福島の人はイノハナと呼ぶ高級キノコの代表格、香茸《こうたけ》の炊き込みご飯をお客さんに振舞うことが、なによりもの誇りだった。「春になれば毎年かかってきた隣の奥さんからの電話が、原発事故が起きてから一度もない。里山を失って、豊かな会話がなくなった」と悲しむ。

先に述べたように、心が痛めば、実際に心臓が痛む。里山喪失による人間関係の希薄化は、命に関わる重大な健康リスクになる。うつ病などの精神疾患だけでなく、心臓病、脳卒中、糖尿病、がんなど、ありとあらゆる病気のリスクが高まる。原因は、里山が放射性物質に汚染されたためだ。立派な放射線災害なのに、**里山喪失による健康リスク増大**が公的に認められないのなら、「見捨てられた」と感じるのは当然で、その疎外感自体がさらなる健康リスクとして、避難指示区域外の住民を追い込んでいく。

民俗学者の柳田国男は、都市と農村の人々の暮らしを比較して、次のように述べている。[8]

> 私などにとってのうれしい発見は、労働に関するいたって古風な考え方が、まだ村だけには残っていたということである。……労働を生存の手段とまでは考えず、**活《い》きることはすなわち働くこと**、働けるのが活きている**本当の価値《ねうち》**であるように、思っていたらしい人が村だけには多かった。……外から見たところでは祭礼でも踊でも、**骨折《ほねおり》は同じ**であって、**疲れもすれば汗もかいている**。山野に物を採りに行く作業などは、その日によって**遊びとも働きともなっている**。（太字は筆者）

このような西欧的な労働観とは異なった、おそらく日本の村にかつてあったであろう「生と労とを、一つに結び付けて見る」古風な労働観を、柳田は「永い年代の実習を積んだ自治訓練、うまく行けば都市へもその恩沢を領ち得た耳の学問」として魅力的に語り、農村から都市へと受け渡すべきものだと高く評価した。コロナ禍で、田舎暮らしが見直されている。高額な住宅ローンを組み、都心から片道一時間以上かかる郊外に家を建て、毎日、満員電車で通勤し、どんなに努力しても三密を避けられない生活を強いられる都会暮らしの人たちにとって、日本社会が明治以降の近代化で失ったものは何か、そして、私たちがコロナ後にどんな暮らしを目指したらいいのか、遊び仕事を生き甲斐にしてきた原発被災者の言葉には、そのヒントが隠されているのではないだろうか。

「結い」の力

区域外でさえこの有様なら、ある日突然、故郷を根こそぎ奪われ、現在でも故郷を追われ続けている強制避難区域（帰還困難区域）の惨状は、文字通り想像を絶する。

そもそも、地元で「浜通り」と呼ばれる太平洋沿岸に住む福島県の住民には、第二次世界大戦後にシベリアから復員した人、樺太や満州からの新規引揚者が多いのが特徴だ。(9) 昭和四〇年代の飯舘村だと、農家戸数の三五％が開拓農家だ。葛尾村では半数、浪江町で二〇％、大熊町は一五％が開拓農家だった。裸一貫で入植した開拓農家の暮らしは、文字通り開墾から始まって、笹小屋に住んで炭を焼き、伐採した土地を耕し畑にし、葉タバコ、酪農などで生計を立てた。学校に行けず、新聞を繰り返し読んで文字を覚えた人もいる。食べるものもろくにない中で、苦しみ抜いてやっとの思いで開墾した土地なのだ。

「苦労続きで、いいことはなかった」と話す人もいれば、「少しでも良くなれば、幸せに変わる。そのために我慢した」と話す人もいる。「子どもの教育だけはした」と、息子を県内有数の進学校から東京の大学に進学させた人もいる。

浪江町津島から福島市に避難している三瓶（旧姓：渡辺）春江さん（六〇）の両親も戦後、それぞれシベリアと満州から福島県内に引き揚げた後、津島に入植した開拓者だ。両親は、炭焼きと農業の兼業で生計を支え、農閑期に父親は出稼ぎに行った。長男は高校に進学せず、東京に出稼ぎに行き、家族に仕送りをしてくれた。

その長男は、二五歳のとき埼玉県大宮市（現、さいたま市）で、交通事故で亡くなった。葬式は故郷の津島で、土葬で行った。隣組の組長が、葬儀委員長を務めてくれた。他の男性は棺を作り、五色旗などお墓に持って行くものを用意した。女性は料理を作った。何百年も前からのやり方を滞りなくできたのは、分からなければ長老に聞けば教えてもらえたからだ。家を新築したときや厄年の厄除けなどで踊る田植え踊りなどの伝統芸能や、田植え、稲刈り、脱穀などの農作業も、地域の**「結い」の力**（協働の精神）で助け合ってやってきた。

津島全体が大きな一つの家族だった。学校に行くときには、畑仕事しているおばあちゃんが、「おはよう」と挨拶してくれる。下校時には、ダンプを運転しているおじさんが、運転席から「いま帰りか。気いつけて帰れよ」と話しかけてくれる。どこの家でも、人を見かければ必ずと言っていいくらいお茶や食事を振る舞った。人が集まれば、酒を飲まないで終わることはなかった。山菜やキノコ、川魚が保存食として塩漬けや冷凍にしてあったので、酒の肴には困らなかったという。山の幸は、畑で採れる白菜や大根を含めて、隣近所の人たちへのおすそ分けの分も含めて大量に塩漬けにし、1年中食べられるように保存しておくのが当たり前だった。

春江さんは、「生活するだけで精一杯だったけど、みんな一緒に同じものを食べたり、話ができたことで幸せな思いを噛み締められた。人との関わりがよかったから、津島を離れようとは思わなかった」と、事故前の生活を懐かしむ。

里山の豊かさとは物の豊かさではなく、人と人とのつながりの豊かさなのだ。

故郷とは何か

津島の人にとって家族や親戚、友人、知人との人間関係は、生まれ育った故郷の土地と切り離せない。地名やその土地の特徴、生業などに由来する屋号で、お互いを呼び合うことが多い。たとえば、春江さんの嫁ぎ先、三瓶家はスガタと呼ばれていた。隣近所に三瓶という名字は多いが、スガタと言えば、春江さんの家だ。住所は南津島西ノ内だが、杉林があったから、杉の家が転じてスガタと呼ばれるようになったそうだ。クツクボと言えば、赤宇木葛久保《あこうぎくつくぼ》地区の特定の家を指す。葛久保の他の家の人のことは、クツクボとは呼ばない。

津島を巣立った子どもたちは、全国に散らばっていったが、「ばあちゃんがいる故郷に行こう」と、お盆には人口が倍増した。故郷を離れて顔が分からなくなっても、「スガタの家の子だ」と言えば、三瓶家の親戚としてすぐに打ち解けて、地元の人と変わりなく接してくれた。親の世代、その上の世代までさかのぼって、家や土地とのつながりを実感できたからだ。

里山の暮らしを、医療人類学の波平恵美子は次のように語る(10)。

かつて日本人の間には一人一人の人間の個別性よりも、ある「家」やある土地に生まれ、一定

写真５ それでも桜は咲く。帰還困難区域に指定された福島県富岡町は、夜の森の桜並木で有名。（2020 年 4 月撮影）

期間の人生を生きて死んでゆく者は、一つの大きないのちのプールのようなものの中から、ある時間帯だけこの世に生まれ出て来て、死ぬと、またそのいのちのプールに帰るとでも比喩できるような、個人のこの世での生命を強調しないいのちの観念があった。

里山の桜を見れば、桜を植えてくれた先祖の暮らしに思いをはせることができる（**写真５**）。そして、自分が植えた桜を、数十年後数に自分の子どもや孫が眺める姿を思い描くことで、自分から子ども、孫へと引き継がれていく命の連鎖、自分がこの土地に生きていることを実感できる。**内面的人間など存在しない。人は常に世界内にあり、世界の中でこそ人は己れを知る**[11]。それが故郷だ。

あの日を境に何が起きたのか

あの日、その故郷から無理やり引き剥がされた。満州から引き揚げ、炭を焼き、農地を開拓し、ようやく築き上げた自分たちの居場所が、一瞬のうちになくなってしまった。土地や家はあるにはあるが、見るも無残に荒れ果ててしまった。濃密な人とのつながりも、なくなった。かつて、三瓶家には、週に三、四日は誰かしら訪問客があった。福島市に避難してからは、訪問客が来るのは年に一、二度だけ。義父は、「寂しいね。いつになったら帰れるのかなあ。俺が死んだら津島に埋めてくれ」と春江さんに頼んだという。

その後、がんで入院した義父は、興奮しながら春江さんの手を握りしめ、「帰りたい、帰りたい」と訴えた。それが、最後の会話となった。避難先なので、昔ながらの葬式をしてあげられなかった。津島の墓に埋めてあげたいが、いまのままだと放射線量が高く、墓参りができない。義父の墓をどこにするかは、まだ決めてない。「結い」の力で、戦後の厳しい時代を助け合って生き抜いてきた津島住民は、避難に次ぐ避難で散り散りになってしまった。故郷から引き剥がされ、お墓にさえ入れない。

しかも、避難先では、大好きな津島を隠して暮らさなければならない。車のナンバーを「いわき」から「福島」に代えた。駐車中に、車のボディーを傷つけられた。走行中に後ろから煽られたこともあり、怖かった。昔話ができない。出身地を名乗ったら、「避難民なの」「お金いっぱいもらったんでしょ」などと、好奇の目でみられた。同郷の知人のいない避難先では、家族以外に津島の話ができなくなった。記憶があっても話せないから、記憶を失っているのと同じだ。「記憶喪失のようだね」と、春江さんは寂しげに呟く。

生きがいを失った。みんな、若いうちは好きなことをやっていても、ゆくゆくは親のあとを継ぐんだな、と生まれたときから自然に決めているところがある。戻れない、親のあとを継ぐ場所がない。何をすればいいか分からない。ご飯を食べて、テレビを見て、それだけだ。生きる張りがないということは、死に近づいているということ。やる気が起きない。時間だけが過ぎていく毎日。近所に知り合いがいないから、誰とも話さない。友達はテレビだけ。そんな避難者が多いと、春江さんは嘆く。

では、どうすればいいのか。

春江さんは、人前では「津島に戻りたい」と訴えてきた。ただ、「本当に戻る気があるんですか」と問い詰められると、胸を張って「帰れます」とも「帰れません」とも言えない自分がいる。戻りたいが、戻れない。「帰らない」と宣言してしまったら、津島で暮らした過去、その記憶までも全部、自分の手で消し去ることになる。「いまの段階で決断しろというのは酷だ」と、春江さんは話す（**写真6-1～3**）。

関西学院大学災害復興制度研究所が二〇二〇年夏に行った調査によると、帰還困難区域に指定されている地域からの避難者のうち八七・〇%が、元の住所に住民票を置いたままだった。ただ、福島に戻る意向を示した人は、二〇・〇%にとどまった。住民票を移さない理由としては、「長い間、生活していたところから、住民票を移すことには抵抗がある」「お墓とか土地がまだ残っているので迷いがある」「住民票を移すと福島県民でなくなる。それが一番つらいのです。新しい土地での県民にはな

写真 6-1 原発事故から１０年経っても帰還困難区域に指定されたままの福島県浪江町津島地区。（2020 年 2 月撮影）

写真 6-2 人が住まなくなった山里は荒れ果てていた。農地だった場所には、除染廃棄物が山積みされたままになっている。（2020 年 2 月撮影）

写真 6-3 道幅の狭い津島地区の山道を、除染廃棄物を太平洋沿岸にある中間貯蔵施設に運ぶトラックがひっきりなしに走っている。（2020 年 2 月撮影）

りたくない」などが、自由解答欄で寄せられた。

社会の病

これまで紹介してきた帰還困難区域からの避難者の状態は、生物学的には生きているが、きつい言い方になるが、社会的動物としては死んでいるのも同然だ。社会的な動物である人間にとって、自分と自分の子孫の生存を末長く保障してくれるはずだった故郷の土地、連綿と続いてきた気心知れた人とのつながりを失うことは、生存の危機を意味する。放射線災害を、「社会の病」として捉え直す必要がある。

東日本大震災・原発事故関連死の死者数は、福島県が二二八六人と被災三県のなかで圧倒的に多い[12]（宮城県九二八人、岩手県四六九人）。関連自殺も福島県が一一五人と、極端に多い[13]（宮城県五七人、岩手県五三人）。関連死・関連自殺の主な原因は、避難所への移動や避難生活にともなう肉体的・精神的疲労と言われる。しかし、それだけでは説明がつかない。事情を知らない第三者には理解困難な、土地や家があるのに帰れない故郷喪失感、将来の見通しのなさ、いじめや差別、相談相手がいない孤立感、放射線被ばくに対するトラウマなど、心理的・社会的・経済的要因が複雑に絡まり合ったストレスが上乗せされていると考えられる。

筆者は、背景にある社会経済的格差を含めて、これらを「社会の病」と呼んでいるのだが、実はこのことを裏付ける調査が行われている。先に紹介した辻内教授らの調査だ[14]。調査によると、事故後四年を経過した時点でさえ、強制避難区域からの避難者の五〇％以上がＰＴＳＤの可能性のある強いストレスを受けていることが分かった。五〇％強という数字は、阪神淡路大震災の約四〇％（発生から三年八ヶ月後）、新潟県中越地震の約二一％（発生から三ヶ月後、および一三ヶ月後）と比べて群を抜いて高い。避難生活に伴う肉体的・精神的疲労の一言で済ますわけにはいかない。

前述したように、心が痛めば身体も痛む。ＰＴＳＤやうつ病の患者には、がんや心臓病、糖尿病の合併症が多いことが知られている。五〇％以上の人にＰＴＳＤの可能性があるということは、避難者にがんや、心臓病、糖尿病、脳卒中のリスクも高まっているということだ。ＮＨＫが二〇一九年に、福島県内で震災関連死と認定された人の状況をについてアンケート調査した結果、一九五人分の回答を得られ、死因は心臓と脳血管の疾患が合計で五四人と、肺炎に並んで最も多いことが分かった。(15)

放射線災害の鍵を握る物質、炎症性サイトカイン

なぜ、心が痛むと身体も痛むのだろうか。鍵を握っている物質がある。それは、炎症反応や免疫応答を媒介するタンパク質、炎症性サイトカインだ。ＰＴＳＤ、うつ病、がん、心臓病、どの病気でも、炎症性サイトカインの過剰放出による慢性的な炎症反応が観察されている（Irwin MR & Miller AH, 2007; Spiegel D, 2014; Passos IC et al., 2015)。ほとんどすべての深刻な病気の原因は、ストレスによる炎症反応であることが、最近の研究で分かってきた。二一世紀の医学部の学生が教授から聞く説明は、ほんの少し前の学生とかなり違う。心が風邪を引けば、心臓も風邪を引くのだ。

放射線そのものの物理的影響と、「社会の病」の間に相互作用がある可能性もある。放射線の身体への影響も、ストレス反応であることに変わりないからだ。終戦から六〇年以上経っても、リンパ球などに放射線由来のＤＮＡ傷害が残っていて、免疫系に異常がある原爆被爆者がいた。調査で、被ばく線量が多い人ほどサイトカイン（ＩＬ－６）の血中濃度が上昇していることが分かった。さらに、心筋梗塞の既往症のある被ばく者は、ＩＬ－６の血中濃度が有意に高いことが確認された。ＩＬ－６による炎症反応で、動脈硬化症になった可能性が高い（Kusunoki Y & Hayashi T, 2008）。

放射線は活性酸素を発生させる。活性酸素がサイトカインの放出を促すことは、証明されている（Matsuzawa A et al., 2005）。また、放射線は細胞の老化を早める。老化した細胞は、サイトカインを過剰に放出するようになる。そのうえ、放射線は、老化によるサイトカインの血中濃度上昇を加速させることが報告されている（Nakachi K, 2004; Hayashi T et al., 2012）。

最近の研究で、サイトカインが長寿のカギを握っていることが分かってきた。一〇〇歳以上の六八四人を含む日本人を調査した結果、健康長寿最大のリスク要因は、血管や内臓の慢性的な炎症であることが分かった（Arai Y et al., 2015）。炎症反応が少ない人ほど、長生きしていたのだ。さらに、百寿者の子孫の方が、そうでない人より二種類のサイトカイン（ＩＬ－６と腫瘍壊死因子）の血中濃度が低かった。これらのことから、炎症が老化を促進し、健康寿命を短くすることが分かった。過剰放出されたサイトカインが血流に乗って全身を駆けめぐると、全身の血管や臓器に慢性的な炎症を起こし、動脈硬化、心筋梗塞、糖尿病を引き起こしやすくなる（Tchkonia T et al., 2013）。がんやアルツハイマーにも関係すると考えられている。

　原爆被ばく者の免疫細胞に対する放射線の影響は、被ばく線量一グレイ当たり数%とわずかかもしれない。しかし、そのダメージが何十年も続けば命に関わってくることが、長寿研究で裏付けられようとしている。

　興味深いことに、ＩＬ‐６の血中濃度が高い人は、うつ病になりやすく、抗うつ剤が効きにくいことが別の研究で明らかになっている（Muscatell KA et al., 2015）。サイトカインは神経細胞に炎症を起こすだけでなく、気分の変化に関係するセロトニンなどの神経伝達物質の合成・取り込み・放出に影響を与えることが報告されている。これらのことから、うつ病のサイトカイン原因説が提唱されている（Miller AH et al., 2013）。脳腫瘍への放射線治療の副作用で精神症状が出るのは、四〇グレイもの高線量を浴びた場合かもしれない。ほとんど分裂しない脳の神経細胞は、放射線の影響を受けにくいかもしれない。しかし、被ばくによりサイトカインの血中濃度が高くなった人は、被ばくしていない人より精神疾患に罹患しやすいはずだ。

　きわめて低線量の被ばくでも、サイトカインの血中濃度の上昇、免疫力の低下が報告されている。パキスタンでは、自然放射線によりサイトカインに突然変異が起き、免疫力が低下していた（Shahid S et al., 2015）。住民があびた年間の自然放射線量は、わずか〇・四～四・六ミリシーベルトだった。中国のウラン鉱山で五年以上働いていて、積算実効線量が推定で二〇ミリシーベルトを超えた人は、それ以下の人に比べ、サイトカインの血中濃度が有意に高くなっていた（Li K et al., 2014）。

放射線被ばくというと、ＤＮＡの二本鎖切断や突然変異を連想しがちだが、それらが起きなくても健康に影響が出る可能性はある。放射線の電離作用で発生した活性酸素の刺激は、炎症物質、サイトカインの放出を促すからだ。たとえ低線量でも、放射線をあび続ければ、あびた期間だけ全身の血管や臓器で余計な炎症反応が起き続ける可能性がある。その分、がんや心筋梗塞、うつ病などに罹患するリスクは高くなるだろう。

今回の原発事故で事故時、福島市に居住していた人が福島市に住み続けるとすると、八〇歳到達時までに受ける実効線量は推定で、成人で平均一一ミリシーベルト、一歳児は一八ミリシーベルトになる（ANSCEAR, 2014）。たとえ低線量でも、放射線をあび続ければ、あびた期間だけ全身の血管や臓器で余計な炎症反応が起き続ける可能性がある。その分、がんや心筋梗塞、うつ病などに罹患するリスクは高くなる可能性がある。特に、農業や土木作業など、何年、何十年も、長時間、屋外で作業をする職業に従事する人はリスクが高くなる。彼らに対する、長期にわたる被ばく線量の評価、健康診断の受診機会の拡充などが必要なのではないだろうか。

さらに、社会の病もサイトカインの血中濃度を高める。つまり、社会経済弱者や、故郷喪失感の強い被災者など、強い心理社会的ストレスを感じている人は、そうでない人と比べると、同じ一ミリシーベルトの被ばくでも、社会の病によるストレスでサイトカインの血中濃度がより高まり、被ばく量に換算すれば一〇ミリシーベルト、五〇ミリシーベルトに相当する身体的および精神的ダメージを受ける可能性がある（**図１**）。動物実験では、精神的なストレスが、放射線による細胞のがん化を加速

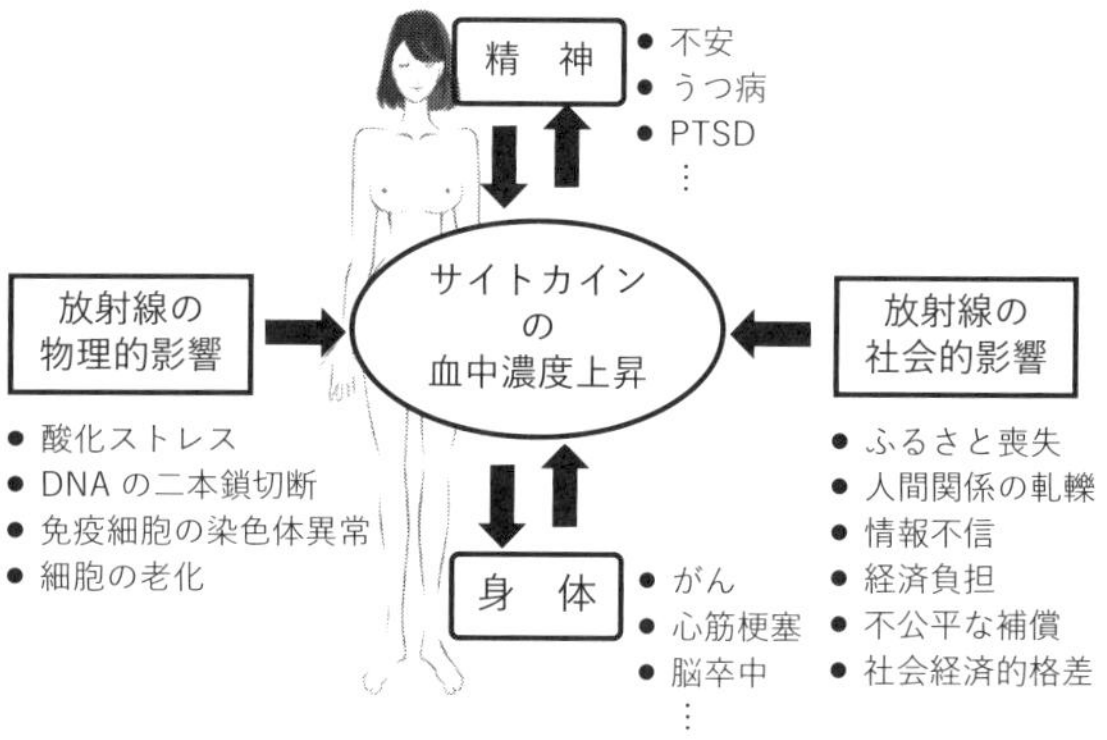

図 1：放射線災害の鍵を握る物質、サイトカイン：物理的影響と社会的影響には相互作用がある。心が痛めば身体も痛む。

させることが報告されている（Feng Z et al., 2012）。

国に批判的な専門家も含めて、現在のリスク分析は、放射線の社会的な影響、そして社会的影響と物理的影響の相互作用を考慮していない。生活習慣病が増えたのは原発事故の間接的な影響といわれているが、間接的な影響で心筋梗塞になるとは、どんなメカニズムを想定しているのだろうか。放射線の電離作用によって発生したフリーラジカルの刺激で血液中に放出されたサイトカインと、社会的混乱によるストレスで血中濃度が高まったサイトカインは、識別不可能だ。どちらも、心筋梗塞の原因となる。識別できないのに、放射線の物理的影響のみ考慮することは、健康リスクを過小評価することになる。

被災者の体内で、実際にどのような生理的な変化が起きているのか、炎症性サイトカインやストレスホルモンの血中濃度の測定などを行う必要はあるかもしれない。ただ、現状に倫理的な憤慨を感じるのに十分な知識を、私たちはすでに先行研究から得ている。心臓病、脳卒中、糖尿病、うつ病、ＰＴＳＤなど、心身両面の病気の治療・予防を、いま以上に強力に推進することの方が、改めて疫学調査を行うより賢明な選択だろう。物足りないとおっしゃるなら、健康診断の血液検査に、バイオマーカーのＣＲＰを付け加えればいい。ＣＲＰは、炎症性サイトカイン（ＩＬ-６）が肝臓に作用することで血液中に放出される。安上がりな代用マーカーだ。身体にストレス反応が起きていることを知らせてくれる一般的な検査なので、すぐに実施可能だ。

重要なのは、いますぐできることと、資金や人手、科学技術の進歩で将来的には可能だが実現には時間がかかることを秤にかけて、現実的に最も効果的な選択肢を選ぶことだ。

被災者にとって安全な暮らしとは

ＷＨＯは、健康とは「肉体的、精神的及び社会福祉のすべてが満たされた状態であり、単に病気でないとか弱ってないという状態ではない」と定義している（WHO, 1946）。

被災者にとって放射線被ばくによる健康リスクとは、放射線量という物理量に還元できるものではない。自分と自分の家族の生命と生活の質、すべてに関わるリスクである。

事故そのものに対するリスク、事故直後にその場に留まったことによるリスクと緊急避難したことによるリスク、長期避難することで発生したリスクと帰還することによるリスクであり、おそらく一生つきまとうであろう事故直後の被ばくと、いま現在も続く低線量被ばくによる我が子の将来の健康影響に対する拭いようのない不安、そして親としての対処の仕方に対する自責の念、さらに国や東電に対する怒りである。

これらは、放射線の知識とは直接関係ない医療福祉政策をも含めた社会全体の安全保障に関連するリスクである。過去の事例では、法的な制度、関係者のモラルなど、安全性に関わるすべてのリスク認知が下がらない限り、人々の健康被害に対するリスク認知は下がらないと報告されている（農林水産先端技術産業振興センター、二〇〇六）。

生活者にとって、トータルな意味で安全でなければ健康リスクがないとはいえない。放射線量にとらわれず、社会の病を含め、あらゆる健康リスクを低減させるために、さまざまな要因を総合的に評価して健康対策を講ずる必要がある。

そのためには、放射線の物理的影響しかリスク評価の対象にしていない現在のリスク論を再検討し、リスクのモノサシを二本立てにすること。すなわち、放射線の物理的影響と社会的影響の二つをリスク評価の対象にし、多様なリスクを正当に評価する必要がある。そして、被災者一人ひとりがお互いの価値観を尊重し、それぞれの損害を理解する努力を粘り強く続けること——それが遠回りなようで、放射線災害、最大の社会の病といえる「分断」解消への第一歩となる。

以上、原発事故後の福島で、何が起きているかを見てきた。人間関係の希薄化は、社会全体の健康水準を低下させてしまう。事故から一〇年が経った福島の現在地を見れば、感染症の流行抑制のためやむを得ないとは言え、ソーシャル・ディスタンスを合言葉にすることで、コロナ後の日本社会で何が起きようとしているのか予測できそうだ。いまの福島を見れば、一〇年後の日本社会が見えてくる。原発事故であれ、新型コロナであれ、人災であれ、自然災害であれ、大災害後は、歴史的社会的に構造化された社会の矛盾が、誰もが分かるようなかたちで拡大再生産される。弱いところに、しわ寄せが来るからだ。裏を返せば、何をすれば、より多くの人が幸せになれるかが分かる。失いたくない価値は人それぞれかもしれないが、大切にしていた価値が踏みにじられたという「痛み」を共有することはできる。疫学転換後の日本社会に必要なものは何か。「もう、このような想いは、誰にもしてほしくはない」と願う災害被害者の置かれた状況を、数十年先の日本社会全体の課題として、被害に遭っていない人たちも含めて共感できる場を創出する必要がある。

まとめ

- 社会的動物として進化した人類にとって、社会からの排除・孤立は、命に関わる問題。人間関係を豊かにすることによる死亡率低下効果は、禁煙と同程度の効果がある。
- 原発事故で、強制避難区域外の被災者が強い放射線ストレスを感じているのは、「見捨てられた」との思いが強いからである。
- 中山間地で暮らす人たちにとっては、見える山々、土地すべてが生活空間。放射性物質で汚染された森林の除染してもらえないことは、里山暮らしの価値を否定されたことを意味する。
- 山菜やキノコの「おすそ分け」に象徴される里山暮らしの豊かさとは、人と人とのつながりの豊かさ。

●故郷喪失による人間関係の希薄化は、命に関わる重大な健康リスク。うつ病などの精神疾患、心臓病や脳卒中、糖尿病、がんなどのリスクも高まる。

●放射線被ばくも、ストレスであることに変わりはない。放射線の刺激で血液中に放出されたサイトカインと、故郷喪失によるストレスで放出されたサイトカインは識別不可能。どちらも心筋梗塞の原因となる。識別できないのに、放射線の物理的影響のみ考慮することは、健康リスクを過小評価することになる。

●リスクのモノサシを、放射線の物理的影響と放射線の社会的影響の二本立てにし、多様な健康リスクを正当に評価することが、地域の分断解消、復興推進につながる。

【注】

（1）人類が、生存率を上げるために社会的動物として進化したことについては、第5章を参照されたい。

（2）孤立により死亡率が高まることについては、第1章を参照のこと。

（3）田中優子（二〇〇八）『カムイ伝講義』小学館。

（4）調査は二〇一五年に、避難者一万七〇〇〇世帯を対象に行われた。

（5）調査は二〇一四年に、二〇歳から七五歳未満の福島県民一〇〇〇人を対象に行われた。

（6）紙面の都合で紹介できないが、コメントをいただいた多くの方には、感謝申し上げます。

（7）松井健（一九九八）「マイナー・サブシステンスの世界」篠原徹編『民族の技術』朝倉書店。洞察に富んだ「遊び仕事」の意訳は、鬼頭秀一・東京大学名誉教授による。

（８）柳田国男（二〇一七）『都市と農村』岩波文庫
（９）福島県農地開拓課編（一九七三）『福島県戦後開拓史』福島県
（10）波平恵美子（一九九六）『いのちの文化人類学』新潮選書
（11）モーリス・メルロ＝ポンティ（一九六七）『知覚の現象学１』みすず書房
（12）二〇一九年九月三〇日現在（復興庁発表）
（13）二〇一九年一二月三一日現在（厚生労働省 令和二年版自殺対策白書より）
（14）辻内琢也（二〇一六）「原発事故がもたらした精神的被害：構造的暴力による社会的虐待」『科学』岩波書店
（15）ＮＨＫ（二〇一九）「福島県内の『震災関連死』心臓と脳血管の疾患が肺炎と並び最多（三月二日）

【主な参考文献】

伊藤浩志（二〇一七）『復興ストレス――失われゆく被災の言葉』彩流社
松井健（一九九八）「マイナー・サブシステンスの世界」篠原徹編『民族の技術』朝倉書店
波平恵美子（一九九六）『いのちの文化人類学』新潮選書
柳田国男（二〇一七）『都市と農村』岩波文庫

第8章 ポストコロナ時代のリスク論
——現代社会のストレスと疫学転換

経済成長によって生活水準が向上した先進国では疫学転換が起こり、病気の原因が、モノ（物質）の貧困からコト（デキゴト＝人間関係）の貧困へと変化した。具体例として、「社会経済格差」や「社会の分断」、「故郷喪失」がうつ病などの精神疾患だけでなく、生活習慣病の原因になることを、これまで見てきた。心が痛めば、実際に心臓が痛んで心臓病になる。新型コロナウイルス感染症、そして、福島原発事故でも本当に恐ろしいのは、ウイルスや放射性物質より、むしろ、大災害によって増幅された社会経済格差や地域の分断、差別や偏見、故郷喪失による人間関係の希薄化だろう。

では、なぜ、ウイルスや放射性物質という物質に人々の関心が集中してしまい、こうした「社会の病」が見逃されてしまうのだろうか。その原因は、現在のリスク論が安全は科学の問題、不安は心の問題とする安全安心二元論を大前提としていることにあることも、これまで何度も指摘してきた。人と人との「間《あいだ》」にある関係の病は物質に還元できないので、社会の病に対する不安は当人の内面の問題、すなわち心の病とされてしまう。確かな根拠がある不安が正当に評価されなければ、そのこと自体、新たな不安の原因になり、心理社会的ストレスによる健康リスクは一層高まっていく。

安全安心二元論にはこのような欠点があるが、この欠点の克服は容易ではない。なぜなら、安全安心二元論を歴史的に遡っていくと、一七世紀のデカルトの心身二元論に行き着くからだ。言うまでもなく、デカルトは、近代哲学の祖であると同時に近代科学の祖でもある。西欧近代社会は、デカルト的世界観を大前提にしているのだから、明治以降、欧米の列強に追いつき追い越そうと、ひたすら西欧近代化の道を突き進んできた日本社会にとって、安全安心二元論の克服が容易でないのは、もっともなことだ。安全を科学的に検討するのは、物質に還元して定量化することで「客観」性を担保できるからで、「主観」的な安心感（不安感）はあやふやで信用できない、というわけだ。「主観」「客観」と聞くと当たり前のように聞こえるが、哲学者の廣松渉に言わせれば、「主観」「客観」なる概念は、近代をまって初めて成立したものだ。

古代や中世には、そもそも「主観―客観」などという発想そのものが存在しなかった。〝近代的〟発想の地平に浸り込んでいるかぎり主観（主体）―客観（客体）という図式をぬきにしては「認識」はおろか、そもそも世界を了解することが、なるほど困難である。[1]

つまり、デカルト的な西欧近代思想の枠の中で物事を考えている限り、「安全（客観）―安心（主観）」二元論を抜きにしては、リスクを認識することはおろか、安全性を確保することが困難になってしまう、ということだ。デカルトの提唱した世界観について、その特殊性をもう少し検討してみよう。

近代科学の前提：機械論的自然観

生命現象は物質に還元し、因果的、数学的に定量化することができる、とする生命観がある。と言うと難しそうに聞こえるが、健康診断などでお馴染みの見方だ。私ごとで恐縮だが、本日、人間ドックの結果が郵送されてきた。コロナ禍のストレス（？）で飲酒量が増え、肝機能や脂質代謝などが気になっていたのだが、ＡＳＴ（ＧＯＴ）、ＡＬＴ（ＧＰＴ）、γ-ＧＰＴ、中性脂肪などの値は、いずれも基準値の範囲内でホッとした。実は、これこそデカルトが提唱した生命の見方で、機械論的自然観と呼ばれる。

生命＝自然を死せる機械として見ようとする機械論的自然観は、人間の身体（生命）を量と大きさだけを持ち、意識もなく機械的に動く物質の塊とみなす。身体を機械と見なすことで、故障の原因を突き止めるために機械を分解するように、身体をバラバラに分解して生命現象を解明しようとする発想が生まれる。個体から臓器へ、臓器から細胞へ、そして分子レベルでの変化、たとえば、放射線の健康影響なら、電離放射線による水分子のイオン化、フリーラジカルの発生、水素結合の破壊、ＤＮＡの二本鎖切断、細胞のがん化、と物質に還元し、因果的に確率として生命現象を定量化することで、放射線被ばくによる発がんのリスクを推定しようとするのが、機械論的自然観に基づいた生命理解の仕方だ。この生命観に基づけば、健康リスクは「一つの事象の確率と重大さの積」として定量化できるので、被ばくによる発がんリスクは、被ばく量に応じて、がんがどの程度増加するかを数学（統計学）的に検定することになる。

だから、科学者は、原発事故の健康リスクを物質に還元することで、医療被ばくや喫煙によるがん死亡リスクと「分かりやすく」比較できると考える。その代わり、人と人との間《あいだ》にある「社会の病」は、物質に還元することができないのでリスク評価の対象外となり、実害があることが「分かりにくく」なってしまうのだが……。

一方、「精神」は、デカルトが提唱した近代的世界観では、神を除けば人間だけの特有なものとされ、生命現象から除外される。精神の本質は、考えるということであけにあって、存在することにどんな場所も要せず、いかなる物質的なものにも依存しない一つの実体、すなわち「わたしは考える、ゆえにわたしは存在する（ワレ推《オモ》ウ、故ニワ在《ア》レリ）」（デカルト）となる[2]。そして、人間の理性は、機械のように自然を道具として扱い、神のごとく支配できるとする。**近代科学の暗黙の前提**となっているのは、**道具としての自然を人間は理性の力で制御できる**とする理性中心主義的な自然観である。だから、この自然観を信じる人は、安全を科学に委ねようとするのだ。科学は人間の理性の産物で、客観的で信用するに値すると考えるからだ。

理性中心主義的なこの考え方は、二一世紀の脳科学で否定されていることは主に第4章で指摘したが、スコラ哲学にうんざりしていたであろう一七世紀の西欧の人たちにとっては画期的なアイデアで、デカルトは彼らにとっては、さながら今日のビル・ゲイツのような存在だったのではないだろうか。

そして、デカルトの開発した知的アプリケーションソフトは、四〇〇年近く経った現在でも西欧近代思想を取り入れた社会では、盛んにダウンロードされ、活用されている。新型コロナウイルス感染症流行拡大の原因はウイルスのみにあると見なし、理性の力でワクチンという道具を開発しさえすれば、この感染症の流行を制御できるとする発想も、この自然観に由来している。

ところが、今日の科学技術の前提となっているこの機械論的自然観は、科学史家の伊東俊太郎によれば、ギリシアにも、中国にも、イスラムにも、そして日本にもない非常に特殊な西欧的な思想なのだという[3]。いかに特殊かは、異なる自然の概念を比較すれば、はっきりする。哲学者の木田元は、**二つの自然の概念**を検討している[4]。

一つは、**外的物質的存在を意味する自然**。現在の自然科学が研究対象とするのは、この概念の自然だ。日本では、明治二〇年代に森鷗外がこの意味で nature の訳語に当ててから広がったそうだ。この意味だと人間は、精神的存在者や社会的存在者と区別される有機体としてのヒトとして扱われる。自然は、精神と自然、社会と自然、文明と自然という対概念のなかで捉えられる。「対概念のなかで考えられている自然は、対になっているもう一方の項に含まれている存在者と区別され、それと対立するような存在者の特定領域を指す」と、木田は指摘する。

もう一つは、「そう考えるのが自然だね」という意味の自然。事物一般の本来あるべきあり方を意味する自然だ。木田によれば、日本語でも人為の加わらない**自《おのず》から然《しか》ある状態**という意味の方が、古く基本的なのだという。『広辞苑』（第五版）には、「おのずからなる生成・展開を惹起させる本具の力としての、ものの性。本性。本質」とある。英語のnatureにも似た意味があり、nature of historyは「歴史の自然」ではなく「歴史の本性」と訳される。このような意味は、natureの基になっているラテン語のnatura（ナートゥーラ）、そのさらに基になっているギリシア語のphysis（ピュシス）にも一貫して認められるという。この意味だと、人間は自然の一部ということになり、自然とは対立しなくなる。「自然の主人にして所有者」（デカルト）ではなくなる。

ほとんどの人は、日常生活の中で自然という言葉を、その時々の文脈に従って無意識のうちに使い分けているはずだ。「野菜本来の自然の甘み」というときの自然は、人工対自然という対概念で用いているから前者の意味だ。「人間の自然の欲求」というときは、後者の意味だ。

どちらの自然観の方が優れている、というわけではないが、デカルト流の機械論的自然観、つまり、生命現象を物質に還元していく自然観の方が、絶対的貧困を克服するには都合がよかったはずだ。世界中どこの国でも、経済が成長し、物質的な豊かさを獲得するにしたがって、健康状態が改善することが知られている[5]。平均生活水準の尺度である国民一人当たりのGDPと平均寿命の間には、みごとな正の相関がある（第6章、図3を参照のこと）。日本も同様だ。これは主に、経済成長による上下水道などのインフラ整備、生活・教育水準の向上により衛生・栄養状態が改善され、乳幼児の感染症による死亡率が大幅に減少することによる。西欧化した社会はデカルト的自然観に従うことで、理性の力で自然を道具として扱い、物質的に豊かになることで寿命を延ばし、人口を増やすことができたと言える。

自然を外的物質的存在として対象化することができれば、目の前の自然は単なるモノとして、自分たちに都合のいいように道具として利用できる。「魂が宿っている」とか「神の怒りに触れる」などと言い出す人がいれば、「それは気のせい。あなたの心の問題。科学的に考えましょう。森に神など宿ってはいない」と笑い飛ばせば済んでしまう。難しい理屈を言えば、「認識主観に直接的に現前する与件は『意識に内在』する知覚心像、観念、表像、等々、つまり『意識内容』にかぎる」のであって、「客体自体は意識内容を介してたかだか間接的にしか知ることができない」のだ。[1]

なるほど、心身二元論に基づく、「安全は科学の問題、安心は心の問題」とする安全（客観）安心（主観）二元論は、物質的な豊かさを追求するのであれば、強力なツールとなる。この知的アプリをインストールしさえすれば、目の前で起きているデキゴトを、精神とは関係のない「機械としての自然現象」として割り切ることができるようになり、赤色の温かみといった質感、不安や恐れ、痛みにともなう不快感や不公平さに対する怒りなどの情動、そして正義や倫理など、モノに還元できない一切の質を切り捨てることができる。残るのは、形や大きさ、広がり、運動だけを持つ分割可能な微粒子の集合だ。「神が宿る」と村人たちが恐れ敬う神聖な森を開発したところで、神の怒りに触れて祟りなど起こるはずはない。実際には、村人たちは、過去に発生したエボラ出血熱や新型コロナなどの人獣共通感染症の流行を「神の怒り」と評して、森を神聖化し、科学の言葉に翻訳すれば、感染症対策として開発を規制していたのかもしれないが、絶対的な貧困の克服を至上命題とする社会では、「迷信」として退けられてしまう。

しかし、絶対的な貧困を克服し、相対的な貧困が課題となっている疫学転換後の社会では、なんでも物質に還元して生命現象を理解しようとする機械論的自然観には限界がある。前述したように、人間を身体という物質に還元してしまうと、身体と身体の間《あいだ》にある関係の病（社会の病）が見えなくなってしまうからだ。最終章では、人が病気になるメカニズムから、心身二元論に基づく機械論的自然観の限界を解説し、そのうえで、疫学転換後の社会（ポストコロナ時代）に求められるリスク論を提案したい。

ストレッサーとストレス

いったなぜ人は、病気になるのだろうか。人が病気になるとき、身体の中で何が起きているのだろうか。まずは、その生理的変化を見ていこう。

生存を脅かす刺激のことを、ストレッサーと言う。ストレッサーには、さまざまな種類がある。新型コロナウイルスのような感染症の原因になるウイルスや細菌、発がん作用がある放射線や紫外線もストレッサーだし、異常気象による高温・低温、火傷や電気ショック、外傷、低酸素などもそうだ。試験のプレッシャーもストレッサーだし、大切な人の死、失業、人間関係の軋轢、そして、新型コロナや原発事故後の社会不安などもストレッサーとなる。意外に思われるかもしれないが、昇進やマイホーム取得など一見好ましい状況も、本人がプレッシャーを感じ続けるようならストレッサー、すなわち病気の原因になる。

このように、ストレッサーにはさまざまな種類がある。例を挙げて言ったらキリがない。ところが、ストレッサーに対する身体の中で起きるストレス反応は、ほぼ同じと考えらえている。ここで言うストレスとは、「ストレッサーに対して生体に生じる非特異的反応の総称」を指す。非特異的というのは、ストレッサーの種類が違っても反応が一定のパターンを示すという意味だ。この定義は、ハンガリー系カナダ人のセリエという生理学者が提唱した、いわゆるストレス学説によるもので、今日では専門家の間で広く認められている。

ストレッサーにさらされると、生体は、生存の危機から身を守るための情動行動を取る。怒りや恐怖といった強い情動反応が起きる場合、ただちに通常の行動は中断され、「闘争」か「逃走」という二者択一の情動行動に切り替わる。不安を感じる場合、ストレッサーの対象がはっきりしないので、目に見える行動を取るというより、「フリーズする（身をすくませる）」ことが多いかもしれない。いずれにせよ、このような情動行動に即応するために、急激な生理変化が体内で起きる。専門的には、このことをストレス反応と言う。一般的に言われるストレス（精神的な緊張）とは意味がちょっと異なるので、注意が必要だ。

ストレス反応は、全身の反応だ。手のひらに汗をかいたり、心臓がドキドキしたり、身構えたり、不安顔になったり、眠気が醒めたり、食欲や性欲がなくなったりする。汗をかいたり、心臓がドキドキするのは交感神経系が興奮したためだ。身構えたり顔の表情が変るのは骨格筋系、眠気が醒めたり、食欲・性欲がなくなるのは中枢神経系の反応だ。血液は身体の表面へと向かい、闘う準備のために骨格筋に集まる。消化器系の血管は収縮し、血流も減少する。食事などしている場合ではないのだ。免疫系も活性化する。外敵から襲われた場合、傷口から細菌が体内に侵入するかもしれない。感染症に備えてのことだと考えられている。内分泌系の反応としては、副腎皮質からストレスホルモン、コルチゾールが分泌される。コルチゾールは、体内のエネルギーをすぐに利用できるようインスリンの働きを弱め、血糖値を上げさせる。また、脂肪細胞に蓄えられた脂肪酸を、エネルギー源として利用するために血液中に放出させる働きもある。

このようにストレス反応は、自律神経系、骨格筋系、脳神経系、免疫系、内分泌系のすべてで起こる反応だ。身体のすべての資源は、命にかかわる緊急事態に対応するために動員される。

交感神経系とＨＰＡ軸

中でも重要なのが、交感神経系と視床下部―下垂体―副腎皮質系（以下、ＨＰＡ軸）の二つの反応だ（**図1-1～3**）。

交感神経系は、副交感神経系とともに自律神経系を構成している。自律神経はその名が示す通り、骨格筋のように意識的に動かすことができない。心臓の筋肉や血管の収縮、汗腺のように自動的に制御されているのが、自律神経だ。交感神経系はストレス下で活性化して、心拍数を増加させ、血圧を上昇させる。一方、副交感神経系はリラックスしているときや睡眠中に活性化する。心臓の働きを抑制させ、エネルギーの貯蔵、消化、成長などの身体維持機能を促進させる。

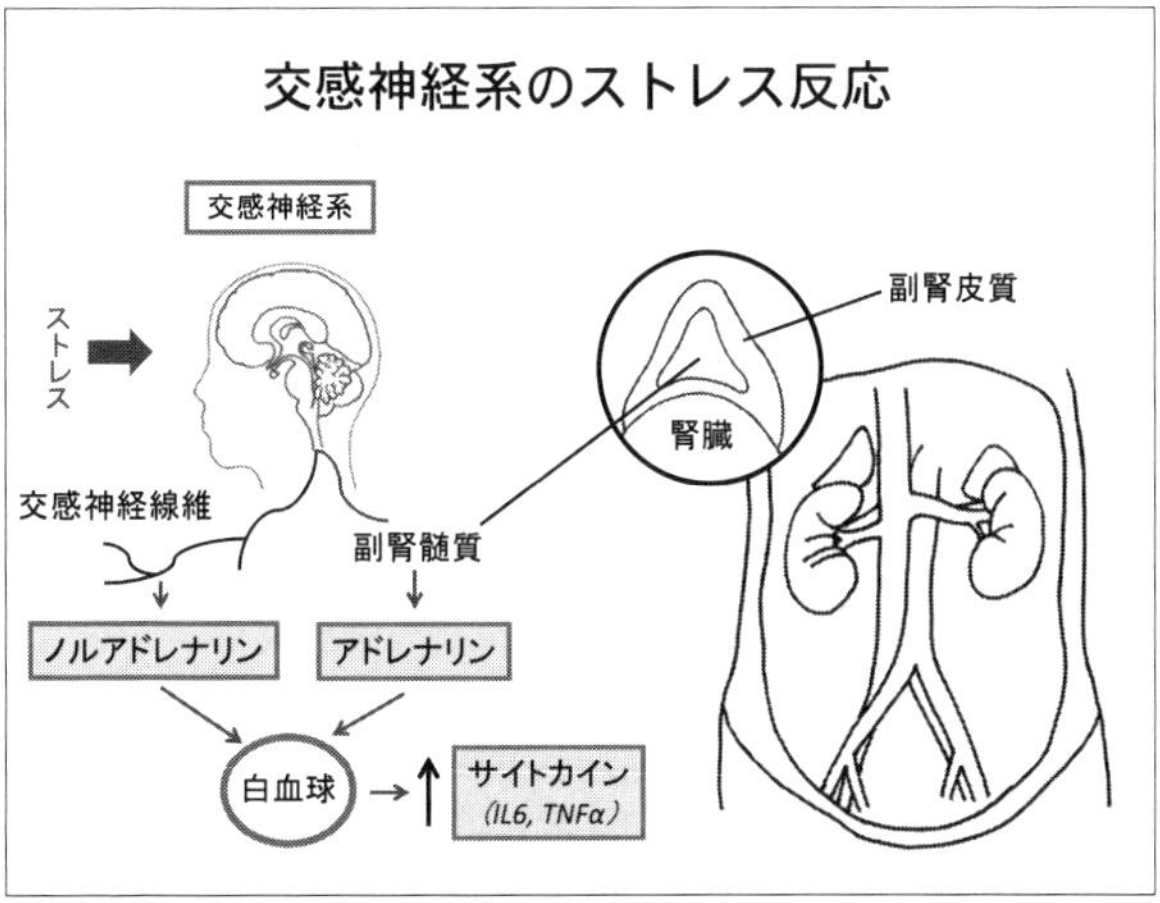
交感神経系のストレス反応
交感神経系
ストレス
副腎皮質
腎臓
交感神経線維
副腎髄質
ノルアドレナリン
アドレナリン
白血球
サイトカイン
(IL6, TNFα)

図 1-1

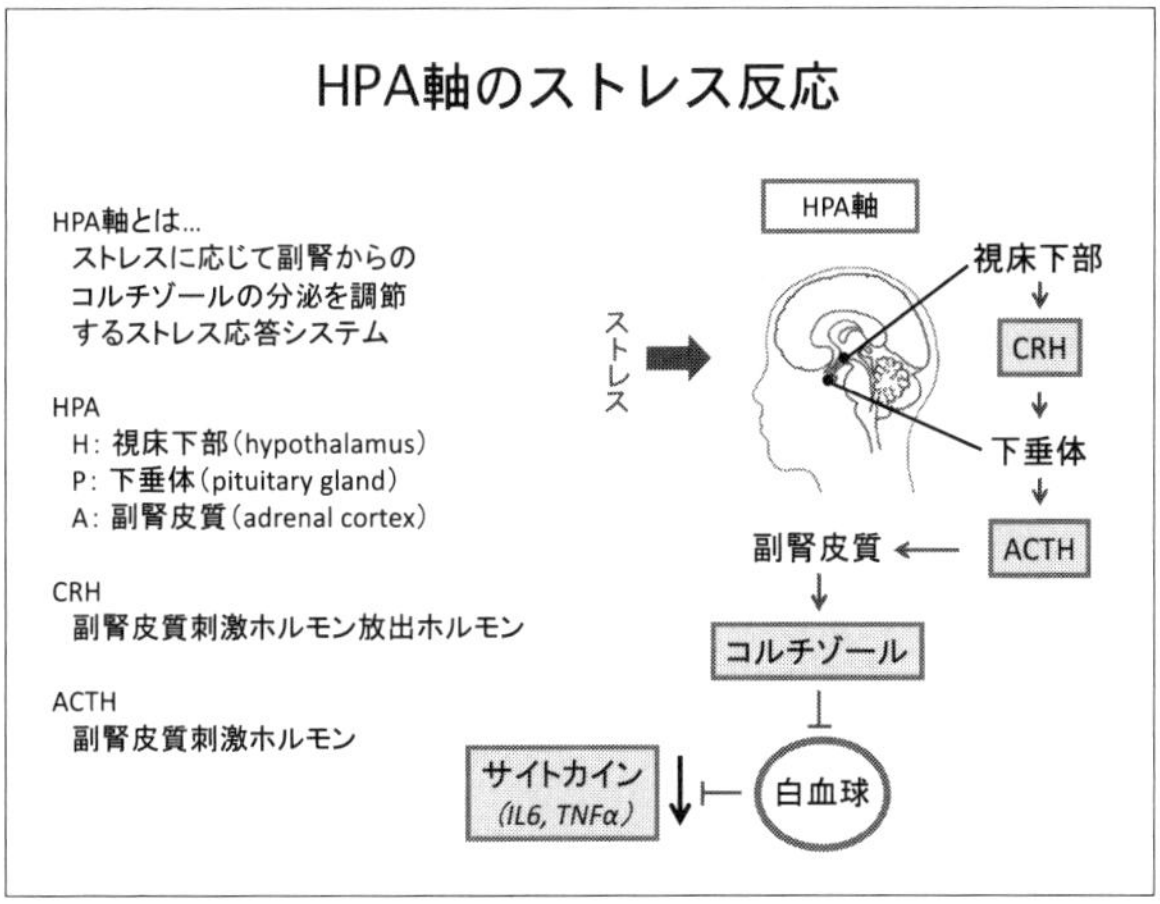
HPA軸のストレス反応
HPA軸とは…
ストレスに応じて副腎からの
コルチゾールの分泌を調節
するストレス応答システム
HPA
H：視床下部（hypothalamus）
P：下垂体（pituitary gland）
A：副腎皮質（adrenal cortex）
CRH
副腎皮質刺激ホルモン放出ホルモン
ACTH
副腎皮質刺激ホルモン
HPA軸
視床下部
ストレス
CRH
下垂体
ACTH
副腎皮質
コルチゾール
サイトカイン
(IL6, TNFα)
白血球

図 1-2

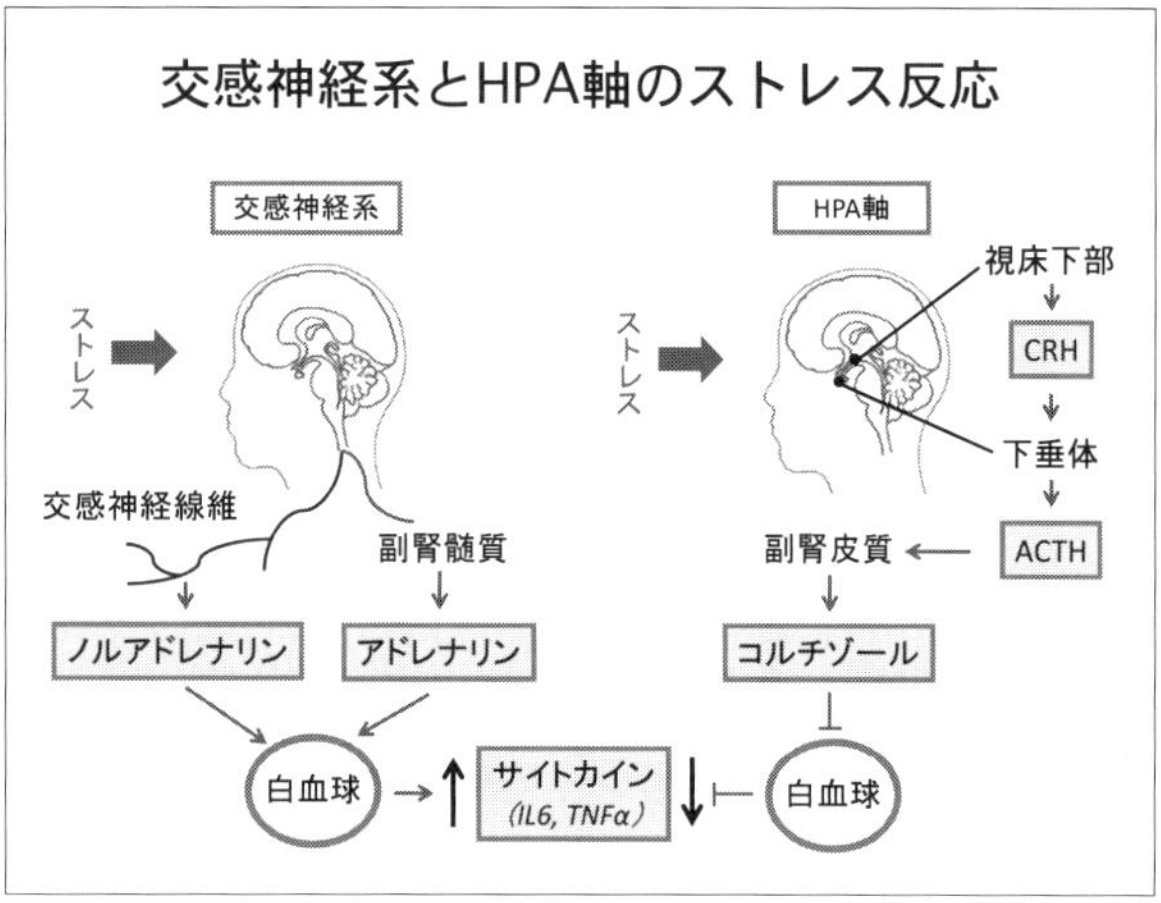

図 1-3

ストレス反応により交感神経系が活性化すると、アドレナリンとノルアドレナリンが放出され、身体を覚醒させる。アドレナリンは腎臓の上にある副腎の皮質と髄質のうち、髄質から血液中に放出される。ノルアドレナリンは全身の交感神経線維の末端から放出され、交感神経が支配している臓器の活動を変化させる。たとえば、心臓の働きが活発になる。また、アドレナリンとノルアドレナリンは白血球に作用して、インターロイキン６（ＩＬ－６）や腫瘍壊死因子α（ＴＮＦα）などのサイトカインの放出を促す。サイトカインは、細菌に感染したとき免疫細胞に情報を送ったり、感染症にかかったときの発熱（体温中枢の変化）などに関わっている。炎症反応にともなって放出が増加することから、これらのサイトカインは炎症性サイトカインと呼ばれている。炎症性サイトカインは脳の視床下部に作用して、コルチゾールの分泌を促す働きもある。

もう一つ重要なストレス反応が、交感神経系よりほんの少し遅れて反応するＨＰＡ軸の活性化だ。ストレスを感じた視床下部は数秒以内にホルモン（ＣＲＨ）を放出し、脳のすぐ下にある下垂体を刺激する。刺激を受けた下垂体は、別のホルモン（ＡＣＴＨ）をおよそ一五秒以内に放出し、今度は副腎の皮質を刺激、数分以内にコルチゾールを放出させる。これがＨＰＡ軸だ。ＨＰＡとは、視床下部（Ｈ）、下垂体（Ｐ）、副腎皮質（Ａ）、この三つの部位の英語の頭文字を取っている。コルチゾールは血流に乗って全身を駆け巡り、「闘争」か「逃走」のためのエネルギー供給を促す一方、炎症性サイトカインの放出を抑え、活性化した免疫反応を速やかに平常時に戻す。免疫反応が過剰になることによって、身体に悪影響が出ることを抑えるためだ。

このような一連のストレス反応は、コルチゾールが脳の海馬に到達することで終息する。コルチゾールから情報を受け取った海馬は、ストレス反応の司令塔である視床下部に、これ以上、コルチゾールを放出しないよう指令を出す。ＨＰＡ軸の活性化によって放出されたコルチゾール自身が、ＨＰＡ軸の活動にブレーキをかけるこのループは、ネガティブフィードバックと呼ばれている。

以上が、身体の中で起こるストレス反応の概略だ。この反応自体は病気ではない。人類の進化の歴史の中で、生命が脅かされるような緊急事態は通常一時間も続かなかったはずだから、睡眠や食事、性行為などに対する欲求が後回しになったとしても、大きな問題とはならない。何ごとも、命あっての物種だ。

なぜ病気になるのか

問題となるのは、ストレス反応が起きる状態が、何週間、何ヶ月、そして何年も続く場合だ。ストレス刺激が繰り返し加わる慢性ストレスは、急性ストレスと違った影響を生体に及ぼす。コロナ禍の状況が、まさにこの状態だ。福島原発事故後の被災者の置かれた状況も、同じと言える。結論から言えば、自動車のブレーキが効かなってしまうように、ＨＰＡ軸のネガティブフィードバックがかからなくなってしまうのだ。ストレス刺激を受け続けて、血液中のコルチゾール濃度が高いままの状態が続くと、海馬がコルチゾールに反応しにくくなってしまう。反応しにくくなるだけでなく、コルチゾールにさらされることで脳の神経細胞そのものがダメージを受け、海馬の神経細胞の数が減っていく[6]。その結果、視床下部にストレス反応を中止する指令が送られにくくなり、コルチゾールは四六時中、出っぱなしの状態になってしまうのだ。

高濃度のコルチゾールにさらされた海馬はさらなるダメージを受け、容積そのものが萎縮していく。海馬の萎縮に関係ある病気として、うつ病が知られている。うつ病を患っている期間が長いほど、海馬は萎縮していることが報告されている。また、多くのうつ病患者で血液中のコルチゾール濃度が上昇していて、抗うつ剤による治療で正常値に戻ることが報告されている。うつ病患者は副腎が大きく、治療後には正常な大きさに戻るという報告もある。これらのことから、コルチゾールの血中濃度を調整するＨＰＡ軸に何らかの障害が起きた結果、ネガティブフィードバックがかかりにくくなり、うつ病になるのではないかと考えられている。

慢性ストレスの影響は、精神への影響に留まらない。コルチゾールには免疫反応が過剰にならないよう炎症性サイトカインの放出を抑える働きがあると説明したが、コルチゾールが出続けると、こちらのブレーキも効きにくくなってしまう。NF-κB（エヌエフカッパビー）という炎症を促進させる因子のシグナルが増大し、炎症性サイトカインの放出が止まらなくなる。過剰に放出された炎症性サイトカインが血流に乗って全身を駆けめぐると、全身の血管、臓器に慢性的な炎症が起きる。炎症性サイトカインは、心臓病、脳卒中、糖尿病、さらには、がんの進行や転移とも関係していると考えられていて、炎症性サイトカインの血中濃度を測ることで、晩年のこれらの疾患への罹患率や死亡率を予測できるとまで言われている(7)。基礎疾患のある人、高齢者が新型コロナに感染しやすく、重篤化しやすいことに、炎症性サイトカインが関連していることは第1章で指摘した。

デカルトの誤り

以上の説明で分かるように、デカルトの心身二元論は明らかに間違っている。デカルトによれば、人間は他の動物と異なり特別な知的な能力（精神）を持っていて、精神は機械仕掛けの脳の外に存在する。そして、精神は、脳の松果体を介して機械としての身体と連絡し合うことで、感覚の受容と運動の制御を行なっている、とデカルトは考えた。彼が生きていた一七世紀には、水圧で動く機械仕掛けの道具が発明されたことから、機械仕掛けでできているはずの人間の身体も、精神の司令によって、松果体を介して脳の脳室から神経を通って押し出される体液が筋肉を膨らませ、身体活動が制御されているに違いない、と考えたようだ。

今日の脳科学で確認されているのは、松果体は、メラトニンというホルモンを産生しているということだ。メラトニンは通常、夜にだけ分泌されることから「ドラキュラホルモン」などと物騒な別名がつけられているが、太陽の光によって分泌が抑制されるので、松果体は季節によって変化していく毎日の日光のサイクルを感知する体内時計の役割を果たし、睡眠や性欲に関係していると考えられている。松果体は確かに脳にあることはあるが、体液を心臓や筋肉に送るポンプのような大げさな機能は、いまのところ確認されていない。

デカルトが考えた松果体の機能は、明らかに間違っている。それどころか、人間の脳は司令塔の役割を果たしていて、頭で考えて身体を動かしているという一般的な（西欧流の？）考え方さえ怪しい。HPA軸のネガティブフィードバック・ループに代表されるように、中枢神経系と身体はグルっと回るサーキットになっているので、どちらが主役でどちらが脇役というわけではないだろう。「頭で考えて身体を動かす」という見方は、一つの解釈に過ぎない。

第4章で指摘したように、人の意思決定の主役は無意識的に起きる情動反応であって、理性はその後追いをしているに過ぎない。安全／危険に関わる情報はいち早く情動中枢に届き、無意識的に情動反応が発生し、HPA軸が活性化する。理性的な活動を司る大脳新皮質に情報が届くのは、その後だ。快／不快の情動反応にしたがって情報に対する判断が無意識的に方向付けられた後に、なぜ、そのような判断をするのか、意識的な理由付けが後付けで行われる。まず直感（情動）、理由（理性）は後付けなのだ。前述したように、情動反応は骨格筋系も含めた全身反応なのだから、身体の反応が主役で、頭は脇役とも言える。

また、次のようなことも分かっている。人は身体の病であるがんに罹患すると、精神の病、うつ病になりやすくなる。致死的な病に侵されて将来を悲観してうつ病になることもあろうが、がん細胞の増殖で過剰に放出されるサイトカインの炎症作用によって神経細胞がダメージを受けても、うつ病になる。心臓病の人も慢性的な炎症状態にあるので、うつ病になりやすい。一方、うつ病の人は心臓病、糖尿病になりやすいし、ある種のがんにも罹患しやすくなる。がんの進行も早まる。身体が痛めば精神も痛み、精神が痛めば身体も痛む。適度な身体活動は認知症を予防するし、心臓病など生活習慣病の予防にもなる。精神と身体、どちらが主役で、どちらが脇役というわけではないのだ。

このように、デカルトの心身二元論は、現代科学では否定されている。彼の唱えた「液体―機械説」、すなわち、脳室から神経を通って押し出される体液によって筋肉が収縮する、とした説は否定されているし、松果体の機能も間違っていた。しかし、心身二元論は、観念としては四〇〇年近く経った現代社会でも強力に生き残っている。心身二元論からの必然として導かれた安全安心二元論は、イデオロギー（特定の政治的立場を擁護する観念）とさえ言えるかもしれない。「安全」は生命現象を物質に還元し客観的に自然科学的に検討し、「安心」は物質に還元できない主観的な心の問題として、安全と安心を二項対立的に扱うことで、人と人との間《あいだ》にある社会の病が第三項として排除され、リスク評価の対象外になってしまうことは第1章と第2章で指摘した。第三項として排除されるのは社会経済弱者だから、まさにイデオロギー的だ。

なぜ心が痛むと心臓が痛むのか

ところで、なぜ、心が痛むと身体が痛むのだろうか。世界中の主だった言語を調べた人がいるが、どの言語も、精神の痛みを心臓の痛みとして表現しているそうだ。文化の違いを超えて表現が共通しているのは、生物学的必然性があるからだ。表現が同じになるのは、心の痛みを処理するシステムと、身体の痛みを処理するシステムが同じだからだ。だから、心が痛むと心臓が痛み、心臓が痛めば心が痛む。なぜシステムが同じかというと、人類が社会的動物として進化する過程で、もともとあった身体の痛みを処理するシステムを、心の痛みを処理するシステムに応用したからだと考えられている(Eisenberger NI et al., 2015)。

人間の身体の中で、「感覚的な痛み」と「情動的な痛み」が別々に処理されていることは、第5章で説明した。感覚的な痛みとは、画びょうを踏んづけたとき、足の裏がくすぐったいのではなく、痛いと感じる感覚のことだ。この痛みは、身体がどんな刺激を受けているのか、刺激の種類の識別に関わっていて、体性感覚皮質というところが反応する。感情はともなわない。これに対して、情動的な痛みは、その刺激(痛み)が、どれくらい危険なのかを教えてくれる。痛みが命に関われば関わるほど、前部帯状回(ACC)が激しく反応して、「いやだあ〜」という不快感を強く感じる。ACCは、どれくらい不快感を感じるかで、われわれに危険度を教えてくれる。第５章では、痛みを察知するセンサーに役割分担があるおかげで、他人の痛みを自分の痛みとして感じる共感能力が備わり、集団の結束力を強めることができるようになったことを解説した。

役割分担のおかげで、ＡＣＣはさらに別の機能も獲得した。除け者にされると、ＡＣＣが反応するのだ。

社会心理学者のアイゼンバーガーらは、コンピューターネットワークを介して、三人でキャッチボールをする「サイバーボール課題」というゲームを使って、除け者にされたときに感じる痛みが、脳のどの部位と関わっているのかを調べた（Eisenberger NI et al., 2003）。

実験協力者は、画面上の他の二人を模したキャラクター相手にキャッチボールを行う。右の人に投げるのか、左の人に投げるのか、ボタンを押して選ぶことになっている。実験協力者はネットワークの向こうに生身の人間が二人いると思い込まされているのだが、実際には二人は存在せず、キャッチボールの相手はコンピューターのプログラムだ。ゲームを始めてしばらくの間は参加者にもボールが回ってきて三人で仲良くキャッチボールしているのだが、後半になると参加者にはほとんどボールが回ってこなくなるようにプログラムされている。この除け者状態にされたときの脳の状態を調べたところ、ＡＣＣが強く反応することが分かった。そして、心の痛みを強く感じている参加者ほど、ＡＣＣの反応も強かった。

このことは、ＡＣＣが画びょうを踏んづけたときの身体的な痛みと同じように、除け者にされたときの心の痛みにも反応することを示している。友達や恋人、家族などから除け者にされたり、低く評価されるといった社会的な排除に対する不快な反応は、「社会的な痛み」と呼ばれている（MacDonald G & Leary MR, 2005）。ACCは、社会的な痛みに対しても身体的な痛みと同じように反応することが分かったのだ。社会から排除されると、実際の痛み刺激がないのに、「いやだなあ〜」と情動的な痛みを幻でなく現実に感じるということは驚くべきことだ。情動的な痛みが、物理的な刺激の種類を識別する感覚的な痛みと独立して脳の中で処理されているからこそ、このようなことが可能になったのだ。そして、格差のような社会的排除が身体的脅威と同じように命を脅かすことに変わりはないから、同じようにACCで処理されるようになったに違いない。ちなみに、社会的サポートを受けると、ACCの活動が低下することが確認されている。このことも、社会的動物として進化した人間にとって、人と人との結びつきがいかに生存にとって重要なことなのかを物語っている。コロナ禍を体験した世界中の人が実感したことだろう。

さまざまな実験から、すでに備わっていた身体的な脅威を察知するメカニズムが、人間が社会的動物として進化する過程で、社会的な排除を検出するセンサーとして利用されるようになったと考えられている。

身体的な痛みと社会的な痛みがオーバーラップすることは、数多く報告されている。物理的な熱刺激に敏感な人ほど、社会的痛みを感じやすい（Eisenberger et al., 2006）。幼少のころ、社会的なトラウマ体験をした人は成人後に身体的な痛みに敏感に反応するようになるし、社会から排除されている人は身体的な痛みを感じやすい（Eisenberger NI et al., 2015）。

逆の例も確認されている。付き合い始めてまだ日が浅い恋人のいる学生を集めて、「これ以上熱いと触っていられない」と本人が感じるほど熱くした金属板に右手で触ってもらう実験を行ったところ、ラブラブの恋人の写真を見せると、痛みが和らぐことが分かった（Younger J et al., 2010）。恋人の写真を見て痛みを感じにくくなったときには、予想通りＡＣＣの活動は低下していた。社会的な支援を受けると、孤立による心理的な痛みが軽減すると同時に、身体的な痛みも和らぐことが確認されている。

次のようなユニークな実験も行われている。実験協力者に、お金を手に入れたときのことを想像してもらった後で、先ほどのサイバーボール課題をしてもらうと、除け者にされてもあまり痛みを感じないことが分かった（Zhou X et al., 2009）。面白いことに、熱いお湯に手を入れても、あまり痛みを感じない。別の研究チームの実験では、楽しい過去を思い出して気分が前向きになると、ＨＰＡ軸のストレス反応が弱まることが報告されている（Speer ME & Delgado MR, 2017）。楽しいことを想像すると、ストレス反応が弱くなって身体的な痛みも社会的な痛みも感じにくくなるのだ。一方、お金を使ってしまったことを想像してもらった後、同じようにサイバーボール課題と熱いお湯に手を入れる実験をしてもらったところ、社会的痛みと身体的痛みの両方とも強い痛みを感じるようになった。

今度は、薬物で痛みをコントロールしたときの例だ。物理的な痛みを止める薬を服用すると、心の痛みも感じにくくなることが分かった（Dewall CN et al., 2010）。実験協力者に三週間にわたって毎日、寝起きと就寝前の二回、鎮痛剤のアセトアミノフェンを服用してもらった。そして毎晩、どんな嫌なことがあってどれくらい傷ついたかをレポートしてもらった。その結果、なんと服用を始めてから一〇日目ぐらいから、社会的痛みを感じる程度が少なくなっていくことが分かった。この実験とは別に、アセトアミノフェンの服用量を増やして、三週間後にサイバーボール課題をしてもらったところ、ACCの活性化が抑えられていることも確認できた。身体的な痛みを抑える痛み止めで、社会的な痛みを和らげることができたのだ。

心が痛めば身体も痛むし、身体が痛めば心が痛む。心と身体は別々ではない。実際、配偶者との死別直後は、脳卒中と心筋梗塞のリスクが二・二倍に跳ね上がることが報告されている。イギリスの三五歳以上の住民約七万人を対象に行った調査によると、心理的ストレスが強くなるにしたがって心臓病、総死亡率が高くなることが分かった（Russ TC et al., 2012）。強いストレスでは、がん死亡率も一・四倍高くなっていた。うつ病やPTSDの患者はがんや心臓病になりやすく、がんや心臓病の患者はうつ病になりやすいことが数多くの論文で指摘されている。心理的なストレスで糖尿病のリスクが上昇することも知られている。逆に、SSRIという、うつ病の薬、特にフルオキセチンは、心筋梗塞のリスクを減らすことが二四万人を対象にした調査で明らかになった（Coupland C et al., 2016）。また、痛み止めのアスピリンには、低容量だとSSRIとの併用で、うつ病に効果があることが一二万人の調査で分かった（Köhler O et al., 2015）。このようなことが起こるのは、身体的な痛みと社会的な痛みを感じるメカニズムが共通しているからにほかならない。

理論的な根拠失う「安全・安心」二元論

これらの現象は、デカルト流心身二元論では説明できない。心と身体は別々ではなかった。だから、心身二元論と相即的な、「主観」「客観」二元論も成り立たない。つまり、「安全は科学的に議論する」とする安全安心二元論は破綻していることが、その科学によって理論的に証明されたのだ。実証もされている。社会の病がリスク評価の対象外になってしまい、対策が後手後手に回ってしまうことは、数多くの疫学調査で明らかになっていることは、これまで何度も指摘してきた。

そもそも、一人一人の人間の身体と身体の間《あいだ》にある**関係の病（社会の病）が見えないのは、何のつながりもないバラバラな個人が人為的な契約を結ぶことで社会が形成される、とする見方を大前提にしているから**だろう。神ではなく、人間同士の契約でつくられる近代社会という新しい仕組みを考え出したのはトマス・ホッブズだが、科学史の伊東俊太郎によれば、ホッブズのバラバラな個人に対応するのが、デカルトのバラバラな原子なのだという。(3) バラバラな原子の機械論的な振る舞いによって自然が形成されるとするデカルトの「機械論的自然観」の社会版がホッブズの「機械論的社会観」だ。自然科学的にも、社会科学的にも、間《あいだ》を見ることができない機械論的世界観は社会の病を見落としてしまうので、この世界観を大前提にした安全安心二元論は、相対的な貧困の克服が課題となっている疫学転換後の社会のリスク論としては、致命的な欠陥を抱え込むことになる。

その代表例としてこれまで新型コロナ、福島原発事故後の健康課題を取り上げてきたが、もう一つ別の例として、遺伝子組み換え食品（以下、ＧＭ食品）をめぐる論争を見て見よう。

根強い遺伝子組み換え食品への抵抗感

いまのところ、ＧＭ食品による健康被害は確認されていないし、健康に悪影響が出る可能性は、科学的に否定されている。少なくとも、これまでの伝統的な食文化として定着している食品と同程度の安全性は、先進各国の審査で保証されている。たとえば、ＧＭ大豆とそれ以外の大豆、ＧＭトウモロコシとそれ以外のトウモロコシの安全性は、同等とされている。

なのに、少なからぬ人たちが、食べることに抵抗を感じ続けている。ＧＭ食品の日本への輸入が始まったのは一九九六年だ。その翌年の一九九七年に近畿大学が一般市民、大学生ら約千人を対象に行った意識調査では、回答者の六八％が「食べることに抵抗感がある」と答えた[8]。それから一〇年後の二〇〇七年に、農林水産省が民間の調査会社に依頼して全国の一般消費者約千人を対象に行った調査でも、七一％の人が「ＧＭ農産物に不安を感じる」と回答している[9]。この間、農林水産省は、ＧＭ食品の安全性に関するリスクコミュニケーション（事実上の安全安心キャンペーン）を全国展開した。にもかかわらず、一〇年経っても消費者の理解を得ることはできなかった。長い間、国を挙げてリスクコミュニケーションを行ってきたのに、ＧＭ食品への「不安」を解消できなかったということは、「何か見落としている論点がある」と考えた方が自然なのではないだろうか。

二〇〇七年の調査では、不安を感じる理由として、「健康への不安」を挙げた人が最も多く九一％いたが、「なんとなく不安」と答えた人も約二五％いた（複数回答）。同年の調査では後半でもう一度、次のような質問をしている。

国内で流通する遺伝子組換え農産物は、国際ルールに従って安全性が確認されていますが、遺伝子組換え農産物を食べることに抵抗はありますか。（傍点筆者）

この質問に対して、やはり七一・五％の人が食べることに「抵抗がある」と答えている。面白いのは、その理由だ。最も多かったのは「なんとなく不安を感じるため」で、六〇・八％を占めた。次に多かったのは、「これまでに入手した情報では、安全性に対する不安が解消しない」で、ほぼ同数の六〇・四％だった（複数回答）。国際的に安全性が確認されていると念を押されているのに、安全だと納得できない「なんとなく不安」の何となくとはいったい、どんな不安だろう。

ヒントになるのは、第3章で紹介した社会心理学の調査結果だ（小杉素子、二〇一二）。専門家であろうと、素人であろうと、脳の構造上、誰しも物の見方にはバイアス（方向性のある偏り）がかかってしまう。そして、科学技術の安全性を評価するとき、科学者は、人間や組織がミスを犯すことに注意が向きにくいのに対して、一般市民は、国や企業の信頼性を重視する。

なるほど、消費者五〇〇人を対象にした二〇〇五年の意識調査で、次のことが分かった。[10]「あるGM食品が健康を害する恐れがあると科学的に分かったとき、国がその情報を一切公表しない可能性は高いと思うか」との問いに対して、六二％が「可能性は高い」と回答した。企業が一切公表しない可能性については、六九%が「可能性は高い」と答えた。報告書は、市民はGM食品について「人為的な過失・関係者による技術の悪用、法的な制度等の抜け道など、ヒューマンエラーについてもリスクとして認知している」としたうえで、「科学技術は、いくら安全な技術であってもそれを扱う人間や制度がきちんとしていなくては、安全に使用することはできない。そのため、ヒューマンエラーをより低くするための制度の作成や技術の開発、そしてそれらがしっかりと存在することを市民に対して訴えていく必要がある」と結論付けた。

科学者や国は、GM食品に使われている遺伝子組換え技術の安全性を一〇年にわたって訴えてきたのだが、一般市民の側は、人為ミスや企業のモラルなど、人と人との間《あいだ》にある関係の病を気にしていたのだ。機械論的な自然観/社会観に浸っている科学者や国の役人は、自然や社会をバラバラな要素に還元して見ようとするから、間《あいだ》にポイントがあることに気づかない、もしくは気づこうとしない。

「自然は安全」「人工は危ない」の意味を取り違える科学者

このように、論点がズレてしまって何年経っても一般市民との間のコミュニケーション不全が解消されないのは、物を考える大前提となっている世界観の違いに気づかないことが主な原因と考えられる。自然観の違いを示す典型例を示す。

科学者は、次のように主張する。

いま栽培されている農産物でも、ウイルスの起源とされる動く遺伝子「トランスポゾン」が染色体上を飛び回っている。トランスポゾンが動くことで、遺伝子が壊れたり、働きが変わったりする突然変異が起きる。日常的に自然界で起きているこのようなＤＮＡの突然変異を、人間は農産物の品種改良に利用してきた。**自然にランダムに起きる**突然変異は安全で、その仕組みを利用して**人間が意図的に起こす**突然変異は危ないのか。同じじゃないか！

ＧＭ食品に抵抗感のある一般市民は、「同じじゃない」と反発するに違いない。自然観が違うからだ。前述したように、科学者は自然を対象化し、外的物質的存在として見ている。精神的存在者や社会的存在者と区別したバラバラな微粒子（トランスポゾン）の機能しか見ないので、自然界でランダムに起きようが、精神的存在である人間が社会的な意図に基づいて起こそうが、突然変異に変わりはない。ところが、一般市民はそうは見ない。トランスポゾンがランダムに起こす突然変異は、自《おの》ず《ず》から然《しか》ある状態なので自然だ。一方、人間が意図的に起こす突然変異は、人為的に行っているので不自然だ。

西欧の新薬の副作用を恐れる患者に向かって、「みなさんは人工的なものを危ないと思い、天然成分を安全と思っていますが、身体への作用は、どちらも同じです」と啓発活動を行う科学者も、自然観の違い、すなわち、物を考える大前提となっている知的アプリケーションソフトの違いに気づいていない。パソコンで文書を作成している最中に、ソフトウェアであるワードのプログラムを意識しないのと同じだ。プログラムが違うから、同じものを見ても違う受け止め方をしてしまうのに、お互いの頭の中のプログラムを覗くことはできないから、違いに気づかないのだ。この知的バリアを取り払う必要がある。一般市民がなぜ、GM食品や人工的なものに抵抗を感じ、天然自然なものを安全と思うのか理解できるようになれば、コミュニケーション不全の多くは解消できるはずだ。

一般市民の「不安」は、気持ちの問題ではない。実際に、人工的なものは健康に害を及ぼす可能性が高いから不安を感じ、自然のものは身体に良いから安心する。命を守るために大切にしている譲歩できない価値（自然観）に関わる問題だから、何年経っても不安は解消しないのだ。

科学者が勘違いしているのは、自然の意味だ。一般市民は、科学者が考えている意味で自然のものを安全、人工のものを危ないと思っているわけではない。自然とは、自《おの》ずから然《しか》ある状態のことを指す。その土地で、何十年、何百年と長い間暮らすうちに、自から食文化として定着した食べ物は安全だから安心できる。なぜなら、それが自然だからだ。人工のもの、すなわち、ごく最近、外から持ち込まれたものは、まだ食文化として暮らしに定着していいないので不自然だ。だから、安全と確信できなくて不安になる。

天然自然の産物に毒性があることくらい、誰でも知っている。トリカブトの毒は有名だろう。アイヌの人たちは、クマ狩りに使う毒矢にトリカブトの毒を使っていたそうだ。山菜のワラビにも毒がある。家畜のウシに生でワラビを食べさせると、全身の粘膜から出血し、高熱を出し、呼吸困難に陥り、場合によっては死亡する。発がん性もある（Hirono I, 1993）。人間も生で食べると中毒を起こすそうだが、幸い、毒抜きの方法を知っている。日本では、アク抜きという合理的な方法が伝統的な食文化として定着している。福島県の奥会津で暮らす渡部和さんは、「ワラビはまず強いアクを抜く。鍋にぐらぐらと湯を沸かし、重曹を加える。煮立った湯にワラビを入れたらすぐに火を止める。重石をして、冷めるまで置く。その後水でよく洗う。アクがまだ抜けきらないときは水に浸ける。重曹でなく木灰を多めに振りかけ、熱湯をかけてから冷ます方法でもよくアクが抜ける」と話す[11]。東京で生まれ育った渡部さんは、嫁ぎ先の奥会津三島町の義母から、アク抜きの方法を学んだのだという。義母は、「からだがきかなくなっても、口はきけっからなんでも教えるわい」と笑う。

自然食品を毒抜きして食べる食文化は、世界中にある。シアン化合物で有名なのがタピオカの原料、キャッサバだ。厄介なことに、何年も経ってから神経障害などの慢性中毒症状が徐々に出てくる。原産地の南米の民族は、毒抜きしてから食べる。アマゾン川流域の先住民、トゥカノ族は、キャッサバイモの皮を剥いでからすり潰し、水にさらす。液体は煮立てて飲み、イモの繊維とデンプンは、二日以上放置してからパンのように焼いて食べるそうだ。トゥカノ族の女性は、一日の四分の一をキャッサバの毒抜き作業に当てているという。キャッサバは、一七世紀にポルトガル人が西アフリカに持ち込んだところ、あっという間にアフリカ全土に広がった。ところが、原産地の先住民と違って食文化として定着した食べ物でないから、毒抜きの方法が定着せず、数百年経った現在でも、アフリカでは慢性シアン中毒が深刻な健康問題になっているという[12]。

毒性の強い食材を水に浸けてアク抜きしたり、泥や灰をつけて中和したりする方法は、世界中の食文化で確認されている。アルカリ処理して中和するとか、毒の成分を知っているとか、なぜそうしなければならないのか、理屈で理解しているわけではない。理由を聞くと、「妊婦がサメを食べると、サメ肌の赤ちゃんが生まれちゃう」「ウツボを食べると、関節がグニャグニャした赤ちゃんが生まれてくる」とか、およそ非科学的な答えが返ってくる。しかし、ただの迷信ではなく、科学者が調べると、毒性が確認され、妊婦が食べない方がいいことが分かったりする。[12] まずは直感、理由は後付けなのだ（第4章で詳述）。そして、その直感は個人的なその場限りの当てずっぽうなどではなく、おばあちゃんから教わったりして、その土地で長い間暮らしているうちに経験則で生活の知恵として身につけた先祖からの言い伝えだ。このように自から然ある状態で、人と人との間《あいだ》に受け継がれてきた食文化が、すなわち自然なのだ。なぜ、そうするのか理屈で分かっているわけではない。それが自然だから、そうするのだ。

先祖から受け継いできた命を支えるためのノウハウである食文化に対して保守的になり、新しい食材・技術に慎重な態度を取るのは当然なのではないだろうか。不安を感じる消費者が、どのような要素を「不自然」と感じているのか、突き詰める必要がある。食材そのものなのか、品種改良の技術なのか、企業や開発者の食に対する価値観・モラルなのか、不自然さを上回るメリットがないからなのか、それとも、そもそも必要としていないのかもしれない。

「自然」「人工」の意味を、科学者や行政、リスクコミュニケーション担当者が取り違えている限り、一般市民とのコミュニケーション不全は解消せず、GM食品に対する抵抗感はなくならないだろう。デカルト的自然観は西欧において、たかだか四〇〇年弱の歴史しかない。その西欧でも、デカルト以前は、自然を「自から然ある状態」に近い意味で捉えていた。日本の庶民の多くは、昔から現在に至るまで自から然ある状態を、「それが自然だね」と感じるに違いない。それが証拠に、日本人にとって身近な存在である東洋医学は、この自然観を前提にしている。「みなさん、科学を理解してください」と訴える科学者や行政、リスクコミュニケーション担当者は、デカルト的自然観を前提にしており、彼らの方が実は少数派だったのだ。多数派の意見に、耳を傾けようではありませんか。

厚生労働省は二〇二〇年一二月一一日、遺伝子を効率よく改変するゲノム編集技術を使って栄養価を高めたトマトについて、安全性に問題ないと判断、承認した。開発した筑波大のバイオベンチャー企業は同日、販売・流通を同省に届け出た。ゲノム編集トマトがすぐに市場に出回るかは未知数だが、近い将来、この技術で品種改良された食材が食卓に上る可能性は高い。社会がこの技術をどのように受け止めていけばいいのか、一般消費者をも含めた議論が早急に求められる。

その際、忘れてはいけないのが、健康リスクの社会的決定要因に対する視点だ。本書でこれまで指摘してきたように、科学技術が絡む社会問題で、議論がかみ合わず長期化・論争化した原因は、この視点が欠落していたことが主な原因と考えられる。「安全は科学の問題、安心は心の問題」とする安全安心二元論の発想を、一大転換する必要がある。現在のリスク評価の仕方は、デカルト流の**機械論的自然観に基づき安全と安心を二項対立化させ、物質に還元し自然科学的に検証できる生命現象のみをリスク評価の対象としているので、社会の病が第三項としてリスク評価の対象から排除されてしまう**。社会の病のリスクが高まっている人たちにしてみれば、納得できるはずはない。論争が長期化する所以だ。

情動の特性を活かしたリスクアセスメント

これまで検討してきたように、情動の特性に注目し、機械論的自然観に基づく科学の限界を見極めることで、現行の科学的リスクアセスメントの対象から抜け落ちてしまった健康リスクが明確になってくるはずだ。社会的動物である人間の情動に着目すれば、放射性物質やウイルスなど物質に還元できるリスク要因だけでなく、社会の病をも顕在化させることができ、多様に存在する生身の一般市民のリスクの全体像に迫ることができるであろう（**図2**）。

人によってなぜ、どのようにリスク認知が異なってしまうのか、政治的・経済的・社会的・文化的構造が、どのように健康リスクと関わっているのか、機械論的自然観を前提にした自然科学的リスク論では困難だった、このような問いに対して、情動の特性に着目することで新たな問題提起を行うことができる。「過度な不安」と誤解されがちな一般市民の不安に、生物学的な合理性があることも明らかにできる。このことは、被災者・被害者の尊厳の回復につながるはずだ。被災者・被害者の不安に真摯に耳を傾けることで、まだ十分に明らかになっていない健康リスクを顕在化させることもできるだろう。

バイアス・フリーは脳の構造上ありえない。機能的にもありえない。意思決定の主役は、情動だからだ。情動の特性に眼を向けて、現行の自然科学に寄りかかったリスクアセスメントを批判するこ

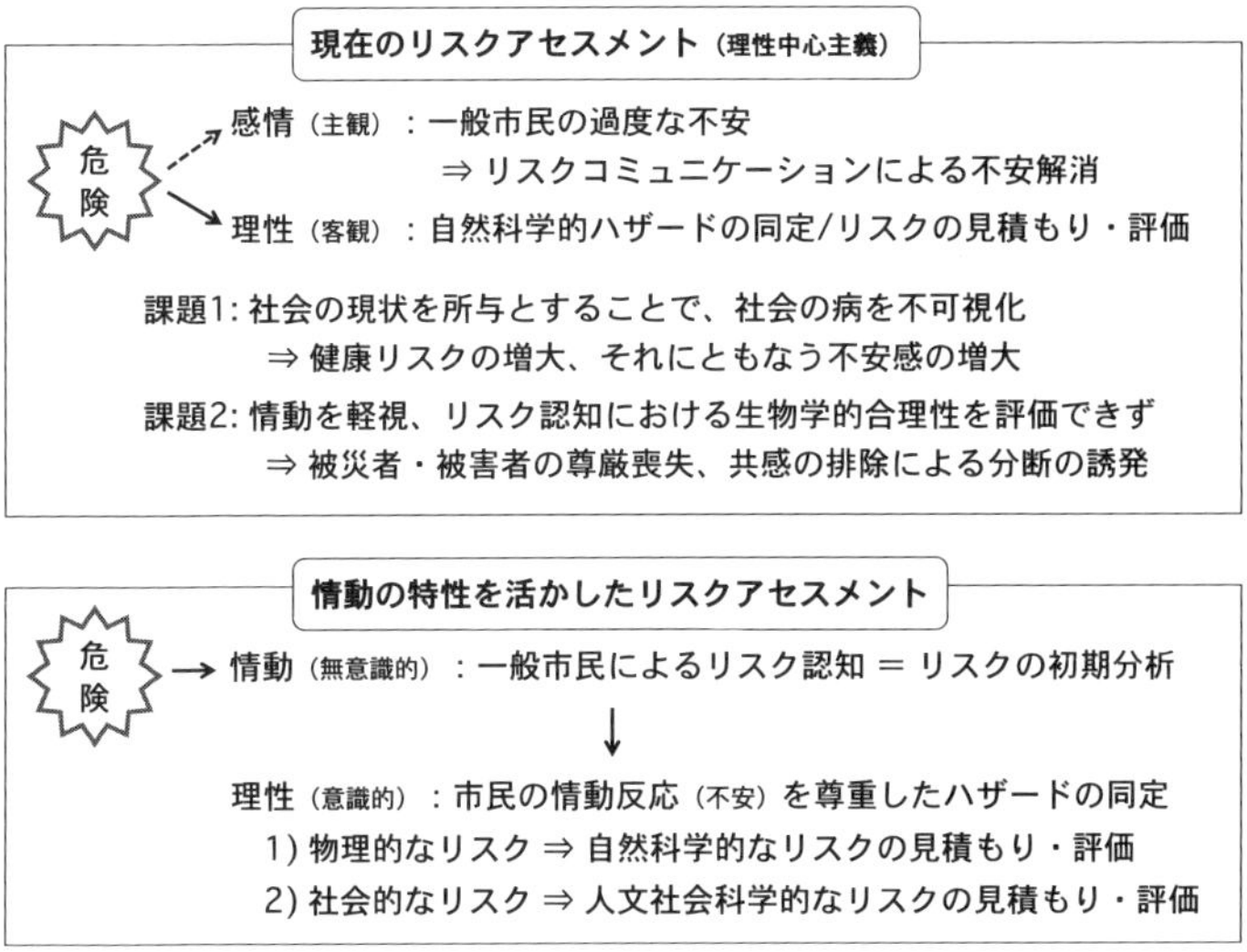
現在のリスクアセスメント（理性中心主義）
危険
感情（主観）：一般市民の過度な不安
⇒リスクコミュニケーションによる不安解消
理性（客観）：自然科学的ハザードの同定/リスクの見積もり・評価
課題1：社会の現状を所与とすることで、社会の病を不可視化
⇒健康リスクの増大、それにともなう不安感の増大
課題2：情動を軽視、リスク認知における生物学的合理性を評価できず
⇒被災者・被害者の尊厳喪失、共感の排除による分断の誘発
情動の特性を活かしたリスクアセスメント
危険
情動（無意識的）：一般市民によるリスク認知 ＝ リスクの初期分析
理性（意識的）：市民の情動反応（不安）を尊重したハザードの同定
1）物理的なリスク ⇒ 自然科学的なリスクの見積もり・評価
2）社会的なリスク ⇒ 人文社会科学的なリスクの見積もり・評価

図2

とで、客観的確率にどのような価値が含まれているかを顕在化することができる。そのうえで、科学の結論に実質的影響を与えている情動反応の社会的合理性の是非を判断していけばいいのではないだろうか。どの程度のリスクなら受け入れられるかは、どのような社会を求めるかという価値観によって決まる。自然科学的なリスク分析をどんなに徹底しても排除できなかったバイアス（方向性のある偏り）には、そのような価値観が含まれているはずだ。意思決定の方向付けを行っているのは、情動だからだ。

社会的決定要因が健康リスクの主要な要因となっている疫学転換後の日本社会では、価値に対する深い洞察が特に重要になってくる。なぜなら、リスクとは、何らかの価値を失う可能性についての概念だからだ[13]。リスクを定義することは、価値に焦点を当てた思考の実践といえる。どのような価値を大切にするかによって、健康リスクの社会的決定要因に対するリスク評価が変わってくる。伝統的な社会秩序の維持と個の尊厳、そのどちらを重視するのか。格差社会では、弱者を救済しないと勝ち組を含めて社会全体の健康水準が低下してしまうことが分かってきた。それでは、原発事故後の福島、そして、コロナ後の日本社会には、どのような価値が求められるのだろうか。

将来の福島、コロナ後の日本社会

福島を代表する実践の思想家に、半谷清寿がいる。一八五八年、現在の福島県南相馬市に生まれた半谷は、明治の時代にあっては近代化の妨げになると、それまでの相馬藩の伝統である倹約型の「報徳仕法」を退けた改革の士であった。半谷は一九〇〇年、富岡町夜の森に入植し、開拓に取り組んだ。原発事故で帰還困難区域に指定されるまで、観光名所となっていた富岡町の夜の森の桜並木は、彼が開拓記念に三〇〇本の桜を植えたことが始まりと言われる（**写真1**）。

半谷は戊辰戦争後の福島について、「不振より衰退に入り、衰退より滅亡に赴かんとしつゝありしものなり」と嘆いた[14]。そして、「あらゆる艱難と格闘して、自家の新運命を開き来らざるべからずの時に遭遇せるものなり」と語り、明治政府におもねることなく、福島の風土に根ざした復興シナリオを構想した反骨精神の持ち主だった。大胆にも、「将来世界の大道はサイベリヤ鉄道と太平洋航路の

写真１ それでも桜は咲く。強制避難指示が解除された後の富岡町・夜の森の桜並木。コロナ禍で人影はなかった。（2020 年 4 月 12 日撮影）

聯《れん》絡とを以って完成せらるゝや必然の勢ひなり」と、津軽海峡経由でシベリア鉄道と北米大陸を連結し、福島県の産業を世界経済に直結させる夢を描いた。南相馬の地から、世界の中の日本、日本の中の東北、そして、福島を考える巨視的な思想が誕生した。福島から見たら、いまの日本は戊辰戦争後一五〇年。東京から見たら、明治一五〇年。半谷が原発事故後の福島、そしてコロナ禍の日本社会を見たら、何を想うだろうか。

五〇年後、福島はどうなっているのだろう。

事故を起こした東京電力福島第一原子力発電所の廃炉作業は、終わっているのだろうか。第一原発周囲の中間貯蔵施設に集められた除染廃棄物。放射性物質に汚染された廃棄物は約束通り、福島県外に処分されているのだろうか。第一原発で増え続ける放射性物質トリチウムを含む処理水の処分問題は、解決しているのだろうか。帰還困難区域の強制避難指示は解除され、住民は故郷に戻ってきているのだろうか。

そして、コロナ後の日本社会は、どうなっているのだろう。

命と経済——この問題を二項対立化させることで、社会の病が第三項排除効果によって等閑視され、流行拡大防止策が後手後手に回ってしまった論理的必然については、第1章で指摘した。そして、このダブルバインド状態を回避するための方策として、**ファルマコンのグラフィック**を提案した。そもそも、経済とはいったい何であろうか。イノベーションは技術革新と訳されることが多いが、本来はもっと幅広い意味がある。二〇〇七年六月にまとめられた政府報告書「イノベーション25」では、イノベーションを「技術の革新にとどまらず、これまでとは全く違った新たな考え方、仕組みを取り入れて、新たな価値を生み出し、社会的に大きな変化を起こすこと」と定義し、「科学技術だけではイノベーションは起きない」と断言している。(15) **イノベーションとは**既存の価値の創造的破壊、**新たな価値の創出**を意味する。

たとえば、タイヤメーカーのミシュランは、自動車の使い道がまだはっきりしなかった自動車産業創始期に、フランスの地方都市にある美味しいレストランを格付けしガイドブックを発行することで、「自動車で旅をする」という新たな価値を提案、自動車産業を社会に定着させようとした。中小・ベンチャー企業論などを専門とする三宅修道の言葉を借りれば、本当に市場が創造される最初の最初は、生活をこんなふうに変化させたい、という文化の話であり、企業の職分でいうと技術開発ではなく、企画にまつわる話になる。[16]

経済と命の問題は対立しない。コインの表と裏のように、表裏一体となったものだ。経済と命の問題、そのどちらを重視するのか、もしくは、どうやったら両立できるのか、と単純に論点を二項対立化して結論を急ぐのではなく、自分たちの未来にとって最も大切な価値は何で、それを失わないようにするためにはどうしたらいいのかを突き詰めることが、経済が活性化し、居心地のいい地域づくりになると同時に健康対策にもなる。命と経済は、両義的な問題なのだ。一般市民を含めた公共の場で、このような議論を粘り強く続けることが肝要だ（**写真2**）。

コロナ禍の二〇二〇年一二月二十一日、政府は二一年度当初予算案を閣議決定した。目玉政策として、「脱炭素化」と「デジタル化」を挙げている。二〇五〇年には、温室効果ガスを実質的に放出しないようにするという。水素エネルギーの普及は、進むのだろうか。洋上風力発電を四〇年までに原発三〇〜四〇基分整備するというが、実現可能なのだろうか。デジタル化については、「今回のパンデミックでは、わが国のデジタル化の遅れが浮き彫りとなった」と、日本経済団体連合会も推進を提言している。[17] 行政手続きなど社会のデジタル化が進み、テレワークの普及、教育のデジタル化は進んでいるのだろうか。医療現場でのオンライン診療は、日常化しているのだろうか。東日本大震災・原発事故からの復興の目玉とされる国家プロジェクト、「福島イノベーション・イースト構想」。事故を起こした第一原発の廃炉技術の開発と同時並行して、ロボット産業の集積、先端的な再生可能エネル

写真 2 東日本大震災・原子力災害伝承館。「あの日からの経験、みらいへの教訓」をキャッチフレーズに、コロナ禍の 2020 年 9 月に開館した。津波浸水区域の福島県双葉町に建設された。手前は津波によるがれき。伝承館で語られることと、語られないことの間にある狭くて深い溝。二項対立化するこの溝は、どうしたら埋められるのだろうか。（2020 年 12 月 15 日撮影）

ギー・リサイクル技術の確立などを目指している。福島イノベ機構がホームページで宣言するように、世界に類を見ない一大研究開発拠点となっているのだろうか。

それとも、里山に住み、田畑を耕し、家畜を飼い、山で山菜やキノコを採り、川でヤマメやイワナを釣る。山の幸、川の幸を肴に、友人と自分たちで作った地酒を酌み交わす。それが、五〇年後の若者たちがあこがれる、最もお洒落なライフスタイルになっているのだろうか。早春の朝、河川敷を散歩しているとき、羽根を休めている白鳥と出会い、お互いの一年の無事を喜び合っているのだろうか。

まとめ

- 経済成長によって生活水準が向上した先進国では疫学転換が起こり、病気の原因がモノ（物質）の貧困から、コト（デキゴト＝人と人との関係）の貧困へと変化した。
- 安全は物質に還元できる自然科学の問題（客観）、安心は物質に還元できない心の問題（主観）とする現在の安全安心二元論は、人と人との間にある関係の病（社会の病）を認識できず、当事者の心の問題（自己責任）として扱ってしまう。論理的必然として、為政者は科学の言葉を、自らの失政（社会の病）の隠れ蓑として利用することができる。
- しかし、安全安心二元論は、西欧近代社会の大前提となっているデカルト的世界観（心身二元論に基づく機械論的自然観）に由来しているため、その克服は困難である。
- 現在の自然科学は、自然を外的物質的存在として対象化しようとするデカルト的自然観を大前提にしているが、歴史的には洋の東西を問わず「自《おのず》から然《しか》ある状態」を自然とする自然観の方が一般的である。
- 身体と身体の間《あいだ》にある関係の病（社会の病）が主要な課題となっている疫学転換後の社会では、自から然ある状態を自然とする自然観の方が、自然科学的にも、社会科学的にも健康リスクを認識しやすい。対策も立てやすい。
- 一七世紀の脳科学を根拠にしたデカルトの心身二元論は、現代の脳科学で否定されている。つまり、心身二元論から導かれた安全安心二元論は、理論的な根拠を失っている。デカルトの機械論的自然観は人間の生理に合っておらず、病気の原因を突き止めるには限界がある。病気の原因にすらなっている可能性がある。

- 疫学転換後の社会における健康リスクを適切に評価するためには、二一世紀の脳科学で明らかになった情動の特性を活かした新たなリスク論を構築する必要がある。

【注】

（1）廣松渉（一九七二）『世界の共同主観的存在構造』勁草書房

（2）ルネ・デカルト（一九九七年）『方法序説』谷川多佳子訳、岩波文庫

（3）伊東俊太郎（二〇一三）『変容の時代——科学・自然・倫理・公共』麗澤大学出版

（4）木田元（一九九五）『反哲学史』講談社

（5）リチャード・G・ウィルキンソン（二〇〇九）『格差社会の衝撃——不健康な格差社会を健康にする法』池本幸夫・片岡洋子・末原睦美訳、書籍工房早山

（6）Sapolsky RM (1996) Why stress is bad for your brain. *Science*, 273: 749-750

（7）Tchkonia T, et al. (2013) Cellular senescence and the senescent secretory phenotype: therapeutic opportunities. *J Clin Invest*, 123: 966-972

（8）今井隆雄、渡邊和男（一九九八）「遺伝子組み換え作物に関する意識調査」

（9）インテージリサーチ（二〇〇八）「遺伝子組換え農産物等に関する意識調査報告書」農林水産省農林水産技術

会議事務局
（10）農林水産先端技術産業振興センター（二〇〇六）「遺伝子組換え技術・農作物・食品についての意識調査報告書」
（11）渡部和（二〇〇五）「渡部家の歳時記」会津学研究会『会津学』創刊号、奥会津書房
（12）ジョセフ・ヘンリック（二〇一九）『文化がヒトを進化させた』今西康子訳、白揚社
（13）バルーク・フィッシュホフ、ジョン・カドバニー（二〇一五）『リスク――不確実性の中での意思決定』中谷内一也訳、丸善出版
（14）半谷清寿（一九六九）『将来の東北』アイエ書店
（15）内閣府（二〇〇七）「長期戦略指針「イノベーション25」について」（六月一日閣議決定）
（16）三宅秀道（二〇一二）『新しい市場のつくりかた』東洋経済新報社
（17）日本経済団体連合会 新型コロナウイルス会議（二〇二〇）「新型コロナウイルス感染症と両立する経済活動の再加速に向けて（概要）」（七月一六日）https://www.keidanren.or.jp/policy/2020/065.html（二〇二〇年一二月二二日閲覧）

【主な参考文献】

マーク・F・ベアー、バリー・W・コノーズ、マイケル・A・パラディーソ（二〇〇七）『神経科学 脳の探求』加藤宏司・後藤薫・藤井聡・山崎良彦監訳、西村書店
ルネ・デカルト（一九七八年）「情念論」『デカルト』野田又夫責任編集、中公バックス世界の名著27
エドワード・ブルモア（二〇一九）『「うつ」は炎症で起きる』藤井良江訳、草思社

ジョセフ・ヘンリック（二〇一九）『文化がヒトを進化させた』今西康子訳、白揚社
伊藤浩志（二〇一七）『復興ストレス――失われゆく被災の言葉』彩流社
日本比較内分泌学会編（二〇〇〇）『からだの中からストレスをみる』学会出版センター

おわりに

本書は、二〇一九年二月一三日に行われた講演会を下敷きにしている。この講演会は、東京大学が大学院生向けの副専攻として開講している「科学技術インタープリター養成プログラム」の修了予定者による修了研究発表会の会場で、特別講演として行われた。

特殊な講座なので、少し説明が必要だろう。この講座は、現状のままでは科学技術と社会の関係はバランスを失い、進むべき道を誤りかねないとの危機感から誕生した。自分の専門分野を持ったうえで、社会における科学技術のあり方についても考えて欲しいとの趣旨から、正規の大学院課程に上乗せされる大学院生向けの副専攻カリキュラムとなっている。専門分野は問われない。選抜試験にパスする必要はあるが、専門の枠を越えて多様な考え方や知識を互いに学べるように、全学の大学院生が受講できる。一言で言えば、高度な専門知識を持った社会と科学技術のつなぎ役を養成する講座だ。筆者もこの講座の修了生だ。指導教員は藤垣裕子先生だった。修了研究の題材にしたのは遺伝子組み換え食品で、成果の一部を本書で活用している。

講演会の内容はその後、福島県内で発売されている月刊情報誌『政経東北』(東邦出版)に、二〇一九年三月号から八月号にかけて六回連載で活字化した。本書の第2章から第7章は、六回連載の原稿に加筆修正を加えたものだ。第1章は、日本リスク学会第33回年次大会（二〇二〇年一一月二一日）での発表を基にしている。第8章は書き下ろしである。

専修大学出版局の上原伸二さんは、筆者の二冊目の著書『「不安」は悪いことじゃない』（イースト・プレス）の共著者である東京大学名誉教授の島薗進先生に紹介していただいた。

本書の上木にあたって、科学技術インタープリター養成プログラムで指導していただいた藤垣裕子先生、同養成プログラム修了研究発表会で特別講演に呼んでいただいた廣野喜幸先生、有益な助言をしていただいた日本リスク学会食のリスクコミュニケーショングループ（関澤純代表）の皆さん。連載の機会を与えてくださった東邦出版のみなさん、出版先を紹介してくださった島薗進先生、首都圏四都県での二度目の緊急事態宣言発令中のコロナ禍の中、急ピッチで編集作業に当たってくださった上原伸二さん、そして、福島原発事故の被災者、その他、快く取材に応じてくださった方々に深く感謝します。

最後に一言。コロナ禍での政治と専門家のコミュニケーション不全、それにともなう社会の混乱を見るにつけ、誰しも社会と科学の良好な関係の重要性に気づかされたことだろう。本書が、科学技術コミュニケーションの改善に関心のある方たちにとって、少しでもお役に立てることを祈っています。

二〇二一年一月

伊藤　浩志

参考文献

※各章ごとに本文で引用した順（複数箇所で引用した場合は、最初に引用した順）に示した。

第1章

リチャード・G・ウィルキンソン（2009）『格差社会の衝撃——不健康な格差社会を健康にする法』池本幸夫・片岡洋子・末原睦美訳、書籍工房早山

House JS et al. (1988) Social relationships and health. *Science*, 241: 540-545

Pickett KE and Wilkinson RG (2015) Income inequality and health: a causal review. *Soc Sci Med*, 128: 316-326

Holt-Lunstad J et al. (2010) Social relationships and mortality risk: a meta-analytic review. *PLoS Med*, 7: e1000316

Ing AJ et al. (2020) COVID-19: in the footsteps of Ernest Shackleton, *Thorax*, 75: 693-694

Chau NVV et al. (2020) The natural history and transmission potential of asymptomatic SARS-CoV-2 infection. *Clin Infect Dis*, 71: 2679-2687

Lee S et al. (2020) Clinical Course and Molecular Viral Shedding Among Asymptomatic and Symptomatic Patients With SARS-CoV-2 Infection in a Community Treatment Center in the Republic of Korea. *JAMA Intern Med*, 180: 1-6

Ferretti L et al. (2020) Quantifying SARS-CoV-2 transmission suggests epidemic control with digital contact tracing. *Science*, 368: eabb6936

Carfì A et al. (2020) Persistent Symptoms in Patients After Acute COVID-19. *JAMA*, 324: 603-605

Brodin P (2021) Immune determinants of COVID-19 disease presentation and severity. *Nat Med*, 27: 28-33

Alam SB et al. (2020) Sever acute respiratory syndrome coronavirus-2 may be an underappreciated pathogen of the central nervous system. *Eur J Neurol*, 27: 2348-2360

Song E et al. (2021) Neuroinvasion of SARS-CoV-2 in human and mouse brain. *J Exp Med*, 218: e20202135

Mehra MR et al. (2020) Cardiovascular Disease, Drug Therapy, and Mortality in Covid-19. *N Engl J Med*, 382: e102

Richardson S et al. (2020) Presenting Characteristics, Comorbidities, and Outcomes Among 5700 Patients Hospitalized With COVID-19 in the New York City Area. *JAMA*, 323: 2052-2059

Grasselli G et al. (2020) Risk Factors Associated With Mortality Among Patients With

COVID-19 in Intensive Care Units in Lombardy, Italy. *JAMA Intern Med*, 180: 1345-1355
Barker DJ and Osmond C (1986) Infant mortality, childhood nutrition, and ischaemic heart disease in England and Wales. *Lancet*, 1: 1077-1081
Seckl JR (2004) Prenatal glucocorticoids and long-term programming. *Eur J Endocrinol*, 151 Supple 3: U49-62
Harris A and Seckl J (2011) Glucocorticoids, prenatal stress and the programming of disease. *Horm Behav*, 59: 279-289
Lantz PM et al. (1998) Socioeconomic factors, health behaviors, and mortality: results from a nationally representative prospective study of US adults. *JAMA*, 279: 1703-1708
Hooper L et al. (2002) Systematic review of long term effects of advice to reduce dietary salt in adults. *BMJ*, 325: 628
Anthonisen NR et al. (2005) The effects of a smoking cessation intervention on 14.5-year mortality: a randomized clinical trial. *Ann Intern Med*, 142: 233-239
Rose G and Marmot MG (1981) Social class and coronary heart disease. *Br Heart J*, 45: 13-19
CSDH (2008) *Closing the gap in a generation: Health equity through action on the social determinants of health. Final report of the commission on social determinants of health*. World Health Organization.
厚生労働省（2000）「21 世紀における国民健康づくり運動（健康日本 21）について 報告書」健康日本 21 企画検討会 / 健康日本 21 計画策定検討会（2 月）
厚生労働省（2012）「国民の健康の増進の総合的な推進を図るための基本的な方針の全部改正について」『健発 0710 第 1 号』（7 月 10 日）
Ueda P et al. (2015) The global economic crisis, household income and pre-adolescent overweight and underweight: a nationwide birth cohort study in Japan. *Int J Obes*, 39: 1414-1420
Kohara M et al. (2019) Effect of unemployment on infant health. *J Jpn Int Econ*, 52: 68-77
厚生労働省（2020）「2019 年 国民生活基礎調査の概況」（7 月 17 日）
OECD (2017) Compare your country, Income distribution and poverty, Relative Income Poverty. https://www1.compareyourcountry.org/inequality/en/0/314/ranking/ (last access 2021/1/17)
総務省統計局（2020）「労働力調査（基本集計）2020 年（令和 2 年）11 月分」（12 月 25 日）
Fujino Y (2007) Occupational factors and mortality in the Japan Collaborative Cohort Study for Evaluation of Cancer (JACC). *Asian Pac J Cancer Prev*, 8 Suppl: 97-104
Norris FH et al. (2002) 60,000 disaster victims speak: Part II. Summary and

implications of the disaster mental health research. *Psychiatry*, 65: 240-260
Cohen S et al. (1997) Chronic social stress, social status, and susceptibility to upper respiratory infections in nonhuman primates. *Psychosom Med*, 59: 213-221
Cohen S et al. (1991) Psychological stress and susceptibility to the common cold. *N Engl J Med*, 325: 606-612
Shively CA and Clarkson TB (1994) Social status and coronary artery atherosclerosis in female monkeys. *Arterioscler Thromb*, 14: 721-726
Vardhana SA and Wolchok JD (2020) The many faces of the anti-COVID immune response. *J Exp Med*, 217: e20200678
Gupta A et al. (2020) Extrapulmonary manifestations of COVID-19. *Nat Med*, 26: 1017-1032
Hadjadj J et al. (2020) Impaired type I interferon activity and inflammatory responses in severe COVID-19 patients. *Science*, 369: 718-724
Arai Y et al. (2015) Inflammation, But Not Telomere Length, Predicts Successful Ageing at Extreme Old Age: A Longitudinal Study of Semi-supercentenarians." *EBioMedicine*, 2: 1549-1558
Kamal R (2019) How does U.S. life expectancy compare to other countries? https://www.healthsystemtracker.org/chart-collection/u-s-life-expectancy-compare-countries/#item-le_life-expectancy-at-birth-in-years-2017_dec-2019-update, (last access 2020/7/23)
Mariotto AB et al. (2018) Geographical, racial and socio-economic variation in life expectancy in the US and their impact on cancer relative survival. *PLoS One*, 13: e0201034
Odlum M et al. (2020) Trends in Poor Health Indicators Among Black and Hispanic Middle-aged and Older Adults in the United States, 1999-2018. *JAMA Netw Open*, 3: e2025134
Wilkinson RG and Pickett KE (2008) Income Inequality and Socioeconomic Gradients in Mortality. *Am J Public Health*, 98: 699-704
Kawachi I et al. (1999) Women's status and the health of women and men: a view from the States. *Soc Sci Med*, 48: 21-32
Pickett KE and Wilkinson RG (2015) Income inequality and health: a causal review. *Soc Sci Med*, 128: 316-326
BBC（2020）「米国の感染者数, 中国を抜いて世界最多に 新型ウイルス」『NEWS JAPAN』（3 月 27 日）https://www.bbc.com/japanese/52059015（2020 年 7 月 24 日閲覧）
Ross J et al. (2020) The Disproportionate Burden of COVID-19 for Immigrants in the Bronx, New York. *JAMA Intern Med*, 180: 1043-1044
Berwick DM (2020) The Moral Determinants of Health. *JAMA*, 324: 225-226
NYC Health (2020) COVID-19 Data. https://www1.nyc.gov/site/doh/covid/covid-19-

data.page, (last access 2020/12/9)
Yancy CW (2020) COVID-19 and African Americans. *JAMA*, 323: 1891-1892
Webb Hooper M et al. (2020) COVID-19 and Racial/Ethnic Disparities. *JAMA*, 323: 2466-2467
Song Z et al. (2020) Economic and Clinical Impact of Covid-19 on Provider Practices in Massachusetts. *NEJM Catalyst zInnovations in Care Delivery*, September 11: 1-29
Miller GE et al. (2008) A functional genomic fingerprint of chronic stress in humans: blunted glucocorticoid and increased NF-kappaB signaling. *Biol psychiatry*, 64: 266-272
McGinty EE et al. (2020) Psychological Distress and Loneliness Reported by US Adults in 2018 and April 2020. *JAMA*, 324: 93-94
Jabri A et al. (2020) Incidence of Stress Cardiomyopathy During the Coronavirus Disease 2019 Pandemic. *JAMA network open*, 3: e2014780
Kawachi I et al. (1997) Social capital, income inequality, and mortality. *A J Pub health*, 87: 1491-1498
赤石千衣子他（2020）「子どもの貧困に関わる新型コロナウイルス感染拡大への対策の要望」（5 月 14 日）https://www.usnova.org/wp-content/uploads/2020/05/youbou200515.pdf（2021 年 1 月 17 日閲覧）
あすのば（2020）「今後のコロナ禍対策と来年度予算編成に向けた要望」（11 月 10 日）https://www.usnova.org/wp-content/uploads/2020/11/20201110.pdf（2021 年 1 月 17 日閲覧）
Rubin R (2020) School Superintendents Confront COVID-19-"There Are No Good Options for Next Year". *JAMA*, 324: 534-536
Cacault MP et al. (2019) *Distance Learning in Higher Education: Evidence from a Randomized Experiment*. IZA Institute of Labor Economics.
Chetty R et al. (2020) *How Did COVID-19 and Stabilization Policies Affect Spending and Employment? A New Real-Time Economic Tracker Based on Private Sector Data*. NBER WORKING PAPER SERIES, Working Paper 27431, Published online June 17, Revised November 2020.
Cohen S (1999) Social status and susceptibility to respiratory infections. *Ann N Y Acad Sci*, 896: 246-253
Son M et al. (2002) Relation of occupational class and education with mortality in Korea. *J Epidemiol Community Health*, 56: 798-799
Fujino Y et al. (2005) A nationwide cohort study of educational background and major causes of death among the elderly population in Japan. *Prev med*, 40: 444-451
Fujino Y et al. (2013) Income inequality, parental socioeconomic status, and birth outcomes in Japan. *Am J Epidemiol*, 177:1042-1052
Boserup B et al. (2020) Alarming trends in US domestic violence during the COVID-19

pandemic. *Am J Emerg Med*, 38: 2753-2755

Galea S et al. (2020) The Mental Health Consequences of COVID-19 and Physical Distancing: The Need for Prevention and Early Intervention. *JAMA Intern Med*, 180: 817-818

日本子ども虐待防止学会（2020）「緊急要望書」（5 月 1 日）https://jaspcan.org/wp-content/uploads/2020/05/200501.pdf（2021 年 1 月 18 日閲覧）

Christakis D et al. (2020) Estimation of US Children's Educational Attainment and Years of Life Lost Associated With Primary School Closures During the Coronavirus Disease 2019 Pandemic. *JAMA Netw Open*, 3: e2028786

国立成育医療研究センター（2020）第 3 回調査報告書「コロナ×こどもアンケート」（12 月 1 日）https://www.ncchd.go.jp/center/activity/covid19_kodomo/report/CxC3_finalrepo_20201202.pdf（2021 年 1 月 18 日閲覧）

あしなが育英会（2020）「長引くコロナの影響インターネット調査」（11 月 30 日）https://www.ashinaga.org/ja/documents/press_201130_3.pdf（2021 年 1 月 18 日閲覧）

セーブ・ザ・チルドレン（2020）「【調査結果発表】高校就学の継続が困難な世帯が 3 割、高校生支援拡充を――『ひとり親家庭高校生給付金』申込結果から」（11 月 30 日）https://www.savechildren.or.jp/scjcms/press.php?d=3430（2021 年 1 月 18 日閲覧）

Danese A et al. (2007) Childhood maltreatment predicts adult inflammation in a life-course study. *Proc Natl Acad Sci U S A*, 104: 1319-1324

Kittleson MM et al. (2006) Association of childhood socioeconomic status with subsequent coronary heart disease in physicians. *Arch Intern Med*, 166: 2356-2361

Oshio T et al. (2010) Child poverty as a determinant of life outcomes: evidence from nationwide surveys in japan. Soc Indic Res, 99: 81-99

Roberton T et al. (2020) Early estimates of the indirect effects of the COVID-19 pandemic on maternal and child mortality in low-income and middle-income countries: a modelling study. *Lancet*, 8: e901-e908

United Nations (2020) *Policy Brief: The Impact of COVID-19 on children*. (Published online April 15) https://unsdg.un.org/sites/default/files/2020-04/160420_Covid_Children_Policy_Brief.pdf (last access 2021/1/18)

Kagamimori S et al. (2009) Socioeconomic status and health in the Japanese population. *Soc Sci Med*, 68: 2152-2160

Wada K et al. (2012) Trends in cause specific mortality across occupations in Japanese men of working age during period of economic stagnation, 1980-2005: retrospective cohort study. *BMJ*, 344: e1191

Hsu M et al. (2005) Neural systems responding to degrees of uncertainty in human decision-making. *Science*, 310: 1680-1683

伊藤浩志（2017）『復興ストレス』彩流社
ウルリヒ・ベック（1998）『危険社会——新しい近代への道』東廉・伊藤美登里訳、法政大学出版局
バルーク・フィッシュホフ、ジョン・カドバニー（2015）『リスク——不確実性の中での意思決定』中谷内一也訳、丸善出版
NHK NEWS WEB (2020)「【全米出口調査】何を重視？人種・年齢などによる支持傾向は」（11月4日19時10分）https://www3.nhk.or.jp/news/html/20201104/k10012694231000.html（2021年1月18日閲覧）
落合恵美子（2020）「〈新型コロナウイルスとジェンダー〉『家にいる』のはタダじゃない——家族や身近な人々が担う『ケア』の可視化と支援」女性と女性の活動をつなぐポータルサイト（4月13日）https://wan.or.jp/article/show/8880（2021年1月18日閲覧）
ジャック・デリダ（1979）『尖筆とエクリチュール——ニーチェ・女・真理』白井健三郎訳、朝日出版社
吉倉廣（2008）「コーデックス委員会の最近の動向」バイオサイエンスとインダストリー、66: 572-577
久野秀二（2005）「遺伝子組換え作物：農薬会社主導で進められる商品開発とその社会的妥当性」科学（岩波書店）、75: 31-38
Heckman JJ and Krueger AB (2015) *Inequality in America What Role for Human Capital Policies?* MIT Press
Chetty R et al. (2016) The Effects of Exposure to Better Neighborhoods on Children: New Evidence from the Moving to Opportunity Experiment. *Am Econ Rev*, 106: 855-902
Taylor RL et al. (2020) Assessment of Neighborhood Poverty, Cognitive Function, and Prefrontal and Hippocampal Volumes in Children. *JAMA Netw Open*, 3: e2023774
山田雪乃（2020）「ソニーが1億ドルを人種差別の改善に拠出する深いワケ」MONEY PLUS（6月23日）
日本経済団体連合会（2020）「。新成長戦略」（11月9日発表）https://www.keidanren.or.jp/policy/2020/108_honbun.pdf（2021年1月18日閲覧）
Woolley AW et al. (2010) Evidence for a collective intelligence factor in the performance of human groups. *Science*, 330: 686-688
Pothos EM and Busemeyer JR (2009) A quantum probability explanation for violations of ‘rational’ decision theory. *Proc Biol Sci*, 276: 2171-2178
Karaca-Mandic P et al. (2020) Assessment of COVID-19 Hospitalizations by Race/Ethnicity in 12 States. *JAMA Intern Med*, 181: 131-134
今村仁司（1982）『暴力のオントロギー』勁草書房
丸山圭三郎（1981）『ソシュールの思想』岩波書店
今村仁司（1989）『排除の構造——力の一般経済学序説＊』青土社
ルネ・ジラール（1985）『身代わりの山羊』織田年和・富永茂樹訳、法政大学

出版局
フリードリッヒ・ニーチェ（1994）『人間的、あまりに人間的 I（ニーチェ全集 5）』池尾健一訳、ちくま学芸文庫
清水博（1996）『生命知としての場の論理』中公新書
ジャック・デリダ（1972）『根源の彼方に——グラマトロジーについて』（上）（下）足立和浩訳、現代思潮社
ジャック・デリダ（2000）『ポジシオン』高橋允昭訳、青土社

第 2 章

Kawachi I et al. (1997) Social capital, income inequality, and mortality. *A J Pub health*, 87: 1491-1498
Marmot M (2015) The health gap: the challenge of an unequal world. *Lancet*, 386: 2442-2444
Holt-Lunstad J et al. (2010) Social relationships and mortality risk: a meta-analytic review. *PLoS Med*, 7: e1000316
Slovic P (1987) Perception of risk. *Science*, 236: 280-285
Starr C (1969) Social benefit versus technological risk. *Science*, 165
Fischhoff B and Kadvany J (2011) *Risk: A very short introduction*. Oxford University Press.
ISO/IEC GUIDE 51 (2014) *Safety aspects – Guidelines for their inclusion in standards*. ISO copyright office.
Tronko MD et al. (1999) Thyroid carcinoma in children and adolescents in Ukraine after the Chernobyl nuclear accident: statistical data and clinicomorphologic characteristics. *Cancer*, 86: 149-156
Lubin JH et al. (2017) Thyroid Cancer Following Childhood Low-Dose Radiation Exposure: A Pooled Analysis of Nine Cohorts. *J Clin Endocrinol Metab*, 102: 2575-2583
Ohba T et al. (2020) Reconstruction of residents' thyroid equivalent doses from internal radionuclides after the Fukushima Daiichi nuclear power station accident. *Sci Rep*, 10: 3639
Katanoda K et al. (2016) Quantification of the increase in thyroid cancer prevalence in Fukushima after the nuclear disaster in 2011 – a potential overdiagnosis? *Jpn J Clin Oncol*, 46: 284-286
Qian ZJ et al. (2019) Pediatric Thyroid Cancer Incidence and Mortality Trends in the United States, 1973-2013. *JAMA Otolaryngol Head Neck Surg*, 145: 617-623
Hayashi M et al. (2016) Obstetric Outcomes in Women in Fukushima Prefecture during and after the Great East Japan Earthquake and Fukushima Nuclear Power Plant Accident: The Fukushima Health Management Survey. *Open J Obstet Gynecol*, 6: 705-713

Harris A and Seckl J (2011) Glucocorticoids, prenatal stress and the programming of disease. *Horm Behav*, 59: 279-289

Leuraud K et al. (2015) Ionising radiation and risk of death from leukaemia and lymphoma in radiation-monitored workers (INWORKS): an international cohort study. *Lancet*, 2: e276-e281

Richardson DB et al. (2015) Risk of cancer from occupational exposure to ionising radiation: retrospective cohort study of workers in France, the United Kingdom, and the United States (INWORKS). *BMJ*, 351: h5359

Gillies M and Haylock R (2014) The cancer mortality and incidence experience of workers at British Nuclear Fuels plc, 1946-2005. *J Radiol Prot*, 34: 595-623

Richardson DB et al. (2015) Risk of cancer from occupational exposure to ionising radiation: retrospective cohort study of workers in France, the United Kingdom, and the United States (INWORKS). *BMJ*, 351: h5359

Aldrich DP (2014)「ソーシャル・キャピタルと災害」ESTRELA、246: 2-7

Fleming L (2004) Perfecting Cross-Pollination. *Harvard Business Review*, 82: 1-2

第３章

朝日新聞（2020）「東日本大震災９年 本社・福島放送 共同世論調査」（2月28日付朝刊）

小杉素子（2012）「一般人と専門家の溝――専門家も真空にいるわけではない」中谷内一也編『リスクの社会心理学――人間の理解と信頼の構築に向けて』有斐閣、pp. 113-130

Protzko J and Schooler JW (2019) Kids these days: Why the youth of today seem lacking. *Sci Adv*, 5: eaav5916

Mercier H and Sperber D (2011) Why do humans reason? Arguments for an argumentative theory. *Behav Brain* Sci, 34: 57-111

トーマス・ギロビッチ（1993）『人間この信じやすきもの――迷信・誤信はどうして生まれるか』守一雄・守秀子訳、新曜社

Perkins DN et al. (1991) Everyday reasoning and the roots of intelligence. In Voss JF, Perkins DN, Segal JW (Ed.) *Informal reasoning and education*. Lawrence Erlbaum, pp. 83-105

Morris JS et al. (2001) Differential extrageniculostriate and amygdala responses to presentation of emotional faces in a cortically blind field. *Brain*, 124: 1241-1252

Anderson AK et al. (2003) Neural correlates of the automatic processing of threat facial signals. *J Neurosci*, 23: 5627-5633

Öhman A et al. (2001) Emotion drives attention: detecting the snake in the grass. *J Exp Psychol Gen*, 130: 466-478

Öhman A et al. (2001) The face in the crowd revisited: a threat advantage with schematic stimuli. *J Pers Soc Psychol*, 80: 381-396

De Martino B et al. (2006) Frames, biases, and rational decision-making in the human brain. *Science*, 313: 684-687

Kappes A et al. (2020) Confirmation bias in the utilization of others' opinion strength. *Nat Neurosci*, 23: 130-137

Dutton DG and Aron AP (1974) Some evidence for heightened sexual attraction under conditions of high anxiety. *J Pers Soc Psychol*, 30: 510-517

Zhong CB et al. (2010) A clean self can render harsh moral judgment. *J Exp Soc Psychol*, 46: 859-862

Zhong CB and Liljenquist K (2010) Washing away your sins: threatened morality and physical cleansing. *Science*, 313: 1451-1452

Helzer EG and Pizarro DA (2011) Dirty liberals! Reminders of physical cleanliness influence moral and political attitudes. *Psychol Sci*, 22: 517-522

Dunbar RIM (1992) Neocortex size as a constraint on group size in primates. *J Hum Evol*, 22: 469-493

Allman JM et al. (1993) Brain structures and life-span in primate species. *Proc Natl Acad*, 90: 3559-3563

Herry C et al. (2007) Processing of temporal unpredictability in human and animal amygdala. *J Neurosci*, 27:5958-5966

第 4 章

Slovic P (1987) Perception of risk. *Science*, 236: 280-285

Damasio H et al. (1994) The return of Phineas Gage: clues about the brain from the skull of a famous patient. *Science*, 264: 1102-1105

Bachara A et al. (2000) Emotion, decision making and the orbitofrontal cortex. *Cereb Cortex*, 10: 295-307

Bachara A and Damasio AR (2005) The somatic marker hypothesis: A neural theory of economic decision. *Games Econ Behav*, 52: 336-372

第 5 章

郡山一明・中谷内一也・大津留晶（2013）「放射線問題とリスク・コミュニケーション」福島県立医科大学附属病院被ばく医療班（現 放射線災害医療センター）編『放射線災害と向き合って――福島に生きる医療者からのメッセージ』ライフサイエンス出版

Tversky A and Kahneman D (1981) The framing of decisions and the psychology of choice. *Science*, 211: 453-458

Wang XT and Johnston VS (1995) Perceived social context and risk preference: A re-examination of framing effects in a life-death decision problem. *J Behav Decis Mak*, 8: 279-293

Dunbar RIM (1993) Coevolution of neocortical size, group size and language in

humans. *Behav Brain Sci*, 16: 681-735
Bloomfield AN (2006) Group size and the framing effect: threats to human beings and animals. *Mem Cognit*, 34: 929-937
Silk JB et al. (2007) Social components of fitness in primate groups. *Science*, 317: 1347-1351
Dunbar RIM (1992) Neocortex size as a constraint in group size in primates. *J Hum Evol*, 22: 469-493
Barger N et al. (2014) Evidence for evolutionary specialization in human limbic structures. *Front Hum Neurosci*, 8:1-17
Bickart KC et al. (2012) Intrinsic amygdala-cortical functional connectivity predicts social network size in humans. *J Neurosci*, 32:14729-14741
Allman J et al. (1993) Brain weight and life-span in primate species. *Proc Natl Acad Sci U S A*, 90: 118-122
Allman JM et al. (1993) Brain structures and life-span in primate species. *Proc Natl Acad Sci U S A*, 90: 3559-3563
Keren G and Wagenaar WA (1987) Violation of utility theory in unique and repeated gambles. *J Exp Psychol Learn Mem Cogn*, 13: 387-391
Decety J et al. (2012) A neurobehavioral evolutionary perspective on the mechanisms underlying empathy. *Prog Neurobiol*, 98: 38-48
Rainville P et al. (1997) Pain affect encoded in human anterior cingulate but not somatosensory cortex. *Science*, 277: 968-971
Fuchs PN et al. (2014) The anterior cingulate cortex and pain processing. *Front Integr Neurosci*, 8: 1-10
Singer T et al. (2004) Empathy for pain involves the affective but not sensory components of pain. *Science*, 303: 1157-1162
Norscia I and Palagi E (2011) Yawn contagion and empathy in Homo sapiens. *PLoS One*, 6: e28472
Stamm JS (1955) The function of the median cerebral cortex in maternal behavior of rats. *J Comp Physiol Psychol*, 48: 347-356
Lorberbaum JP et al. (2002) A potential role for thalamocingulate circuitry in human maternal behavior. *Biol Psychiatry*, 51: 431-445
De Waal FB (2013) *The Bonobo and the Atheist in Search of Humanism Among the Primates*. Norton & Company
Younger J et al. (2010) Viewing pictures of a romantic partner reduces experimental pain: involvement of neural reward systems. *PLoS One*, 5: e13309
Goldstein P et al. (2018) Brain-to-brain coupling during handholding is associated with pain reduction. 115: E2528-E2537
Grady DL et al. (2003) High prevalence of rare dopamine receptor D4 alleles in children diagnosed with attention-deficit hyperactivity disorder. *Mol Psychiatry*,

8: 536-545

Matthews LJ and Butler PM (2011) Novelty-seeking DRD4 polymorphisms are associated with human migration distance out-of-Africa after controlling for neutral population gene structure. 145: 382-389

Eisenberg DTA et al. (2008) Dopamine receptor genetic polymorphisms and body composition in undernourished pastoralists: an exploration of nutrition indices among nomadic and recently settled Ariaal men of northern Kenya. *BMC Evol Biol*, 8: 173

Jiang Y et al. (2013) The role of D4 receptor gene exon III polymorphisms in shaping human altruism and prosocial behavior. *Front Hum Neurosci*, 7: 195

Kitayama S et al. (2014) The dopamine D4 receptor gene (DRD4) moderates cultural difference in independent versus interdependent social orientation. Psychol Sci, 25: 1169-1177

第6章

Idler EL and Benyamini Y (1997) Self-rated health and mortality: a review of twenty-seven community studies. *J Health Soc Behav*, 38: 21-37

Adams RE et al. (2011) Psychological well-being and risk perceptions of mothers in Kyiv, Ukraine, 19 years after the Chornobyl disaster. *Int J Soc Psychiatry*, 57: 637-645

Bromet EJ et al. (2000) Children's well-being 11 years after the Chornobyl catastrophe. *Arch Gen Psychiatry*, 57: 563-571

Dugatkin LA (1992) Tendency to inspect predators predicts mortality risk in the guppy (*poecilia reticulata*). *Behav Ecol*, 3: 124-127

Liu D et al. (1997) Maternal care, hippocampal glucocorticoid receptors, and hypothalamic-pituitary-adrenal responses to stress. *Science*, 277: 1659-1662

Meaney MJ (2001) Maternal care, gene expression, and the transmission of individual differences in stress reactivity across generations. 24: 1161-1192

Farrington DP et al. (1988) Are There Any Successful Men from Criminogenic Backgrounds? *Psychiatry*, 51: 116-130

Evans GW et al. (2016) Childhood Cumulative Risk Exposure and Adult Amygdala Volume and Function. *J Neurosci Res*, 94: 535-543

Heidary F et al. (2008) Food inequality negatively impacts cardiac health in rabbits. *PLoS One*, 3: e3705

Brosnan SF and De Waal FB (2003) Monkeys reject unequal pay. *Nature*, 425: 297-299

Range F et al. (2009) The absence of reward induces inequity aversion in dogs. *Proc Natl Acad Sci U S A*, 106: 340-345

Fehr E and Gächter S (2002) Altruistic punishment in humans. *Nature*, 415: 137-140

Henrich J et al. (2006) Costly punishment across human societies. *Science*, 312: 1767-

1770
Kristenson M et al. (1998) Attenuated cortisol response to a standardized stress test in Lithuanian versus Swedish men: the LiVicordia study. *Int J Behav Med*, 5: 17-30
Ross NA et al. (2005) Metropolitan income inequality and working-age mortality: a cross-sectional analysis using comparable data from five countries. *J Urban Health*, 82: 101-110
Norris FH et al. (2002) 60,000 disaster victims speak: Part II. Summary and implications of the disaster mental health research. *Psychiatry*, 65: 240-260
Aldrich DP (2014)「ソーシャル・キャピタルと災害」ESTRELA、246: 2-7
Hikichi H et al. (2016) Can community social cohesion prevent Posttraumatic Stress Disorder in the aftermath of disaster? A natural experiment from the 2011 Tohoku earthquake and tsunami. *Am J Epidemiol*, 183: 902-910
Shrader-Frechette KS (1991) *Risk and Rationality. Philosophical Foundations For Populist Reforms*. University of California Press.
澤野豊明（2016)「除染作業員の健康問題 2014-2015 年南相馬市立総合病院における入院患者」『医療ガバナンス学会メールマガジン』(2 月 19 日) http://medg.jp/mt/?p=6518 (2021 年 1 月 20 日閲覧)
Marmot M (2015) *THE HEALTH GAP: The challenge of an Unequal World*. Bloomsbury.
Wilkinson RG and Pickett KE (2008) Income Inequality and Socioeconomic Gradients in Mortality. *Am J Public Health*, 98: 699-704
Kawachi I et al. (1997) Social capital, income inequality, and mortality. *A J Pub health*, 87: 1491-1498

第 7 章

Holt-Lunstad J et al. (2010) Social relationships and mortality risk: a meta-analytic review. *PLoS Med*, 7: e1000316
Gibbons A (2008) Anthropology. The birth of childhood. *Science*, 322: 1040-1043
Kobayashi H and Kohshima S (2001) Unique morphology of the human eye and its adaptive meaning: comparative studies on external morphology of the primate eye. *J Hum Evol*, 40: 419-435
Wilkinson RG (2005) *The impact of inequality. How to make sick societies healthier*. The New Press.
Marmot M (2015) *THE HEALTH GAP: The challenge of an Unequal World*. Bloomsbury.
Cohen S et al. (1997) Social ties and susceptibility to the common cold. *JAMA*, 277: 1940-1944
Carey IM et al. (2014) Increased risk of acute cardiovascular events after partner bereavement: a matched cohort study. *JAMA Intern Med*, 174: 598-605

Baune BT et al. (2012) The relationship between subtypes of depression and cardiovascular disease: a systematic review of biological models. *Transl Psychiatry*, 2: e92

Russ TC et al. (2012) Association between psychological distress and mortality: individual participant pooled analysis of 10 prospective cohort studies. *BMJ*, 345: e4933

Berkman LF (1995) The Role of social relations in health promotion. *Psychosom Med*, 57: 245-254

Coupland C et al. (2016) Antidepressant use and risk of cardiovascular outcomes in people aged 20 to 64: cohort study using primary care database. *BMJ*, 352: i1350

Goldstein P et al. (2018) Brain-to-brain coupling during handholding is associated with pain reduction. *Proc Natl Acad Sci U S A*, 115: E2528-E2537

Hikichi H et al. (2016) Can community social cohesion prevent Posttraumatic Stress Disorder in the aftermath of disaster? A natural experiment from the 2011 Tohoku earthquake and tsunami. *Am J Epidemiol*, 183: 902-910

Wang X et al. (2000) Post-earthquake quality of life and psychological well-being: longitudinal evaluation in a rural community sample in northern China. *Psychiatry Clin Neurosci*, 54: 427-433

新福尚隆（2006）「阪神・淡路大震災被災者の長期的健康被害」『精神医学』48: 247-254

関西学院大学災害復興制度研究所 避難疎開研究会（2020）「『原発事故で避難された方々にかかわる全国調査』（概要）最新版」（11 月 27 日）https://www.kwansei.ac.jp/news/detail/4220（2021 年 1 月 21 日閲覧）

Irwin MR and Miller AH (2007). Depressive disorders and immunity: 20 years of progress and discovery. *Brain Behav Immun*, 21: 374-383

Spiegel D (2014) Minding the body: psychotherapy and cancer survival. *Br J Health Psychol*, 19: 465-485

Passos IC et al. (2015) Inflammatory markers in post-traumatic stress disorder: a systematic review, meta-analysis, and meta-regression. *Lancet Psychiatry*, 2: 1002-1012

Kusunoki Y and Hayashi T (2008) Long-lasting alterations of the immune system by ionizing radiation exposure: implications for disease development among atomic bomb survivors. *Int J Radiat Biol*, 84: 1-14

Matsuzawa A et al. (2005) ROS-dependent activation of the TRAF6-ASK1-p38 pathway is selectively required for TLR4-mediated innate immunity. *Nat Immunol*, 6: 587-592

Nakachi K et al. (2004) Perspectives on cancer immuno-epidemiology. *Cancer Sci*, 95: 921-929

Hayashi T et al. (2012) Evaluation of systemic markers of inflammation in atomic-

bomb survivors with special reference to radiation and age effects. *FASEB J*, 26: 4765-4773
Arai Y et al. (2015) Inflammation, But Not Telomere Length, Predicts Successful Ageing at Extreme Old Age: A Longitudinal Study of Semi-supercentenarians. *EBioMedicine*, 2: 1549-1558
Tchkonia T et al. (2013) Cellular senescence and the senescent secretory phenotype: therapeutic opportunities. *J Clin Invest*, 123: 966-972
Muscatell KA et al. (2015) Greater amygdala activity and dorsomedial prefrontal-amygdala coupling are associated with enhanced inflammatory responses to stress. *Brain Behav Immunity*, 43: 46-53
Miller AH et al. (2013) Cytokine targets in the brain: impact on neurotransmitters and neurocircuits. *Depress Anxiety*, 30: 297-306
Shahid S et al. (2015) Mutations of the human interferon alpha-2b (hIFNα-2b) gene in low-dose natural terrestrial ionizing radiation exposed dwellers. *Cytokine*, 76: 294-302
Li K et al. (2014) Alteration of cytokine profiles in uranium miners exposed to long-term low dose ionizing radiation. *Scientific World Journal*, 2014: 216408
UNSCEAR (2014) Appendix C. Assessment of doses to the public. In UNSCEAR (Ed.) *Sources, effects and risks of ionizing radiation. UNSCEAR 2013 Report Volume I: Scientific annex A*. United nations. http://www.unscear.org/docs/reports/2013/14-06336_Report_2013_Annex_A_Ebook_website.pdf (last access 2021/01/21)
Feng Z et al. (2012) Chronic restraint stress attenuates p53 function and promotes tumorigenesis. *Proc Natl Acad Sci U S A*, 109: 7013-7018
WHO (1946) Constitution of the world health organization. World Health Organization. https://apps.who.int/gb/bd/pdf_files/BD_49th-en.pdf (last access 2021/01/21)
農林水産先端技術産業振興センター（2006）「遺伝子組換え技術・農作物・食品についての意識調査報告書」（3 月）http://jataff.jp/project/download/pdf/01-2006052910412920764.pdf（2021 年 1 月 21 日閲覧）

第 8 章

Eisenberger NI (2015) Social pain and the brain: controversies, questions, and where to go from here. *Annu Rev Psychol*, 66: 601-629
Eisenberger NI et al. (2003) Does rejection hurt? An fMRI study of social exclusion. *Science*, 302: 290-292
Macdonald G and Leary MR (2005) Why does social exclusion hurt? The relationship between social and physical pain. *Psychol Bull*, 131: 202-223
Eisenberger NI et al. (2006) An experimental study of shared sensitivity to physical pain and social rejection. *Pain*, 126: 132-138

Younger J et al. (2010) Viewing pictures of a romantic partner reduces experimental pain: involvement of neural reward systems. *PLoS One*, 5: e13309

Zhou X et al. (2009) The symbolic power of money: reminders of money alter social distress and physical pain. *Psychol Sci*, 20: 700-706

Speer ME and Delgado MR (2017) Reminiscing about positive memories buffers acute stress responses.

Dewall CN et al. (2010) Acetaminophen reduces social pain: behavioral and neural evidence. *Psychol Sci*, 21: 931-937

Russ TC et al. (2012) Association between psychological distress and mortality: individual participant pooled analysis of 10 prospective cohort studies. *BMJ*, 345: e4933

Coupland C et al. (2016) Antidepressant use and risk of cardiovascular outcomes in people aged 20 to 64: cohort study using primary care database. *BMJ*, 352: i1350

Köhler O et al. (2015) Inflammation and depression: combined use of selective serotonin reuptake inhibitors and NSAIDs or paracetamol and psychiatric outcomes. *Brain Behav*, 5: e00338

小杉素子（二〇一二）「一般人と専門家の溝――専門家も真空にいるわけではない」中谷内一也編『リスクの社会心理学――人間の理解と信頼の構築に向けて』有斐閣、pp. 113-130

Hirono I (1993) Edible plants containing naturally occurring carcinogens in Japan. *Jpn J Cancer Res*, 84: 997-1006

伊藤　浩志（いとう・ひろし）
1961年、静岡県磐田市生まれ。東京大学大学院 総合文化研究科博士課程修了。ストレス研究で博士号取得（学術博士）。専門は脳神経科学、リスク論、科学技術社会論。元新聞記者。阪神淡路大震災、地下鉄サリン事件などを担当した。福島市在住。著書に『復興ストレス――失われゆく被災の言葉』（彩流社）、『「不安」は悪いことじゃない――脳科学と人文学が教える「こころの処方箋」』（共著、イースト・プレス）がある。

なぜ社会は分断するのか
――情動の脳科学から見たコミュニケーション不全

2021年3月11日　第1版第1刷

著　者　伊藤　浩志
発行者　上原　伸二
発行所　専修大学出版局
〒101-0051　東京都千代田区神田神保町3-10-3
株式会社専大センチュリー内　電話03-3263-4230
印　刷
製　本　モリモト印刷株式会社

ISBN978-4-88125-358-8